貿易利益を得るのは誰か

国際貿易論入門

笠嶋修次

日本経済評論社

はしがき

　モノやサービスの国家間での貿易に対する政策的な障壁を取り除き自由貿易を推進すると，それぞれの国が所有する生産資源の有効活用の実現と安価な外国製品の輸入により国にとって利益になる，という主張については経済学者の間で合意が得られている．しかし，近年 TPP（Trans-Pacific Partnership：環太平洋経済連携協定）交渉への参加の是非をめぐって賛否両論が起こっているように，貿易自由化は経済全体にとっては利益をもたらすものの，国民の間で利益を享受する「勝者」と損失を被る「敗者」の双方を生み出す可能性がある．本書は表題を『貿易利益を得るのは誰か：国際貿易論入門』としたが，「勝者」，「敗者」のどちらかの立場から自説を展開するものでなく，スタンダードな国際貿易理論は貿易利益の帰属主体が誰になると明らかにしているかを1つの分析軸として，国際貿易論の教科書として纏めたものである．

　国際貿易論の学部学生向け教科書として本書は次の特徴を持っている．第1に，古典派経済学者であるリカードの比較優位の理論から始め，近年の「企業の異質性」を考慮した貿易モデルまでの主要な国際貿易理論の骨子を，一定の分析レベルを保持しつつ主に図を使いながら丁寧に説明していることである．とりわけ，リカードの比較優位のモデル（第1章），新古典派の貿易理論（第2章）およびヘクシャー＝オリーン・モデル（第3章）は，図を用いた「開放経済の一般均衡分析」を基本的な分析手法とし，できるだけわかり易い説明を心がけた．他の章も含め，数式を使った分析を行っている部分もあるが，入門から中級レベルのミクロ経済学で使われる基本的な数学の知識があれば十分理解できるレベルに留めてある．

　第2に，米国の気鋭の国際貿易理論研究者であるメリッツ（Marc　J.

Melitz) の2003年の論文 (Econometrica 掲載) を新分野研究の1つの出発点とする「企業の異質性」を考慮した独占的競争貿易モデルを,学部学生向けに可能な限り平易に解説したことである.リカード・モデルやヘクシャー＝オリーン・モデルなど伝統的な貿易理論では産業間における貿易は分析されるが,企業は完全競争市場における小規模なプライステーカーとしての存在で分析対象とはなっていない.クルグマン (Paul R. Krugman) 等の研究により確立された独占的競争貿易モデル (「新貿易理論」といわれる) では,差別化製品を生産する企業が貿易当事者となっているが,すべての企業が対称的 (symmetric) と仮定し分析されるため,企業間での生産性格差等は考慮されていない.これに対し,メリッツの独占的競争貿易モデルは,企業間の生産性の格差が輸出を行う企業と国内市場でのみ営業する企業を分離し,国際貿易の拡大は,「新貿易理論」で確認された貿易利益に加え,1国における産業の平均的な生産性を向上させるルートを通じ追加的な貿易利益を生み出す可能性を指摘している点に研究上の革新的な貢献がある.

貿易利益の帰属主体が誰になるか,という視点から各章を紹介すると以下のとおりである.第1章「技術水準の相違と国際貿易」では,リカードの「比較優位の理論」を解説する.生産要素は労働のみで,生産性から見て比較優位のある財を輸出し,比較劣位となる財を輸入することにより経済全体の生産性が高まるため,労働者の実質賃金は上昇しGDPは増加する.リカード・モデルでは国際貿易は貿易当事国のすべての労働者 (国民) を豊かにする.

第2章「開放経済の一般均衡と新古典派の貿易理論」および第3章「生産資源の賦存と国際貿易」では,生産要素が労働と資本の2種類のときの開放経済の一般均衡と貿易パターンおよび貿易利益を分析する.特に第3章では新古典派の貿易理論の骨組みの上に確立されたヘクシャー＝オリーン・モデルの主要な4つの定理を解説するが,同モデルによると1国において相対的に豊富に存在する生産要素 (労働または資本) の所有者は財の貿易を通じて実質所得の増加を実現できるが,相対的に希少な生産要素の所有者は実質所

得の低下を経験するという，貿易による「勝者」と「敗者」が生み出されるメカニズムを明らかにする．

　第4章「特殊要素と貿易の所得分配効果」では，短期におけるヘクシャー＝オリーン・モデルである「特殊要素モデル」を分析する．長期均衡モデルであるヘクシャー＝オリーン・モデルとは異なり，短期では各産業は産業固有の生産要素，すなわち特殊要素を使用することがある．特殊要素が存在するとき，貿易は輸出財に使用される特殊要素の所有者の実質所得を増加させる一方，輸入財に使用される特殊要素の所有者の実質所得を減少させる．また，同モデルでは，産業間で移動可能な一般要素（例えば，非熟練労働者）の実質所得は不確定であると解明されている．

　第5章「製品差別化，規模の経済性と国際貿易」の前半は，「新貿易理論」と呼ばれる規模の経済性と独占的競争貿易モデルを解説する．「多様性愛好 (love of variety)」の消費選好を持つ消費者に対し差別化財を供給する独占的競争企業からなる産業が外国と貿易すると，個別企業にとっては市場の拡大から生産量の増加および規模の経済による平均費用の低下が実現し（ただし，一部の企業は競争激化から市場撤退），消費者にとっては価格の低下と購入対象となる製品バラエティ数の増加から経済厚生が高まる．すなわち，このモデルでは消費者全体が貿易利益を得ることになる．また，独占的競争貿易モデルは現代の先進工業国間の貿易の中心である「産業内貿易」の発生要因を理論的に解明したことも重要な研究上の貢献である．

　第5章の後半と第6章「直接投資と多国籍企業」は，メリッツの論文を嚆矢として理論および実証の双方で急速に研究が拡大してきている「企業の異質性と国際貿易および直接投資」を紹介する．生産性の水準が異なる企業の，輸出企業か国内市場専業企業かの選択，および直接投資企業か輸出企業かの選択，の問題を分析する．市場別の販路開拓に際し，輸出による外国市場への進出は国内市場のみで営業する場合に比べ，追加的な固定費用がかかる．直接投資で海外進出する場合は，さらに多額の固定費用を要する．この固定費用を負担するためには十分な営業利益（売上マイナス可変費用）が必要と

なるが，生産性が十分高い企業（限界費用が十分小さい企業）は直接投資により外国市場に進出するか，輸出により外国市場を開拓する一方，生産性が劣る企業は国内市場だけに販売することになる．生産性の相違という企業の異質性を考慮した新しい貿易（および直接投資）理論は，直接投資や輸出を行う企業は，国内市場でのみ営業する企業に比べ，企業規模が大きく生産性が高いという現実のデータによっても確認されている．この理論によれば，貿易自由化による輸出や直接投資の拡大は，生産性の比較的高い企業の外国市場への参入と，生産性の低い企業の市場撤退というメカニズムを通じて，1国の産業の平均的な生産性を向上させる効果があり，「新貿易理論」で解明された財の価格低下と製品バラエティ数の増加による消費者利益に加え，新たな貿易利益を創出することになる．

　第7章「貿易政策の基礎理論」は，財市場が完全競争市場である場合の標準的な貿易政策の理論を解説する．輸入関税，輸入数量割当政策および輸出促進のための輸出補助金政策などは，消費者の負担の上に生産者を保護・育成する政策であるが，国民全体に及ぼす経済厚生効果は，「小国」のケースと「大国」のケースで異なる．「小国」の場合は，貿易制限政策は国民の経済厚生を悪化させるが，「大国」が輸入関税を賦課すると，交易条件の改善効果を通じて輸入国の経済厚生が向上する可能性があることなどを解明する．

　第8章「不完全競争市場と貿易政策」では，財の市場が不完全競争市場の場合の貿易政策の効果を考察する．国内市場が独占市場である財が貿易自由化により完全競争市場である外国かの輸入財と競争するとき，第7章で検討した「関税と輸入数量割当の同等性」の原理は成立しなくなる点を明らかにする．また国際寡占市場において，政府が自国企業の利益を拡大させる目的で実施する輸出補助金支給や輸出税賦課などの，いわゆる「戦略的貿易政策」の効果と問題点を検討する．

　本書が属するシリーズ「社会・経済を学ぶ」の企画と出版のご手配を整えていただいた小田清教授（北海学園大学経済学部）と，編集の労をご担当くださった日本経済評論社の清達二氏に深く感謝申し上げたい．

目次

はしがき

第1章 技術水準の相違と国際貿易…………………………………… 1

1. リカードの比較優位の理論と閉鎖経済の一般均衡　2
   - (1) リカードの比較優位の理論　3
   - (2) リカード・モデルの一般均衡分析：基本的な分析ツール　5
2. リカード・モデルの開放経済の一般均衡　20
   - (1) 貿易開始により比較優位産業に生産特化　20
   - (2) 貿易パターンの決定と貿易利益　23
   - (3) 実質賃金で測った貿易利益　26
   - (4) 交易条件の決定　29
   - (5) 交易条件と貿易利益　33

第2章 開放経済の一般均衡と新古典派の貿易理論…………………… 37

1. 産業間の最適資源配分と生産可能性フロンティア　38
   - (1) 生産関数　39
   - (2) 企業の費用最小化行動　40
   - (3) エッジワースのボックス・ダイアグラムと産業間の最適資源配分　44
   - (4) 生産可能性フロンティアと産業間の最適資源配分　49
2. 貿易が行われない閉鎖経済の一般均衡　56
   - (1) 閉鎖経済の一般均衡の鳥瞰　56
   - (2) 閉鎖経済の一般均衡：グラフによる分析　59

3. 貿易が行われる開放経済の一般均衡　　64
  (1) 貿易均衡　64
  (2) 貿易利益　66
  (3) 比較優位と交易条件　68

第3章　生産資源の賦存と国際貿易　　73

1. ヘクシャー＝オリーン・モデルの仮定　　74
2. ヘクシャー＝オリーン・モデルにおける比較優位：ヘクシャー＝オリーン定理　　78
  (1) 生産要素賦存比率と生産可能性フロンティアの形状　78
  (2) ヘクシャー＝オリーン定理　81
  (3) 国際貿易均衡と交易条件　83
3. 生産要素価格均等化定理　　89
4. 貿易の所得分配効果：ストルパー＝サミュエルソン定理　　94
5. 資源量拡大の産業別生産量への効果：リプチンスキー定理　　98

第4章　特殊要素と貿易の所得分配効果　　105

1. 特殊要素モデル　　106
  (1) 労働の限界生産物曲線　106
  (2) 企業の利潤最大化と労働需要および労働市場の均衡　109
2. 貿易が労働者の所得に及ぼす効果　　113
  (1) 貿易による労働者の名目賃金の変化　114
  (2) 貿易による労働者の実質賃金の変化　116
3. 貿易が特殊要素の所有者の実質所得に及ぼす効果　　117

第5章　製品差別化，規模の経済性と国際貿易　　125

1. 内部的な規模の経済性と独占的競争貿易モデル　　127
  (1) 産業内貿易　127

(2) 製品差別化，規模に関する収穫逓増と市場構造　132
　　(3) 独占企業の利潤最大化　133
　　(4) 独占的競争市場と製品差別化　137
　　(5) 独占的競争産業の短期均衡：閉鎖経済　138
　　(6) 独占的競争産業の長期均衡：閉鎖経済　141
　　(7) 貿易開始後の独占的競争産業の長期均衡と貿易利益　142
　2. 企業の異質性と国際貿易　147
　　(1) 企業の生産性格差と輸出企業・国内企業：概観　148
　　(2) 企業の生産性格差と利潤および市場参入意思決定　151
　　(3) 自由貿易による市場統合の企業の利潤への影響　156
　　(4) 貿易費用，貿易自由化と生産性の異なる企業の輸出意思決定　159

第6章　直接投資と多国籍企業……………………………………　167

　1. 直接投資の概念とダニングの折衷理論　168
　　(1) 直接投資の分類　169
　　(2) 直接投資の動機に関するダニングの折衷理論　170
　2. 水平的直接投資：企業の異質性と輸出・直接投資の意思決定　172
　　(1) 市場への近接性と規模の経済のトレード・オフ　172
　　(2) 企業の生産性格差と海外進出モード（水平的直接投資，輸出）の決定　176
　3. 垂直的直接投資とオフショアリング　185
　　(1) 垂直的直接投資とオフショアリング，生産工程のフラグメンテーション　185
　　(2) 企業の生産性格差と生産工程のフラグメンテーション　187

第7章　貿易政策の基礎理論………………………………………　197

　1. 輸入関税　198
　　(1) 自由貿易からの利益　198

(2)　輸入関税の経済厚生効果：小国の部分均衡分析　201

　　　(3)　輸入関税の経済厚生効果：小国の一般衡分析　205

　　　(4)　輸入関税の経済厚生効果：大国の部分均衡分析　210

　　2.　輸入数量割当とその他の非関税貿易障壁　215

　　　(1)　輸入数量割当　216

　　　(2)　輸出自主規制　220

　　　(3)　輸出補助金　221

　　　(4)　輸出補助金対生産補助金　227

第8章　不完全競争市場と貿易政策　229

　　1.　国内独占企業と輸入制限政策　230

　　　(1)　国内独占企業と輸入関税　230

　　　(2)　国内独占企業と輸入数量割当　232

　　2.　独占企業の市場別価格差別とダンピング　235

　　3.　寡占市場と戦略的貿易政策　239

　　　(1)　寡占市場　239

　　　(2)　生産量競争型寡占市場モデル　240

　　　(3)　生産量競争型寡占市場と戦略的輸出補助金政策　245

　　　(4)　価格競争型寡占市場と戦略的輸出税政策　251

　読書案内　261

　索引　265

第1章
技術水準の相違と国際貿易

　戦後，国際貿易は GDP を上回るスピードで拡大してきた．国際貿易の拡大が世界における多くの国の経済発展を支えてきたといえる．それでは財やサービスの貿易はなぜ国家間で行われるのだろうか．どのような国がどのような財を輸出し，どのような財を輸入するのだろうか．輸出する企業は国内市場だけに販売する企業に比べ，どのような特徴を持っているのだろうか．国際貿易を行うことによって国民にどのような利益，あるいは不利益がもたらされるのであろうか．政府は国際貿易を促進すべきなのか，あるいは事情によっては国際貿易を制限すべきなのだろうか．これらの質問に対する解答は，以後の章において主要な国際貿易の理論モデルと貿易政策に関する分析を行う中で明らかにされる．

　まず，いずれの国も外国との貿易を全く行わない閉鎖経済を維持するよりも，外国との間で財やサービスの国家間取引の門戸を開放するほうが国民にとって便益をもたらすことについて異議はないであろう．いずれの国もすべての資源を潤沢に保有するのでなく，資源には制約がある．また，国ごとに産業別の生産性の相違がみられる．したがって，生産性の相対的に高い産業や生産コストが相対的に低い産業に資源を集中させ，その生産量の一部を外国へ輸出し，一方その他の産業の財については外国から輸入することによって，国民全体の経済厚生水準を引き上げることができることは想像に難くないであろう．

　国家間で貿易が行われる主要な理由と貿易のパターンは次の5つである[1]．
　1. 産業別技術水準の国家間での相違による比較優位に基づく産業間貿易

2. 労働量，資本量，土地などの生産要素の賦存量の国家間での相違から生じる比較優位に基づく産業間貿易
3. 企業間での製品差別化と規模の経済にもとづく産業内貿易
4. 企業間での生産性の相違と国際貿易
5. 海外直接投資と生産工程別の国際的分業生産（オフショアリング，フラグメンテーション）による企業内貿易

　この章では，第1の要因である産業別の技術水準の国家間での相違が国際貿易発生の要因であるというリカード（David Ricardo）の「比較優位の理論」を説明する．第2の貿易発生要因と関連した分析は第2章，第3章，第4章で，第3の要因と第4の要因は第5章で，第5の要因は第6章で取り上げる．なお，第7章と第8章は貿易政策についての基礎的な理論を分析する．

1. リカードの比較優位の理論と閉鎖経済の一般均衡

　リカードの「比較優位の理論」は，アダム・スミス（Adam Smith）の『国富論』（1776年）で展開された"1国は他国に比べ，生産性が絶対的に優る産業の製品を輸出し，生産性の劣る産業の製品は他国から輸入することによって国家の富は増加する"という，貿易取引に関する「絶対優位の理論」に対する批判から考案・提唱された．アダム・スミスもリカードも経済学思想の潮流のなかで古典派経済学に分類される経済学者である．
　まず，リカードの比較優位の理論を理解する際のいくつかの主要な仮定条件を整理すると次のようである．

リカードの比較優位の理論（リカード・モデル）の仮定条件
A1. 2か国×2財の貿易モデルで分析する．
A2. いずれの財の市場も完全競争市場である．
A3. 財の生産に使用される生産要素は労働のみである[2]．各国における

賦存労働量は所定量で固定しており，また技術水準（労働生産性）も産業ごとに一定水準で変化しない．

A4. 生産技術は「規模に関して収穫一定」な技術である[3]．

A5. 労働市場は完全競争市場で，労働者は1国の中では賃金水準の変化に対応して産業間を自由に移動できる．しかし，国際間での労働移動は生じない．

A6. 古典派経済学の「労働価値説」に基づき，財の価格は生産に投入された労働量の市場賃金で測った価値と等しくなる．

A7. 国家間での貿易に，関税，輸入制限等の貿易障壁は存在しない．また，貿易に伴う輸送費はかからないとする．

A8. 貿易収支は均衡する．

以上の仮定条件のもとで展開された，リカードの「比較優位の理論」を以下でみていく．

(1) リカードの比較優位の理論

アダム・スミスが『国富論』のなかで展開した貿易に関する「絶対優位の理論」は，1国は他国に比べ生産性が絶対的に高い財を輸出することができ，生産性が絶対的に低い財は他国から輸入することによって，各国は貿易により富を増やすことになる，と分析するものである．しかし，現実の世界の貿易パターンを見ると，多くの財で生産性に格差のある先進工業国と発展途上国との間で貿易が行われている．例えば，ある発展途上国の衣料品の生産効率（労働生産性）は日本よりも劣っているが，日本はそのような発展途上国から衣料品を輸入している．

リカードはアダム・スミスの絶対優位の理論では現実の貿易パターンを十分には説明しきれない点に注目し，『政治経済学および課税の原理』（1817年）という著書の中で，「比較優位の理論」を提唱した．比較優位の理論によれば，外国に比べた自国の絶対的な生産効率ではなく，2つの財の両国間での相対的な生産効率の大小に応じて貿易パターンが決まり，このような貿

表 1-1 「比較優位」：国別・財別の単位生産必要労働時間

財	日本	オーストラリア
織物	5	4
小麦	10	2

注：数字は，それぞれの財を1単位生産するために必要な労働時間数．

易からいずれの国も利益を受けることになる．リカードは，自国が2つの財とも外国に比べ生産効率が低い場合すなわち，2つの財とも「絶対劣位」にある場合でも，生産効率の劣位の度合が相対的に小さい財に生産特化し，これを外国の最も生産効率の高い財と輸出・輸入により交易すれば，双方の国にとって貿易利益が生じることを明らかにした．

表 1-1 は，リカードの比較優位の理論を説明するために，日本とオーストラリアの，織物と小麦の単位生産必要労働時間を表している．単位生産必要労働時間とは，財1単位を生産するために必要な労働時間数のことである．この表では，日本はオーストラリアに比べ，小麦，織物ともに1単位生産するために必要な労働時間数が多くなっている．すなわち，日本は小麦，織物ともにオーストラリアに比べ生産効率（労働生産性）が低いことになる．リカードの比較優位の理論では，財別の生産性の国際比較に注目する．日本の単位生産必要労働時間で測った生産効率はオーストラリアに比べ，織物が4/5 すなわち 80%，小麦が 2/10 すなわち 20% である．この場合，財別の生産効率の日本・オーストラリア比較では，日本は織物が小麦に比べ"相対的に生産性が高い（80% は 20% よりも大きい数値）"という．比較優位の理論によれば，日本は相対的に生産性の高い織物の生産に特化しその一部をオーストラリアに輸出し，オーストラリアは（絶対的に生産効率の高い2つの財の中で）相対的により生産性の高い小麦の生産に特化しその一部を日本に輸出することにより，双方の国にとって利益となるのである．

相対的に生産性の高い財，すなわち「比較優位」のある財を相互に貿易することによって得られる利益を数値例で確認しよう．日本は織物の生産性が小麦よりも相対的に高いから織物を輸出し，オーストラリアは小麦の生産性

が織物よりも相対的高いから小麦を輸出する．需要面を考慮し仮に織物と小麦の国際交換比率（「交易条件」という）が織物1単位と小麦1単位に決まったとする．貿易の行われない閉鎖経済では，日本では織物1単位で小麦1/2単位としか交換できなかった．それがオーストラリアと貿易することにより，織物1単位の輸出で小麦1単位の輸入（＝消費）が可能となる．一方，オーストラリアでは貿易の行われない閉鎖経済では，小麦1単位で織物1/2単位としか交換できなかった．それが日本との貿易により，小麦1単位の輸出で織物1単位の輸入（＝消費）が可能となるのである．

このように日本は2つの財とも絶対的な生産性はオーストラリアに比べ劣るけれども，相対的に生産性の高い財（織物）に生産特化・輸出し，一方，2つの財とも絶対的に生産性の高いオーストラリアは相対的に生産性がより高い財（小麦）に生産特化・輸出することにより双方の国が貿易による利益を享受することになる．これが，「比較優位の理論」である．

(2) リカード・モデルの一般均衡分析：基本的な分析ツール

リカードの比較優位の理論は生産・供給面だけの分析に限定されているが，2つの財の国家間での交換比率（交易条件）を特定化するには，需要面も同時に分析する必要がある．この節では，需要面も考慮した一般均衡分析アプローチによりリカードの比較優位モデルを説明するための基本的な分析ツールを説明する．

①生産可能性フロンティア

これまで財1単位生産に必要な労働時間数と生産性（生産効率）を同義に使ってきたが，ここで生産性の概念を定義しておこう．リカードのモデルで使用される生産要素は労働のみであるから生産性は労働生産性である．ミクロ経済理論では，労働生産性として，「労働の平均生産物（Average Product of Labor：APL）」と「労働の限界生産物（Marginal Product of Labor：MPL）」が使われるが，労働のみが生産要素で，かつ限界生産物は逓減しな

表 1-2 「比較優位」：労働生産性（労働の限界生産物：MPL）

財	日本	オーストラリア	相対比率：日本／オーストラリア
織物	0.2	0.25	80%
小麦	0.1	0.5	20%

注：数字は，1時間の労働で生産できる財の数量．

いという古典派経済学の仮定条件の下では，労働の平均生産物と労働の限界生産物は等しくなる（$APL=MPL$）．表1-1の単位生産必要労働時間の逆数が労働の平均生産物（労働の限界生産物）で，その数値を表1-2に示した．例えば，日本では，織物は1時間の労働で0.2単位生産でき（織物生産の労働の限界生産物は0.2単位），小麦は1時間労働で0.1単位生産できる（小麦生産の労働の限界生産物は0.1単位）ことになる．

表から，日本は織物，小麦ともにオーストラリアに比べ労働生産性が低いこと，すなわちオーストラリアは2つの財とも「絶対優位」を有していることがわかる．しかし，財別労働生産性の国際比較でみると，日本の織物の労働生産性はオーストラリアの80%（=0.2/0.25）であるのに対し，日本の小麦の労働生産性はオーストラリアの20%（=0.1/0.5）と極めて低い．すなわち，日本はオーストラリアに比べ2つの財とも絶対的な労働生産性は低いものの，織物は小麦に比べ労働生産性の劣位度は比較的小さくなっている．この場合，日本は織物生産に比較優位を有し，オーストラリアは小麦生産に比較優位を持つ，という．

以下で使用する記号は次のとおりである．2財・2国のモデルで分析し，日本を「自国」，オーストラリアを「外国」とも呼ぶことにする．記号が煩雑になるのを避けるため，国を表す添え字は自国である日本には付けず，外国であるオーストラリアは右肩にアスタリスク（*）を付ける．

織物（Textile）をT，小麦（Wheat）をWで表す．生産量はQで表し，日本の織物の生産量はQ_T，小麦の生産量はQ_W，オーストラリアの織物の生産量はQ_T^*，小麦の生産量はQ_W^*である．消費量はCで，日本の織物の消費量はC_T，小麦はC_W，オーストラリアの小麦の消費量はC_W^*，織物はC_T^*

である．

　1国における労働の賦存量（総労働時間数）は日本が $\bar{L}$ で，オーストラリアが $\bar{L}^*$ とする．労働の賦存量は各国で固定しており，日本は，$\bar{L}=12{,}000$ 時間，オーストラリアは $\bar{L}^*=8{,}000$ 時間とする．単位生産必要労働時間は（織物，小麦）の組み合わせで，日本は (l_T, l_W)，オーストラリアは (l_T^*, l_W^*) で表す．国別・財別の単位生産必要労働時間（l）は表1-1の数字を用いる．

　まず，単位生産必要労働時間と労働の平均生産物の関係は，日本の織物生産を例にとると次になる．

$$(l_T \equiv) L_T/Q_T = 1/(Q_T/L_T)(\equiv 1/APL_T) \tag{1.1}$$

すなわち，

　　単位生産必要労働時間（l_T）
　　　＝織物生産に投入される労働時間（L_T）／織物の生産量（Q_T）
　　　＝労働の平均生産物（APL_T）の逆数

労働のみが生産要素で，労働の限界生産物は逓減しないという仮定から，労働の平均生産物（APL_T）と労働の限界生産物（MPL_T）は等しくなる．

$$Q_T/L_T = \Delta Q_T/\Delta L_T \tag{1.2}$$

左辺が労働の平均生産物，右辺が労働の限界生産物である[4]．

　所定の労働賦存量を産業（財）別に配分した場合の「資源制約式」は次のように表される．

$$\text{日本の資源制約式：} l_T \cdot Q_T + l_W \cdot Q_W \leq \bar{L} \tag{1.3}$$

左辺の第1項は織物生産に使われる労働時間数，第2項は小麦生産に使われる労働時間数で，これらの合計が日本の総労働時間数を上回ることはないことを表す式である．(1.3)式を，"単位生産必要労働時間＝労働の限界生産物の逆数"の関係を使って表すと次の式が得られる．

$$Q_T/MPL_T + Q_W/MPL_W \leq \overline{L} \tag{1.4}$$

(1.4)式が等号で成立するとし、左辺に小麦の生産量、右辺に織物の生産量が来るように整理すると次の式が得られる[5]。

$$Q_W = -(MPL_W/MPL_T) \cdot Q_T + MPL_W \cdot \overline{L} \tag{1.5}$$

(1.5)式を生産可能性フロンティアあるいは生産可能性曲線という。「生産可能性フロンティア（Production Possibility Frontier：PPF）」は、一国における資源の賦存量（総労働時間数）が限られているなかで、最大限生産可能な織物と小麦の生産量の組み合わせを表し、図示すると図1-1のような右下がりの直線で表される。小麦の生産量を表す縦軸との切片は $MPL_W \cdot \overline{L}$、勾配は $-MPL_W/MPL_T$ である。縦軸との切片は、一国の経済が利用可能なすべての労働時間を小麦生産に使用した場合の小麦の最大生産量を表す。同様に、横軸との切片（$MPL_T \cdot \overline{L}$）は、すべての労働時間を織物生産に使った場合の織物の最大生産量を表す。

表1-2の労働の限界生産物の数値を使うと日本の生産可能性フロンティアは次式のようになる。

$$Q_W = -\frac{1}{2} \cdot Q_T + 0.1 \cdot \overline{L} \tag{1.6}$$

図1-1は式(1.6)の日本の生産可能性フロンティアを表したもので、縦軸の切片（小麦の最大生産量）が1,200（=0.1×12,000）、勾配が $-1/2$ の直線である。

生産可能性フロンティアの勾配（の絶対値）は「限界変形率」(Marginal Rate of Transformation：MRT) という。(1.5)式から

$$MRT \equiv MPL_W/MPL_T \tag{1.7}$$

である。限界変形率は織物生産1単位増加の、小麦の生産量減少で測った「機会費用」を表している。機会費用とは、資源の制約のなかで織物生産を

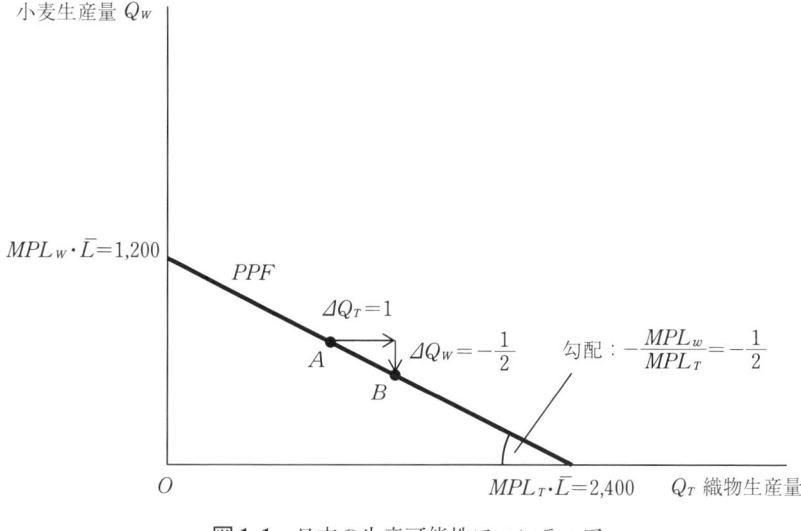

図1-1 日本の生産可能性フロンティア

既存量から1単位増産するためには,労働者を小麦産業から織物産業に移動させる必要があり,これにより小麦の生産量が何単位減少するかを,意味する.図で,織物生産の機会費用は,$\Delta Q_W/\Delta Q_T=-1/2$ である.すなわち,織物を1単位増産するためには,小麦を1/2単位減産しなければならない.この織物生産の機会費用(の絶対値)が,限界変形率である小麦生産の労働の限界生産物と織物生産の労働の限界生産物の比率に等しくなる.

$$-\Delta Q_W/\Delta Q_T = MPL_W/MPL_T \tag{1.8}$$

同様にオーストラリアの資源制約式は次式で表される.

$$\text{オーストラリアの資源制約式}: l_T^* \cdot Q_T^* + l_W^* \cdot Q_W^* \leq \bar{L}^* \tag{1.9}$$

オーストラリアの生産可能性フロンティアは次式となる.

$$Q_W^* = -(MPL_W^*/MPL_T^*) \cdot Q_T^* + MPL_W^* \cdot \bar{L}^* \tag{1.10}$$

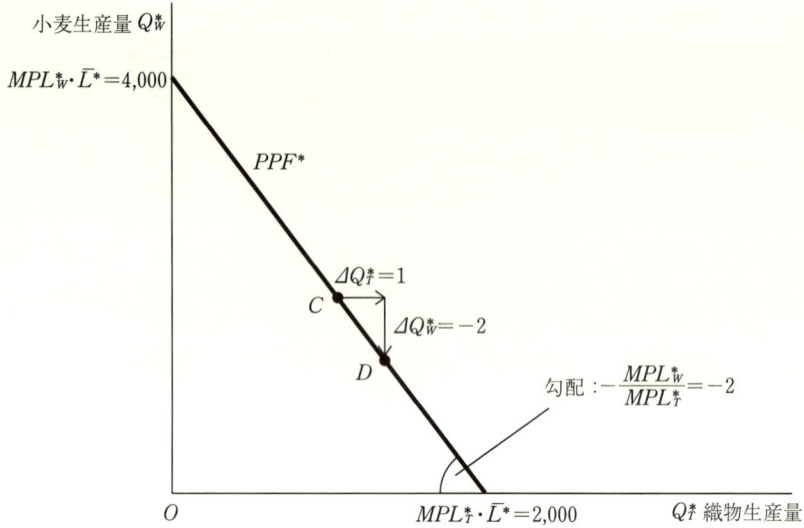

図1-2 オーストラリアの生産可能性フロンティア

(1.10)式に表1-2の数値を代入すると，オーストラリアの生産可能性フロンティアは，図1-2のように限界変形率が2で縦軸の切片が4,000の直線となる．

$$Q_W^* = -2 \cdot Q_T^* + 0.5 \cdot \bar{L}^* \tag{1.11}$$

■生産可能性フロンティアと比較優位

　日本とオーストラリア間の織物生産と小麦生産の比較優位の構造を示した表1-1および表1-2では，財別に2国間の単位必要労働時間あるいは労働生産性（労働の限界生産物）の相対比率を計算し，この相対比率を2つの財で比べることにより各国の比較優位を示した．例えば表1-2の労働生産性の比較でみると，日本とオーストラリアの織物生産の労働生産性の相対比率は80％（＝0.2/0.25）で，小麦生産の労働生産性の相対比率は20％（＝0.1/0.5）であるから，日本は織物生産に比較優位を有すること，一方，オース

トラリアからみた財別労働生産性の相対比率は織物が125％（＝0.25/0.2），小麦が500％（＝0.5/0.1）であるから小麦に比較優位を持つことになる．

　比較優位の定義をこのように財別労働生産性の国家間比較で行うのでなく，1国内の2つの財の相対的な労働生産性の国家間比較で定義することも有意義である[6]．このため，生産可能性フロンティアの勾配，すなわち機会費用の概念を用いる．図1-1および図1-2で示した生産可能性フロンティアの勾配は，小麦の生産減少量で測った織物の1単位増産の機会費用を表している．日本では，織物1単位増産のためには小麦を1/2単位減産しなければならない．一方，オーストラリアは織物1単位増産のためには小麦を2単位減産しなければならない．したがって，（小麦の減産量で測った）織物の機会費用は日本の方がオーストラリアよりも小さい．同様に，織物の減産量で測った小麦1単位増産の機会費用を計算すると，日本は2単位の織物の減産が必要なのに対し，オーストラリアは1/2単位の織物の減産で済む．すなわち，オーストラリアの（織物の減産量で測った）小麦生産の機会費用は日本よりも小さい．1国は，2国間比較でみて"機会費用の小さい財に比較優位を有する"ため，この例では日本は織物に，オーストラリアは小麦にそれぞれ比較優位を持つことになる．

②消費者の最適消費選択と社会的無差別曲線

　リカードの比較優位の理論は財の生産効率の国家間での相違に着目した理論で，需要面の分析は取り込まれていない．しかし，貿易が開始された場合の2国間の財の交換比率（交易条件）と，各国における財の生産量，輸出量および輸入量を特定するためには，2か国における2つの財の需要面を考慮する必要がある．ここでは，財の需要面の分析も取り入れた一般均衡分析の手法で，リカードの理論を分析する．

　2つの財に対する需要を導入するために，（効用）無差別曲線を使うのが一般的である．「無差別曲線」とは，消費者が同じ水準の効用（消費による満足度）を得る2つの財の様々な組み合わせ消費量を表す曲線で，図1-3に

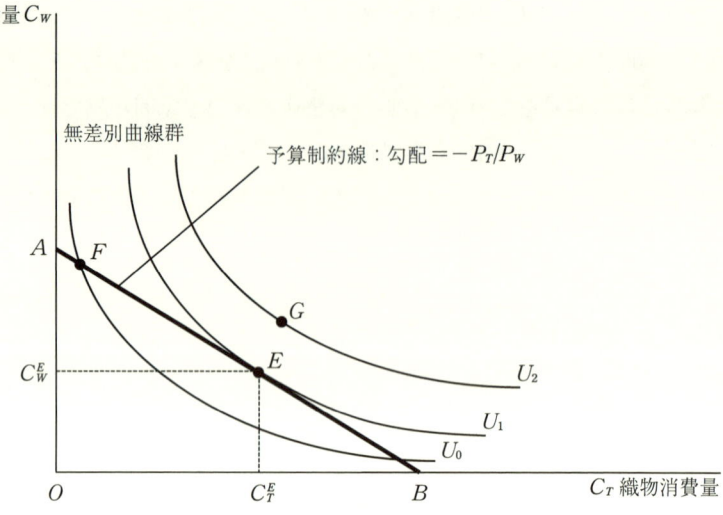

図1-3　消費者の最適消費量の意思決定

みられるように，右下がりで，原点 O に対して凸の形状をしている．原点 O からより遠く離れた位置に所在する無差別曲線ほど，消費者のより高い効用水準を表す．

　無差別曲線が右下がりで，かつ原点に対して凸の形状をしているという特徴は，消費者の予算の制約のもとでの最適消費選択行動を分析する際，重要である．無差別曲線上の任意の 2 財の消費の組み合わせ点で引いた接線の勾配を「限界代替率（Marginal Rate of Substitution：MRS）」という．限界代替率とは，例えば図1-3の無差別曲線 U_1 上の消費組み合わせ E 点で，消費者は織物の消費を 1 単位増やすとき，効用の水準を一定に保つために小麦の消費を何単位減らしても良いと考えているかという，一定の効用水準維持のための 2 つの財の代替関係を示す数値である．数式で表すと，

$$MRS_{W,T} \equiv -\Delta C_W/\Delta C_T \tag{1.12}$$

となり，"小麦（の消費減少量）で測った織物（の消費 1 単位増加）の限界

代替率"と定義する．ΔC_T は織物消費の 1 単位の増加，ΔC_W は消費者が無差別曲線上で効用水準を一定に保つために，消費を減らしても良いと考える小麦の量である．限界代替率は通常プラスの値で分析するため，マイナス符号を付けてある．

さらに，限界代替率は無差別曲線上の消費組み合わせ点における，2 つの財の限界効用の相対比率と等しくなる．図 1-3 のケースでは，無差別曲線上の E 点における小麦で測った織物の限界代替率は，織物の限界効用と小麦の限界効用の相対比率と等しくなる．すなわち，

$$MRS_{w,T} = MU_T/MU_w \tag{1.13}$$

が成立する．なお，MU_x は x 財の限界効用を表す．x 財の「限界効用」とは，x 財を既に所定の量消費しているとき，さらにその消費を 1 単位増やしたときの消費者の効用の増加である．

無差別曲線が右下がりであることは，無差別曲線上で 2 つの財は効用水準を一定に保つために代替関係にあることを意味している．また，無差別曲線が原点に対して凸の形状をしていることは，2 つの財の消費量の組み合わせが無差別曲線上を右下に移動するとき，（正の値で測った）限界代替率が次第に小さくなることを意味している．これを，「限界代替率逓減の法則」という．すなわち，織物の消費量が増加するにつれ，織物消費を 1 単位増やすために犠牲にしても良いと消費者が考える小麦の消費量が次第に少なくなることである．

限界代替率逓減は，無差別曲線上で小麦の消費を犠牲にして織物消費を増加するときの，それぞれの財の限界効用の逆方向への変化によっても説明できる．消費者の所得水準等は変化しないと仮定すると，財の消費量を増加させるとその財の限界効用は次第に小さくなる．すなわち，「限界効用逓減の法則」が働く．無差別曲線上で，織物の消費量を増やすと織物消費の限界効用（MU_T）は次第に小さくなる，一方，小麦の消費量は少なくなるから小麦消費の限界効用（MU_w）は次第に大きくなる．限界代替率は (1.13) 式のよう

に，織物消費の限界効用を小麦消費の限界効用で割った数値と等しいから，小麦の消費を犠牲にした織物消費の増加に伴い，限界代替率は逓減するのである．

消費者は2つの財の購入・消費を検討する際，支出予算の制約のもとで，消費による最大の効用（満足度）を実現できるような最適組み合わせ消費量を，無差別曲線上で選択する．図1-3に描かれた右下がりの直線 AB はある消費者の所定の支出予算 I のもとでの「予算制約線」で，次式で表される．

$$I = P_T \cdot C_T + P_W \cdot C_W \tag{1-14}$$

横軸にこの消費者の織物の消費量（C_T），縦軸に小麦の消費量（C_W）を測っているため，予算制約線の傾きは，（1単位の）織物の（1単位の）小麦に対する相対価格（P_T/P_W）にマイナス記号を付けた数値である．織物の（小麦に対する）「相対価格」とは，例えば，$P_T/P_W=k$ とすれば，織物1単位の価値（P_T）は小麦 k 単位の価値（kP_W）と等しいことを意味する．すなわち，消費者は市場で，貨幣を交換手段として織物1単位と交換に小麦 k 単位を手に入れることができるということである．

消費者は予算の制約と（市場で決定される）2つの財の相対価格のもとで，消費による効用を最大化するように2つの財の消費量を決定する．それは，所定の予算制約線と接する無差別曲線との接点における2つの財の組み合わせ消費を決めることである．図1-3の3つの無差別曲線 U_0，U_1，U_2 のなかで，予算の範囲内で2つの財が購入可能で，かつ最も高い効用を実現するのは無差別曲線 U_1 で，それと予算制約線が接する E 点での2財の消費の組み合わせ（C_T^E, C_W^E）がこの消費者の効用を最大化させる最適消費である．これに対し，予算制約線上の F 点は E 点より効用の低い無差別曲線 U_0 上にある．また，効用水準の高い無差別曲線 U_2 上の G 点は予算制約線の外側に位置しているため，所定の予算では購入ができないため実現不可能である．

個々の消費者にとっては財の市場価格は所与であるため2財の相対価格も

所与の数値である．消費による効用を最大化する E 点では無差別曲線が予算制約線と接し，無差別曲線の接線の勾配である限界代替率と，予算制約線の勾配である 2 財の所与の価格比率が等しくなる．すなわち消費者は，（小麦で計った織物消費の）限界代替率が，（織物の小麦に対する）相対価格に等しくなるように 2 つの財の消費量を選択する．

$$MRS_{W,T} = P_T/P_W \tag{1.15}$$

消費者は予算と 2 つの財の相対価格を所与として，2 つの財の消費による限界代替率が 2 財の相対価格比率と等しくなるような消費量を無差別曲線上で選択することにより効用を最大化する．

■ 社会的無差別曲線

2 つの財の需要と供給の同時均衡を求める経済の一般均衡を分析するときは，個々の消費者の無差別曲線を集計した「社会的無差別曲線」を用いる．外国との貿易のない自給自足経済の一般均衡では，2 財の均衡相対価格のもとで，社会的無差別曲線上で（社会全体の）効用を最大化する 2 財の需要量と，生産可能性フロンティア上で利潤を最大化する 2 財の生産量（供給量）が一致する．

多数の消費者が存在する経済での消費者間の財の効率的な分配が実現するときは，すべての消費者の無差別曲線上の効用最大化点での限界代替率が等しく，それは財の均衡相対価格と等しくなっている．しかし，通常，消費者の財に対する選好はそれぞれ異なっているため無差別曲線の形状は消費者ごとに異なり，また所得水準も消費者ごとに異なるため，個人の無差別曲線の集計により社会的無差別曲線を導出することは困難である．国際貿易の一般均衡分析では，消費者間での財の選好と所得水準の相違から社会的無差別曲線の導出が困難な事情から，すべての消費者の"選好は同一"で，かつすべての消費者は"ホモセティック（相似拡大的：homothetic）"な無差別曲線を持つ，という強い仮定を設けることにより社会的無差別曲線は存在すると

前提して分析を行う．

③閉鎖経済における一般均衡

　リカード・モデルで，外国との貿易取引のない閉鎖経済（自給自足経済）の一般均衡では，生産可能性フロンティア上で生産（供給）と消費（需要）が一致する．すなわち，一般均衡点では，社会的無差別曲線と生産可能性フロンティアが互いに接し，その共通接線の勾配が2つの財の均衡価格比率と等しくなる．この点を見てみよう．

　ミクロ経済学の生産要素需要の理論で学んだように，労働市場が完全競争市場であれば，利潤を最大化しようとする企業は「労働の限界価値生産物」が市場賃金率と等しくなる労働者総時間数を雇用する[7]．労働の限界価値生産物は，最後に雇用する労働者の1時間労働が生み出す生産物の価値であり，"財の価格×労働の限界生産物"，で表される．式で表すと，織物産業に属する競争企業は次の条件が成立するように労働者総時間数を雇用する．

$$W_T = P_T \cdot MPL_T \tag{1.16}$$

左辺の W_T は，織物産業で支払われる時間あたり名目賃金，右辺は労働の限界価値生産物で，労働の限界生産物（MPL_T）に織物1単位当たり市場価格（P_T）を乗じた値である．労働の限界価値生産物は最後に雇用される労働者の1時間労働によって生み出される「限界収入」，また，時間あたり賃金率は最後の1時間労働に支払われる「限界費用」と解釈できるので，企業は利潤最大化のため，"限界収入＝限界費用"となる数の労働者総時間数を雇用することになる[8]．同様に，小麦産業に属する競争企業は次の条件が成立するように労働者総時間数を雇用する．

$$W_W = P_W \cdot MPL_W \tag{1.17}$$

　労働市場が完全競争市場であれば，織物産業で払われる賃金（W_T）と小麦産業で支払われる賃金（W_W）は等しくならなければならない．なぜなら，

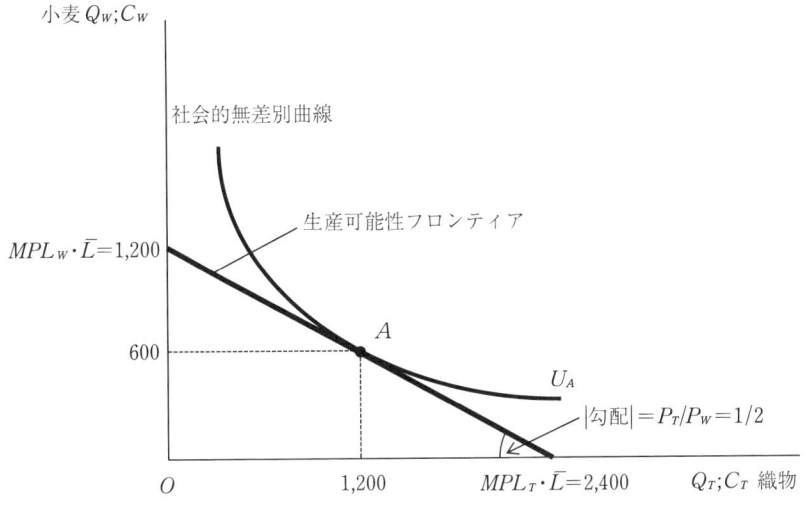

図1-4　自給自足経済の一般均衡：日本

例えば小麦産業の賃金が織物産業よりも高ければ，織物産業の労働者は小麦産業に移動するため，小麦産業では労働供給の増加から賃金が低下し，一方，織物産業では労働供給の減少から賃金は上昇する．このような産業間での労働移動と賃金の調整過程を経て，両産業における賃金は均等化するのである．

織物産業と小麦産業での利潤最大化のための雇用労働量を決める上記の2つの式から，次式が得られる．

$$P_T/P_W = MPL_W/MPL_T \tag{1.18}$$

右辺は生産可能性フロンティアの傾き（限界変形率）であり，左辺は織物の（小麦に対する）相対価格である．すなわち，財の市場および労働市場が完全競争市場であり各産業の企業が利潤最大化行動をとれば，各産業は財の均衡相対価格のもとで，生産可能性フロンティア上で生産量を決定するのである．前節の分析で，生産可能性フロンティアの勾配は，小麦の生産減少量で測った織物の1単位増産の機会費用を表していることを示した．(1.18)式

は，企業が利潤を最大化する生産量では，小麦の減産量で計った織物1単位増産の機会費用は，織物の小麦に対する相対価格に等しくなることを示している．

財の均衡相対価格 P_T/P_W は2つの財の市場における需要と供給の同時均衡において決定される．貿易取引のない自給自足経済では各財について生産量＝消費量となるから，日本の一般均衡を表す図 1-4 で，社会的無差別曲線 U_A が生産可能性フロティアと接する A 点が自給自足経済の一般均衡点となる．一般均衡点では，次の条件が成立している．

$$MRS_{W,T} = P_T/P_W = MRT \tag{1.19}$$

すなわち，経済の一般均衡では，消費者の（小麦で測った）織物の限界代替率（$MRS_{W,T}$）が，織物の（小麦に対する）相対価格に等しくなり，また小麦と織物の限界変形率（織物生産の機会費用）MRT が織物の（小麦に対する）相対価格に等しくなる．消費者，企業ともに，財の均衡相対価格に誘導されて効用の最大化，利潤の最大化行動をとる結果，市場均衡では消費者の2つの財の限界代替率と，産業間の生産の限界変形率が等しくなるような財の生産・配分と労働量の産業間配分が実現するのである．

日本の自給自足経済の一般均衡は図 1-4 の A 点で，均衡生産量（消費量）は織物が 1,200 単位，小麦が 600 単位である．一方，オーストラリアの自給自足経済の一般均衡は図 1-5 の A^* 点で，均衡生産量（消費量）は織物が 1,000 単位，小麦が 2,000 単位である．

④ 2財の均衡相対価格からみた比較優位

先に，1国における財の比較優位は，生産可能性フロンティアの勾配の国家間での相違によって決定されることを示した．すなわち，図 1-1 で日本では生産可能性フロンティアの勾配は $-1/2$ であるから，織物増産1単位の機会費用は小麦 1/2 単位の減産である．一方，図 1-2 でオーストラリアの生産可能性フロンティアの勾配は -2 であるから，織物増産1単位の機会費用は

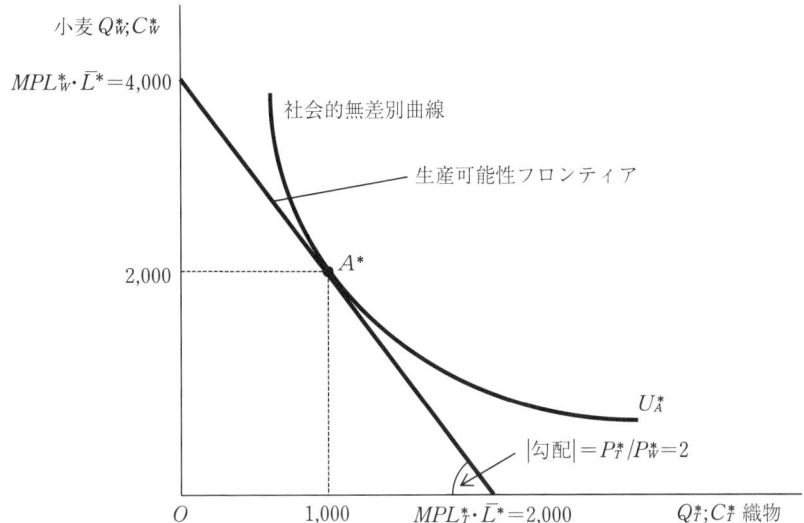

図1-5 自給自足経済の一般均衡：オーストラリア

小麦2単位の減産である．この場合，日本では織物生産の機会費用がオーストラリアよりも小さいため，日本は織物生産に比較優位を有し，一方，オーストラリアは小麦生産に比較優位を有することを示した．

生産可能性フロンティアの勾配の絶対値である限界変形率（MRT）でみると，オーストラリアの限界変形率は2で，日本の1/2よりも大きい．すなわち，オーストラリアでは織物産業に対する小麦産業の労働の限界生産物が日本に比べ相対的に大きいため小麦産業に比較優位を有し，一方，日本では逆に小麦産業に対する織物産業の労働の限界生産物が相対的に大きいため織物産業に比較優位を有することになる[9]．

自給自足経済では生産可能性フロンティアの勾配と織物の（小麦に対する）均衡相対価格は一致する．織物の均衡相対価格の日本・オーストラリア比較は，次式となる．

$$P_T/P_W < P_T^*/P_W^* \tag{1.20}$$

2つの財の相対価格でみると，日本（左辺）は織物の相対価格がオーストラリア（右辺）よりも小さい．したがって，消費者は，日本では織物が相対的に安く購入でき，オーストラリアでは小麦が相対的に安く購入できる．2つの財の均衡相対価格で比較し，相対的に安い財に1国は比較優位を有するのである．

2. リカード・モデルの開放経済の一般均衡

　この節では，それまで自給自足経済であった日本とオーストラリアが貿易を開始したとき，どちらの国がどの財を輸出しどの財を輸入するかという貿易パターン，貿易開始に伴う均衡の生産量と消費量の変化，および貿易均衡での国際相対価格（交易条件）の決定の仕方について分析する．

　「交易条件」は，各々の財について比較優位を持つ国の輸出供給と比較劣位にある国の輸入需要の，財の相対価格を媒介とした相互作用により決定されるが，その分析は貿易開始に伴う生産と消費の均衡を分析した後に行うこととする．ここではまず，日本とオーストラリア間で貿易収支を均衡させる交易条件がある水準に決まったと仮定して，各国における貿易均衡の特徴を分析する．

(1) 貿易開始により比較優位産業に生産特化

　まず，貿易開始に伴い国内で比較優位を有する財の価格が上昇し，比較劣位にある財の価格が下落するメカニズムを考えてみよう．日本で比較優位を持つ織物がオーストラリアに輸出されると，日本国内で供給される織物の数量が減少し，日本国内では所定の需要のもと，相対的に価格が低かった織物価格が上昇する．一方，オーストラリアでは日本からの輸入により織物の国内供給量が増えるため，相対的に価格が高かった織物価格が下落する．すなわち，貿易により織物の価格は，輸出国である日本では上昇，輸入国であるオーストラリアでは下落し，その国際価格は小麦との相対価格により決定さ

れる．日本が比較劣位にある小麦の価格決定メカニズムも同様である．同財に比較優位を持つオーストラリアでは輸出に伴う国内供給の減少から価格が上昇し，輸入国である日本では国内供給量の増加から小麦の価格が下落する．両国の貿易収支が均衡する貿易均衡においては，日本では比較優位を有する織物の比較劣位にある小麦に対する相対価格が上昇し，一方，オーストラリアでは比較優位をもつ小麦の比較劣位にある織物に対する相対価格が上昇するように，交易条件が決定される．

貿易均衡における交易条件すなわち2つの財の国際相対価格は，両国の自給自足経済における国内の均衡相対価格の範囲内に決まらなければならない．すでに見たように，自給自足経済の均衡相対価格は，2つの産業の相対的な労働生産性を反映した生産可能性フロンティアの勾配と同じ数値に決定される．自給自足経済での均衡相対価格が国家間で異なることが，比較優位のある財と比較劣位にある財を区分することになり，国家間での貿易パターンと貿易による利益発生の要因となる．貿易開始前の織物の（小麦に対する）相対価格は，日本は1/2，オーストラリアは2であるから，交易条件すなわち貿易均衡における織物1単位の価格と小麦1単位の価格の相対比率（P_T^o/P_W^o）は，1/2と2の範囲内に決まることになる．ここでは一例として，貿易均衡での交易条件が2/3に決まったとしよう．

オーストラリアとの貿易開始により，日本では織物の小麦に対する相対価格が1/2から2/3に上昇するため，織物の相対価格（2/3）が相対的な生産コストを表す織物生産の機会費用（1/2）を上回ることになる．日本では比較優位を有する織物産業の生産が拡大し，比較劣位にある小麦産業の生産が縮小する．リカードのモデルでは生産可能性フロンティアは直線であること，すなわち労働の限界生産物は生産量にかかわらず一定であると仮定されているため，織物の機会費用を上回る相対価格の上昇は日本のすべての労働者が織物産業に移動し，織物生産に従事することを意味する．このことを，日本は貿易により，"比較優位財である織物の生産に特化する"という．

織物の相対価格が織物生産の機会費用を上回ることにより，すべての労働

者が小麦産業から織物産業に移動することは，両産業における（名目）賃金の変化を比較することにより理解できる．利潤を最大化する企業は賃金と労働の限界価値生産物が等しくなるように，労働者の総労働時間数を雇用するから，第1節の③でみたように（16頁参照），産業別の賃金と財の市場価格および労働の限界生産物との間には，次の関係が成り立つ．

$$W = P \cdot MPL \tag{1.21}$$

自給自足経済では，競争的な労働市場で織物産業の賃金（W_T）と小麦産業の賃金（W_W）は同水準に決まる．しかし，貿易開始により日本では比較優位にある織物の相対価格が上昇すると，織物産業で支払われる（名目）賃金（W_T）は小麦産業での賃金（W_W）を上回ることになる．この点は次のように説明できる．各産業で労働の限界価値生産物に等しい賃金が支払われるから，2つの産業での相対賃金は次式で表される．

$$W_T/W_W = P_T \cdot MPL_T / P_W \cdot MPL_W \tag{1.22}$$

この式に，貿易開始後の交易条件 $P_T^0/P_W^0 = 2/3$ を代入し，各産業の労働の限界生産物は表1-2の日本の数値を使うと次のようになる．

$$W_T/W_W = (2/3) \cdot (0.2/0.1) = 4/3 > 1 \ \ \blacktriangleright \ \ W_T > W_W$$

これから，日本では貿易開始により織物産業で支払われる賃金が小麦産業のそれを上回ることがわかる．したがって，労働の限界生産物が逓減しないという仮定の下で，すべての労働者が織物産業に移動し高い賃金を獲得することになる．これにより，日本の産業構造は織物に生産特化することになる．

同様に，オーストラリアでは，貿易均衡における交易条件のもと小麦の相対価格がその機会費用を上回り，小麦産業の織物産業に対する相対賃金が上昇する（表1-2参照）．

$$W_T^*/W_W^* = (2/3) \cdot (0.25/0.5) = 1/3 < 1 \ \ \blacktriangleright \ \ W_W^* > W_T^*$$

したがって，すべての労働者が高い賃金を獲得するため小麦産業に移動する．これにより，オーストラリアの産業構造は小麦に生産特化することになる．

(2) 貿易パターンの決定と貿易利益

リカード・モデルでは，両国とも比較優位を有する財に生産特化し，生産量の一部を相手国に輸出し，比較劣位にある財は相手国から輸入するという国際生産分業と貿易パターンが成立する．

図 1-6 はオーストラリアとの貿易開始後の開放経済における日本の貿易均衡となる，生産と消費の均衡点および輸出量・輸入量を示している．貿易均衡を実現する交易条件（$P_T^0/P_W^0=2/3$）のもとで，日本では比較優位を有する織物の相対価格が上昇するため，織物生産に特化する．これにより，生産可能性フロンティア上の B 点が生産の均衡点となる．すなわち，比較優位を持つ織物を 2,400 単位生産し，比較劣位にある小麦の生産は行われない．

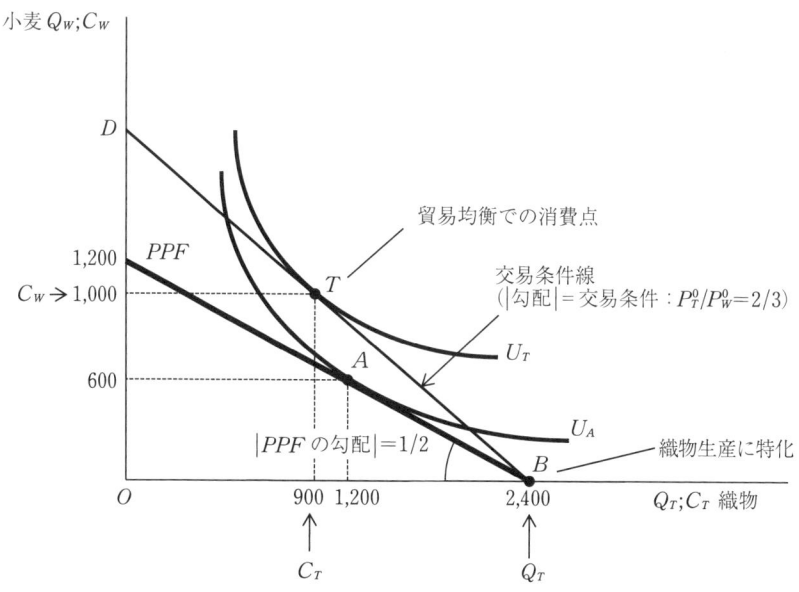

図 1-6　開放経済の一般均衡：日本

貿易均衡における国際価格のもと織物生産で創出される所得（GDP）は $P_T^0 \times 2,400$ であり，消費者はこの所得から効用を最大化させるように織物と小麦の消費に支出することになる．図中，勾配が交易条件となっている線分 BD は「交易条件線」というが，貿易開始後の所得のもと消費者の2つの財の最大の消費量の組み合わせを示す「消費可能性フロンティア」となっている．日本の消費者はこの交易条件線上で，効用を最大化するように2つの財の最適組み合わせ消費を行うことになる[10]．すなわち，交易条件線は社会を構成する消費者にとっての予算制約線という特徴を持っており，「GDP 線」ともいう．

交易条件線で表わされる消費可能性フロンティアが生産可能性フロンティアよりも原点からみて外側に位置していることは，貿易により2つの財の消費の組み合わせが，自給自足経済における消費の組み合わせよりも拡大できること，すなわち，貿易により消費者の効用が増加できることを意味している．貿易均衡における最適消費点は，図中，交易条件線 BD と社会的無差別曲線 U_T が接する T 点である．そこでは，消費者の小麦で測った織物の限界代替率と，織物の小麦に対する国際価格比率（交易条件）が一致し，社会全体として消費による効用を最大化している．社会的無差別曲線 U_T は，自給自足経済における最大効用である社会的無差別曲線 U_A よりも右上方に位置しており，貿易により社会的な経済厚生が増加すること，すなわち「貿易利益」が発生することが確認できる．

貿易均衡で，生産の均衡は B 点，消費の均衡は T 点であるから，日本は織物の生産量（$Q_T=2,400$）と消費量（$C_T=900$）の差額1,500単位をオーストラリアに輸出し，同国から小麦 C_W（$=1,000$単位）を輸入する．交易条件は2/3であるから $P_T^0=(2/3)\cdot P_W^0$ で，織物の価格で測ると織物の輸出金額は $1,500P_T^0$，小麦の輸入金額は $1,000P_W^0=1,000\cdot(3/2)\cdot P_T^0=1,500P_T^0$ で，輸出金額と輸入金額は等しくなり，貿易収支は均衡することが確認できる．

オーストラリアの貿易均衡は図1-7のようである．オーストラリアでは自給自足経済に比べ，貿易開始により比較優位を有する小麦の相対価格

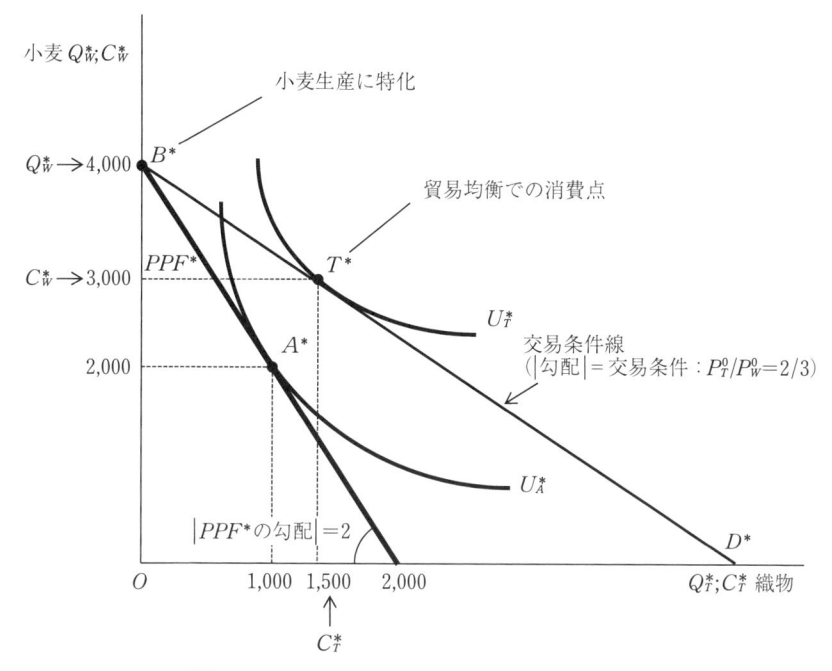

図 1-7　開放経済の一般均衡：オーストラリア

　(P_W^*/P_T^*) が 1/2 から 3/2 へ上昇するため，すべての労働者は小麦生産に従事し経済は小麦の生産に特化する．したがって，オーストラリアは比較優位を有する小麦を輸出し，比較劣位にある織物を輸入する，という貿易パターンに従う．

　図では，生産可能性フロンティア上の B^* 点が生産均衡点で，消費の均衡点は交易条件線 B^*D^* が社会的無差別曲線 U_T^* と接する T^* 点となる．交易条件線で表される消費可能性フロンティアは生産可能性フロンティアよりも原点から見て外側に位置し，日本と同様，貿易により 2 つの財の消費の組み合わせが，自給自足経済における消費の組み合わせよりも拡大できること，すなわち，貿易により消費者の効用は増加する．オーストラリアも比較優位構造に従った貿易を行うことにより，貿易利益を獲得することができるのである．

貿易均衡で，生産の均衡は B^* 点，消費の均衡は T^* 点であるから，オーストラリアは小麦の生産量（$Q_W^*=4,000$）と消費量（$C_W^*=3,000$）の差額 1,000 単位を日本に輸出し，日本から織物 C_T^*（$=1,500$ 単位）を輸入する．交易条件 $P_T^0/P_W^0=2/3$ のもとで，輸出金額は $1,000 P_W^0$，輸入金額は $1,500 P_T^0 = 1,500 \cdot (2/3) \cdot P_W^0 = 1,000 P_W^0$ となり，貿易収支は均衡する．

「貿易利益」は2つの要因からなる．1つは貿易開始による「消費面の利益」であり，これは比較劣位にある財の価格が安くなることにより所与の所得の下での消費可能量が増加することである．いま1つは貿易開始による「生産面の利益」であり，比較優位を有する財の生産に特化することにより労働力を最大限有効に活用でき，実質所得を増加させることができることである．所得の増加により2つの財の消費量も増加させることができ，消費者の経済厚生は高まるのである．

(3) 実質賃金で測った貿易利益

前節では，日本・オーストラリアともに比較優位のある財に生産特化することによりそれを輸出し，比較劣位にある財を輸入することにより，国民（消費者）の所得水準および消費による効用水準が増加する，という貿易利益が発生することを見た．比較優位を生じさせるのは，自給自足経済における2つの財の相対価格の国家間での相違であり，貿易により相対価格は両国共通の交易条件に収斂する．すなわち，日本，オーストラリアともに，貿易により織物と小麦の価格は両国で同じ水準になる．この節では，貿易により財の価格は両国で均等化するが，賃金の水準も貿易により均等化するか否か，について検討する．

賃金には名目賃金と実質賃金がある．名目賃金は労働者が就労により受取る賃金で，実質賃金は物価水準を考慮し，名目賃金がどれだけの実質的な購買力を有するかを表す賃金水準である．まず，貿易により名目賃金がどのように変化するかを見てみよう．

日本の織物産業の（名目）賃金は，貿易により織物の国内価格が上昇する

から，次のように上昇する．

$$W_T^0 = P_T^0 \cdot MPL_T > W_T = P_T \cdot MPL_T (= P_W \cdot MPL_W) \qquad (1.23)$$

不等号の右辺は，貿易開始前の織物産業の1時間あたり賃金で，労働の限界価値生産物と等しくなっている．また，労働市場が完全競争市場の仮定により小麦産業の賃金（W_W）とも同水準である．左辺は，貿易開始後の織物産業の1時間あたり賃金（W_T^0）で，貿易により織物価格が上昇（$P_T^0 > P_T$）するため，名目賃金は増加する．すべての労働者が織物生産に従事するから，国民の名目所得は貿易により増加する．

実質賃金（実質所得）も貿易により増加するであろうか．実質賃金は，名目賃金が各々の財の市場価格で測って，どれだけの購買力を持っているかを表す．まず，日本で貿易開始後の織物で測った実質賃金は次で表される．

$$W_T^0 / P_T^0 = MPL_T \qquad (1.24)$$

右辺の織物産業での労働の限界生産物は古典派経済学の仮定により，生産量にかかわらず一定値であるから，貿易開始後も織物の価格で測った実質賃金は貿易前と変わらない．これから，織物産業における名目賃金の上昇率は，織物価格の上昇率と同率である（$W_T^0/W_T = P_T^0/P_T$）ことがわかる．

一方，貿易開始後の小麦で測った実質賃金は次で表される[11]．

$$\begin{aligned} W_T^0/P_W^0 &= P_T^0 \cdot MPL_T / P_W^0 = (2/3) \cdot MPL_T \\ &= (2/3) \cdot 2 \cdot MPL_W = (4/3) \cdot MPL_W > MPL_W \end{aligned} \qquad (1.25)$$

上の式で，日本の生産可能性フロンティアの勾配が1/2であることから，$MPL_T = 2 \cdot MPL_W$ を使った（(1.7)式を参照）．不等号の右辺の，小麦産業における労働の限界生産物（MPL_W）は，自給自足経済における小麦の価格で測った実質賃金を表すから，貿易開始により小麦で計った実質賃金は4/3倍の水準に上昇する．オースオラリアから安価な小麦が輸入されることにより，所得の実質的な購買力が増加するのである．以上のように，日本では貿易に

より国民の実質賃金は上昇する,すなわち実質国民所得は増加することが確認できた.

貿易開始後のオースオラリアの実質賃金の変化はどうであろうか.まず,同国は小麦の生産に特化するから,小麦産業の名目賃金(W_W^{0*})は次のように決定される.

$$W_W^{0*} = P_W^0 \cdot MPL_W^* > W_W^* = P_W^* \cdot MPL_W^* (= P_T^* \cdot MPL_T^*) \qquad (1.26)$$

日本と同様,自給自足経済での賃金に比べ,貿易により名目賃金は上昇する.

各々の財の市場価格で評価した実質賃金の変化はどうであろうか.オースオラリアで貿易開始後の小麦の価格で測った実質賃金は次で表される.

$$W_W^{0*}/P_W^0 = MPL_W^* \qquad (1.27)$$

仮定により小麦生産の労働の限界生産物は一定であるため,貿易開始後も小麦で測った実質賃金は変化しない.一方,輸入財となる織物の市場価格で測った実質賃金は,次のようになる.

$$W_W^{0*}/P_T^0 = P_W^0 \cdot MPL_W^*/P_T^0 = (3/2) \cdot MPL_W^*$$
$$= (3/2) \cdot 2 \cdot MPL_T^* = 3MPL_T^* > MPL_T^* \qquad (1.28)$$

貿易開始により織物で測った実質賃金(W_W^{0*}/P_T^0)は自給自足経済での水準(MPL_T^*)に比べ,3倍の水準に上昇する.日本から安価な織物が輸入されることにより,所得の実質的な購買力が増加するのである.このようにオーストラリアにおいても,貿易により実質賃金は上昇し,国民の実質国民所得は増加する.

表1-3に,日本・オーストラリア両国における貿易開始前と開始後における,2つの財の市場価格で測った実質賃金(労働の限界生産物)の変化を比較してある.日本は織物・小麦ともに労働生産性(労働の限界生産物)がオーストラリアよりも低く,貿易開始前は労働の限界生産物で測った実質賃金はどちらの財も低かった.一方,オーストラリアは2つの財とも絶対優位を

表 1-3 貿易開始による労働の限界生産物で測った実質賃金の上昇

財	労働の限界生産物で測った実質賃金			
	日本		オーストラリア	
	貿易開始前	貿易開始後	貿易開始前	貿易開始後
織物	0.2	0.2	0.25	0.75(=0.25×3)
小麦	0.1	0.133(=0.1×4/3)	0.5	0.5

注：貿易開始前の産業別の労働の限界生産物は表 1-2 を参照のこと．

持ち，いずれの財で測っても実質賃金は日本よりも高かった．すなわち，労働生産性の絶対的に高い国は，実質賃金も高いのである．

　貿易開始により，各国が比較優位を有する（相対的に労働生産性の高い）財の生産に特化し，相手国に輸出する貿易パターンに従うことにより，輸出される財の相対価格が上昇し名目賃金も上昇する．一方，輸入される財は貿易開始前に比べ相対的に安くなるため，上昇した名目賃金を輸入財の価格で評価した実質賃金は上昇する．表 1-3 にみられるように，日本では，輸入財である小麦の国際価格で評価した実質賃金が約 33% 上昇，一方，オーストラリアでは，輸入財である織物の国際価格で評価した実質賃金が 3 倍の水準に上昇している．

　注意しなければならない点は，比較優位に基づき貿易を開始することにより両国とも実質賃金水準は上昇するが，貿易開始後も，労働生産性（労働の限界生産物）の高い国は相手国と比較して，より高い実質賃金を維持できるということである．

(4) 交易条件の決定

　リカードの原典で展開された比較優位の理論は，財別労働生産性の国家間の比較に分析の焦点を置いており，財の需要面は考慮されていない．しかし，貿易開始後の 2 国間の交易条件，すなわち 2 財の均衡国際相対価格を決定するには，財の需要面も分析対象としなければならない．ここでは，日本およびオーストラリアの開放経済の一般均衡の図 1-6 および図 1-7 を使い，交易

条件の決定の方法をみてみよう．

貿易を行う2国間の貿易収支が均衡するという前提条件のもと，貿易均衡での交易条件は，日本の織物の輸出量はオーストラリアの織物の輸入量と一致し，また，オーストラリアの小麦の輸出量は日本の小麦の輸入量と一致し，さらに，各国において，輸出金額と輸入金額が等しくなるように，決まらなければならない．リカード・モデルの開放経済の一般均衡の分析で，2財の国際相対価格が与えられると，生産特化のパターンと消費者の均衡消費量が決定されることを分析した（図1-6, 図1-7）．均衡生産量と均衡消費量の差がその財の輸出量あるいは輸入量となる．2財の国際相対価格が生産特化のパターンが変らない範囲内で変化すると，消費均衡点の変化から各財の輸出量と輸入量の組み合わせが変化し，貿易収支は均衡しなくなる．そこで，2国間の貿易均衡を実現する交易条件を求めるため，織物の国際市場に注目し，様々な織物の（小麦に対する）相対価格（P_T/P_W）の下での，日本の織物の輸出供給曲線とオーストラリアの織物の輸入需要曲線を使い，織物の国際市場の均衡を実現する交易条件（均衡国際相対価格）を求めてみよう．「ワルラスの法則」により，2財を貿易する2か国で，1つの財の国際市場均衡が実現すれば，同じ交易条件のもとで，他方の財の国際市場均衡も同時に実現するから，貿易均衡となる交易条件を求めるには，織物の国際市場のみを分析すれば十分である[12]．

日本の織物の輸出供給曲線とオーストラリアの織物の輸入需要曲線を図1-8に示した[13]．横軸が，日本の織物の輸出供給量とオーストラリアの織物の輸入需要量を表し，縦軸は織物の相対価格（P_T/P_W）を表す．水平な部分と右上がり部分を持つ曲線 ES は日本の織物の輸出供給曲線で，水平な部分と右下がり部分を持つ曲線 MD はオーストラリアの織物の輸入需要曲線である．

日本の織物の輸出供給曲線は，図1-6の日本の開放経済の一般均衡分析のグラフから導出される．まず，織物の相対価格が生産可能性フロンティアの勾配と等しい1/2のときは，2つのケースが考えられる．1つは，日本はこ

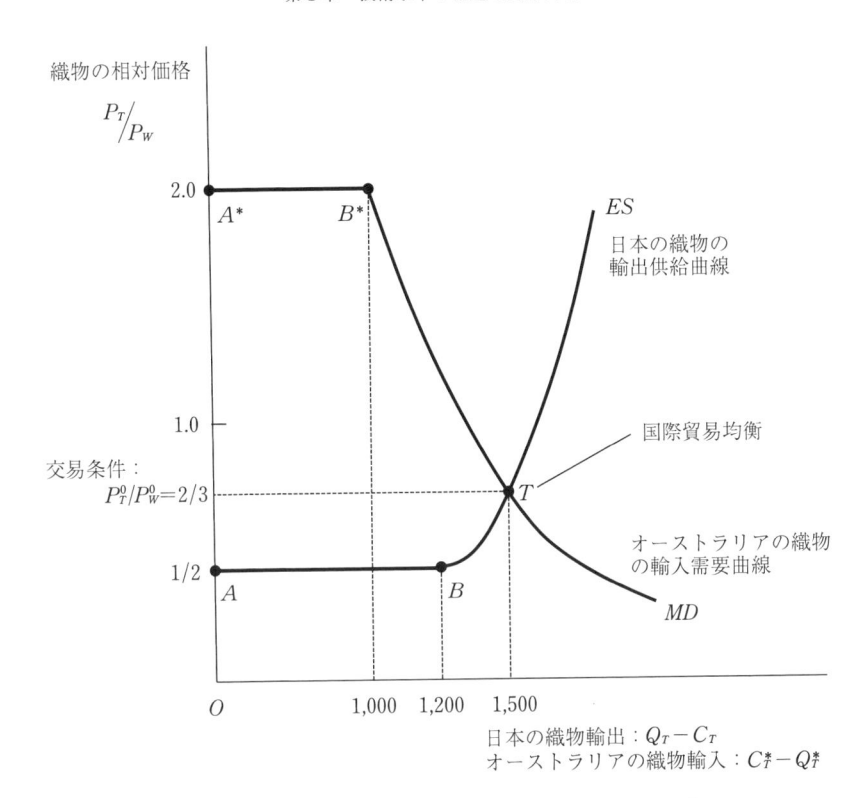

第1章 技術水準の相違と国際貿易　　31

図1-8　織物の輸出供給・輸入需要と交易条件の決定

の相対価格では貿易利益が生じないため自発的に貿易を行う誘因がなく，自給自足経済に留まるケースである（図1-6の A 点と図1-8の A 点）．このケースでは織物（小麦）の生産量と消費量は一致し，織物の輸出量（小麦の輸入量）はゼロである．いま1つは，織物の相対価格が1/2のとき，日本にとって貿易利益は生じないものの，オーストラリアにとっては日本と貿易する誘因があるため両国で貿易が行われるケースである．このケースでは，日本は自給自足経済の均衡である A 点で2財を消費し，生産は生産可能性フロンティア上の $A \sim B$ の領域で行うことになる（図1-6）．したがって，生産量と消費量の差額を輸出する．なかでも図1-8の輸出供給曲線 ES 上の

B 点は，交易条件が 1/2 のとき日本は貿易利益を享受できないが，織物生産に特化し，600 単位の小麦輸入と交換に，1,200 単位の織物を輸出するケースである．また輸出供給曲線の $A \sim B$ の領域は，相対価格 1/2 のもとで，日本が不完全特化（織物と小麦の両方を生産）するケースである．なお，織物の相対価格が生産可能性フロンティアの勾配と等しい 1/2 のときは，織物産業と小麦産業で同一賃金が支払われるため，生産量調整に対応して労働者は 2 つの産業間で自由に移動する．

織物の（小麦に対する）国際相対価格が日本の自給自足経済での相対価格 1/2 より上昇すると，日本は織物生産に特化し，国内消費量との差をオーストラリアに輸出することになる．したがって，図 1-8 で日本の織物の輸出供給曲線は，国際相対価格が 1/2 以上になると右上がりの曲線となる．

オーストラリアの織物の輸入需要曲線は，同国の開放経済の一般均衡分析のグラフ（図 1-7）から導出される．日本の輸出供給曲線の導出での分析と同様に，オーストラリアの輸入需要曲線は同国の生産可能性フロンティアの勾配と等しい相対価格 2 で水平な部分（図 1-8 の $A^* \sim B^*$）と，右下がりの部分からなっている．図中 A^* は自給自足経済の均衡点で，織物（小麦）の生産量と消費量は一致し輸入はゼロである．水平な部分 $A^* \sim B^*$ は，日本への小麦の輸出供給との関係で不完全生産特化する領域で，オーストラリアにとって貿易利益は発生しないが，織物の国内消費が国内生産を上回る量を日本から輸入する（図 1-7 の生産可能性フロンティアの $A^* \sim B^*$ 領域での生産）．輸入需要曲線の B^* では，オーストラリアは織物の生産は行わず，小麦の生産に特化する．図 1-7 で，生産の均衡点が B^*，消費の均衡点が A^* 点で，織物の輸入量は 1,000 単位である．織物の国際相対価格が 2 よりも下落すると，オーストラリアは小麦輸出から得た資金で織物輸入を増加させるから，織物の輸入需要曲線は右下がりの曲線となる．

貿易均衡は，日本の織物の輸出供給曲線 ES とオーストラリアの織物の輸入需要曲線 MD が交叉する T 点で実現する．貿易均衡での均衡国際相対価格が「交易条件」で，図 1-8 の $P_T^0/P_W^0 = 2/3$ である．貿易均衡での織物の輸

出・輸入量は1,500単位となる.

先に述べたように,ワルラスの法則により,織物の国際市場で輸出量＝輸入量となる市場均衡が実現していれば,小麦の国際市場でも共通の交易条件のもと同時に市場均衡が実現している.

(5) 交易条件と貿易利益

交易条件の改善が国民の経済厚生に及ぼす効果を考えてみよう.図1-8では日本の交易条件 (P_T^0/P_W^0) が 2/3 に決定される例を示してあるが,日本にとって交易条件が改善すると,すなわち輸出品である織物の,輸入品である小麦に対する相対価格が上昇すると,国民の経済厚生にどのような効果をもたらすであろうか.開放経済の一般均衡を表す図1-6で,日本の交易条件の改善は交易条件線 BD の勾配が大きくなることである.これにより,消費可能性フロンティアが織物の生産特化 B 点を基点に時計回りに回転し,社会的無差別曲線との接点(消費の均衡)が図中 T 点よりもさらに上方に位置することになる.したがって,交易条件の改善により国民の経済厚生は向上する.すなわち,貿易利益は拡大する.なお,日本の交易条件が改善することは,貿易相手国であるオーストラリアの交易条件が悪化することであり,オーストラリアの国民の経済厚生は悪化する.

交易条件改善による貿易利益の増加は,織物の相対価格の上昇により輸出織物1単位でより多くの小麦を輸入できることになることから生じている.すなわち,輸入される小麦が相対的に安くなることに伴い,小麦の価格で評価した日本の実質賃金が増加することを意味する.この点を確認しておこう.

貿易開始後の,小麦の国際価格で計った日本の実質賃金は次式で表される((1.25)式参照).

$$W_T^0/P_W^0 = P_T^0 \cdot MPL_T/P_W^0 = 2 \cdot (P_T^0/P_W^0) \cdot MPL_W$$
$$= (4/3) \cdot MPL_W > MPL_W \qquad (1.29)$$

不等号の左辺は貿易開始後の小麦の国際価格 (P_W^0) で評価した実質賃金で,

右辺は自給自足経済における小麦の市場価格で評価した実質賃金である．これから，日本の交易条件（P_T^0/P_W^0）が改善すると，すなわち織物の小麦に対する国際相対価格が上昇すると，日本の実質賃金は増加する．したがって，交易条件の改善により，日本の貿易利益は増加することがわかる．一方，オーストラリアの交易条件は悪化し，同国の貿易利益は減少する．

注

1) 貿易発生の理由としては，これらの他に，消費選好パターンの国家間での相違，プロダクト・サイクルモデル，国家の技術水準が動学的に変化する場合の技術ギャップ・モデル，税・補助金などの政府の政策が貿易を誘発するケースなどがある．
2) アダム・スミスやリカードの理論は古典派経済学の「労働価値説」に立脚して構築されており，財の生産に投入された労働量の賃金で示される市場価値が財の価格を表すとされている．しかし，2人の貿易理論の本質を理解するうえで，生産要素を労働のみとする必要は必ずしもない．資本も生産要素とする場合は，いずれの財も生産量の多寡にかかわらず労働と資本の投入比率が固定されているとし，さらに労働者が資本の本源的な所有者であると仮定すれば，労働のみを生産要素として分析する場合と同じ結果が得られる．固定的な労働・資本投入比率は財ごとに異なってもよいこと，さらに同じ財であっても国ごとに異なることに注意．
3) 規模に関して収穫一定な生産技術とは，労働，資本等のすべての生産要素の投入量を比例的に増加させた場合（例えば，5％の率で増加），生産量も同じ増加率を実現する生産技術のことを意味する．古典派理論で労働のみを生産要素とする場合は，生産量の多寡にかかわらず，1単位の生産に投入される労働量は一定量に固定されていることを意味する．同じことであるが，生産量の多寡にかかわらず，労働生産性（労働者1人当たりの生産量）は一定であることを意味する．
4) 記号 Δ は変化量を表す記号である．$\Delta Q_T/\Delta L_T$ は労働時間を1時間増やした時の織物生産量の増加量で，定義によりこれが「労働の限界生産物」である．
5) 資源制約式が等号で成立するのは，1国における労働量がすべて産業間で雇用されていることを意味する．
6) リカードの原典では，1国内における2つの産業の相対的労働生産性（単位生産必要労働時間）の国家間比較によって比較優位を分析している．
7) 労働の限界価値生産物については，企業の利潤最大化行動からの労働の派生需要との関連で，第2章および第4章で詳しく説明する．
8) 厳密には，(1.16)式を $P_T = W_T/MPL_T$ のように変形し，右辺は追加生産量1単

位当たりの賃金コストで「限界費用」を表し，左辺は追加生産1単位当たりの「限界収入」を表す，と解釈する．
9) (1.7)式を参照のこと．
10) 消費可能性フロンティアは「GDP線」と呼ばれることもある．なぜなら，勾配が交易条件である BD 線は，社会を構成する消費者にとって織物の生産から得られる所得（GDP）を原資とする予算制約線と解釈できるからである．
11) 第2項は貿易開始後の国内賃金（織物産業での賃金）は，貿易開始後の国際価格と織物の労働の限界生産物の積に等しいこと（$W_T^0 = P_T^0 \cdot MPL_T$），第3項は交易条件を代入（$P_T^0/P_W^0 = 2/3$），第4項は日本の生産可能性フロンティアの限界変形率（$MPL_W/MPL_T = 1/2$）を使った．
12) 「ワルラスの法則」とは，"市場が複数ある場合，各市場の超過需要を合計すると，経済全体での超過需要はゼロとなること"をいう．日本では貿易均衡での交易条件のもとで，織物は超過供給（生産量＞消費量）で，小麦は超過需要（消費量＞生産量＝0）にある．一方，オーストラリアでは小麦は超過供給（生産量＞消費量）にあり，織物は超過需要（消費量＞生産量＝0）にある．貿易均衡の織物市場で，日本の輸出量（国内の超過供給）がオーストラリアの輸入量（国内の超過需要量）と一致すれば，小麦市場では日本の輸入量（国内の超過需要）がオーストラリアの輸出量（国内の超過供給）と自動的に一致する．
13) 図1-8の作図およびその分析に際し，次の文献の第2章を参考にした．Feenstra, Robert C., and Alan M. Taylor. 2011. *International Trade 2nd edition*, New York: Worth Publishers. なお，国際市場における交易条件決定を分析するツールとして，2財の相対価格の変化に伴って生じる輸出量と輸入先の変化を組みあわせて作図する「オファーカーブ（offer curve）」を用いる方法も良く用いられる．

第2章
開放経済の一般均衡と新古典派の貿易理論

　リカード・モデルでは財の生産に使われる生産要素は労働のみで，かつ労働生産性（労働の限界生産物）は生産量の多寡にかかわらず一定であると仮定されていた．このため，外国との貿易が開始され比較優位を有する財の価格が上昇すると，賃金の上昇からすべての労働者は比較優位を持つ産業に移動し，国内の生産はその産業に特化するという理論的結果を得た．しかし現実には，貿易が開始されても特定の産業に生産が特化するというケースは稀で，輸入される財の生産も継続するという不完全特化が通例である．また，リカード・モデルでは労働のみが生産要素であるため，貿易による利益はすべての労働者（国民）を豊かにするという結論が得られた．しかし，現実には貿易により国民全体としては豊かになるが，貿易の利益を享受できる勝者と貿易により損失を被る敗者が生じる現象はよく見られる．

　この章では，労働と資本の2生産要素のケースで生産と消費の一般均衡と貿易均衡を分析する「新古典派の貿易理論」を紹介する．2生産要素の場合は，貿易開始により財の生産は不完全特化することが通例で，さらに，貿易利益は生産要素の所有者間で不平等に配分される可能性がある．とりわけ，貿易利益の配分については，本章の新古典派貿易理論の基礎の上に展開される次章のヘクシャー＝オリーンの貿易モデルで詳しく解明されるが，本章は同モデルの理論的準備としての役割も担っている．

1. 産業間の最適資源配分と生産可能性フロンティア

「新古典派の貿易理論」がリカード・モデルと大きく異なる点は,リカード・モデルでは労働のみが生産要素であったのに対し,新古典派貿易理論では企業は複数の生産要素を用い財の生産を行う,という現実的な生産関数を使っていることである.また,オリジナルのリカード・モデルでは扱われなかった需要面の分析と,均衡交易条件の決定を明示的に示していることも新古典派貿易理論の特徴である.

新古典派貿易理論で,各国の比較優位の構造と貿易パターンおよび貿易均衡を分析する際,産業間での最適な資源(生産要素)の配分と効率的な財の生産量を表す「生産可能性フロンティア」と,社会を構成する国民の経済厚生を表す「社会的無差別曲線」の2つが基本的な分析道具となる.社会的無差別曲線については第1章のリカード・モデルで説明したため,本節では新古典派貿易理論における生産関数の特徴と,生産可能性フロンティアの導出方法およびその特徴を中心に説明する.1つの重要なポイントは,企業(産業)が複数の生産要素を使い生産活動を行うと,生産要素の生産性(限界生産物)はリカードが仮定したような一定の値ではなくなり,また生産可能性フロンティアも直線ではなく,原点に対して凹状の曲線になることである.

以下,式やグラフが煩雑になるのを避けるため,企業は労働(L)と資本(K)の2つの生産要素を使い財の生産を行うこと,また世界には2つの産業部門を有する2か国が存在すると仮定する.本章と第3章共通で使う具体例として,2か国は日本とベトナムで,日本を「自国」,ベトナムを「外国」と呼ぶこととする[1].国を識別するため「自国」は英記号に添え字を付けず,「外国」は英記号の右肩にアスタリスク(*)の添え字を付ける.2つの産業(財)は電子機器と織物で,作図と定式化の関係から,電子機器を X 財,織物を Y 財と呼ぶ.また,小文字の x は電子機器の生産量または消費量を表し,小文字の y は織物の生産量または消費量を表す.

(1) 生産関数

まず，新古典派貿易理論で用いられる生産関数の特徴を見てみよう．財の市場は完全競争市場と仮定するため，企業の生産関数でもって産業の生産関数を代表させるものとする．電子機器の生産関数は

$$x = f(K_x, L_x)$$

織物の生産関数は

$$y = g(K_y, L_y)$$

である．例えば，電子機器の生産関数については，x は生産量，K_x は電子機器生産に使われる資本の量，L_x は労働投入量（例えば，総労働時間数），また関数 $x = f(\cdot,\cdot)$ は生産要素の投入量と財の生産量との間の技術的関係を表す．織物の生産関数についても同様である．

新古典派貿易理論では，財は規模に関して収穫一定の生産関数で生産されると仮定する．「規模に関して収穫一定」な生産関数とは，すべての生産要素の投入量が同一比率で増加するとき，財の生産量もそれと同じ比率で増加するという技術的な特徴を有する生産関数である．規模に関して収穫一定な生産関数は，「ホモセティック（相似拡大的）」な生産関数の一種で，「1 次同次生産関数」ともいわれる[2]．

生産関数が規模に関して収穫一定でも，各生産要素は「収穫逓減の法則」に従うことに注意しなければならない．「生産要素の収穫逓減」は「規模に関する収穫」とは異なる概念で，他のすべての生産要素の投入量を一定量に固定したままで，1 つの生産要素の投入量を増加させていくと，その限界生産物が逓減する技術的な現象のことをいう．第 1 章のリカード・モデルで労働の限界生産物という概念を使ったが，資本と労働の 2 つの生産要素を使う生産関数の場合，「労働の限界生産物」は資本の投入量を一定量に固定し，労働投入量を増加させるとき，追加的な労働 1 単位（例えば，追加労働 1 時間）が生み出す追加的な生産量である．次に説明するように，労働の限界生

産物は収穫逓減の法則により，労働投入量が増加するとき逓減していく．

生産関数を $q=h(K,L)$ とすると，「労働の限界生産物（Marginal Product of Labor：MPL）」は

$$MPL \equiv \Delta q/\Delta L \tag{2.1}$$

で表される．式の右辺は労働の限界生産物の定義で，資本の使用量を固定して，労働投入量が1単位増加（ΔL）するとき，財の生産量がどれだけ増加するか（Δq）を表す．労働の収穫逓減とは，労働の限界生産物が労働投入量の増加とともに次第に小さくなる技術的現象のことをいう．労働の限界生産物が労働投入量増加とともに逓減する理由は，一定量の資本に対して労働の投入量が増加していくと，1単位の資本（例えば，1台の機械）に対して多くの労働者が生産に従事することになり，追加的な労働者の生産効率が次第に低下するからである．

「資本の限界生産物（Marginal Product of Capital：MPK）」は，労働の投入量を一定量に固定し資本投入量を増加させるとき，追加的な資本1単位が生み出す追加的な生産量で，

$$MPK \equiv \Delta q/\Delta K \tag{2.2}$$

で表される．式の右辺は資本の限界生産物の定義で，労働の投入量を固定し，資本投入量が1単位増加（ΔK）するとき，財の生産量がどれだけ増加するか（Δq）を表す．労働と同様，資本も収穫逓減の法則に従う．すなわち，資本の投入量が増加するとともに，資本の限界生産物は逓減していく．

(2) 企業の費用最小化行動

企業行動の目標は利潤の最大化である．最大利潤の獲得を目標とする企業は，利潤を最大化する生産量を最小の費用で生産できるように，資本や労働などの生産要素の投入量の最適な組み合わせを選択する．これを，企業の「費用最小化行動」という．

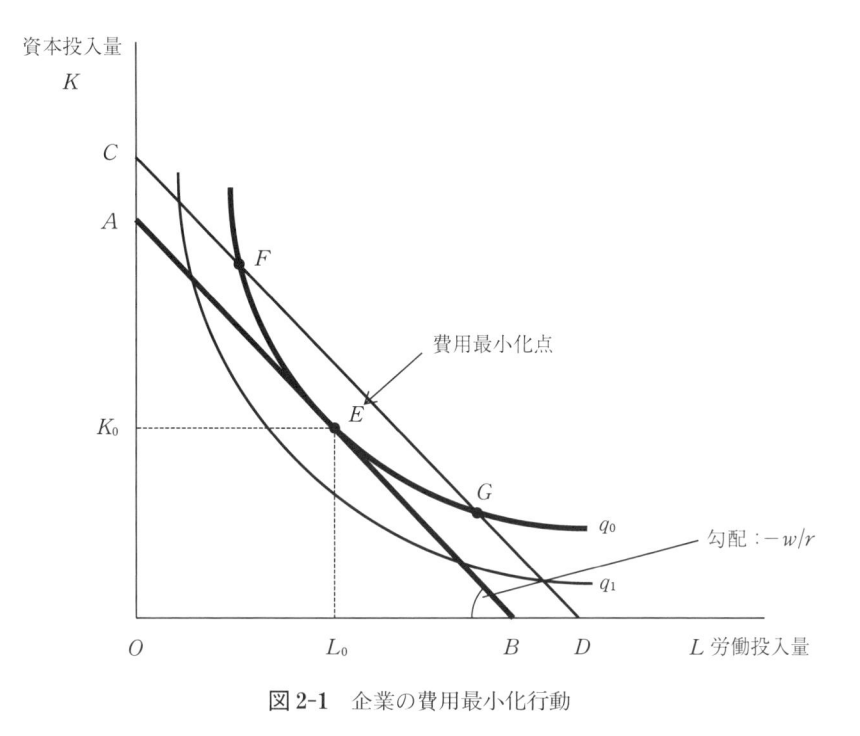

図2-1 企業の費用最小化行動

　企業の費用最小化行動は図2-1に示されている．図中，原点 O に対して凸の形状をしている曲線は「等量曲線」といい（「等産出量曲線」ともいう），同じ数量を生産可能な資本と労働の様々な投入組み合わせを示す曲線である．この図では生産関数は $q=h(K,L)$ としており，生産量は q で表される．等量曲線は右下がりの曲線で，かつ原点に対して凸の形状をもつ曲線である．資本と労働の投入量を表す平面上で，異なる生産量水準を表す等量曲線を無数に描くことが出来るが，原点から遠い位置に描かれる等量曲線はより多くの生産量に対応する．例えば図中，等量曲線 q_0 は等量曲線 q_1 よりも多くの生産量を表している．

　財の市場価格が与えられたとき，企業は利潤を最大化する生産量 q_0 を，最小の費用で生産できる生産要素の最適な投入量組み合わせを選択する．これを分析するため，費用を表すグラフを導入する．図中の右下がりの直線

AB は「等費用線」といい，同額の費用となる資本と労働の投入量の組み合わせを表す次の式である[3]．

$$\bar{C} = w \cdot L(q) + r \cdot K(q) \tag{2.3}$$

左辺は一定額の総費用で，右辺は第1項が労働費用，第2項が資本費用である．労働サービスの価格である賃金（w）と資本サービスの価格である資本のレンタル価格（r）はそれぞれ，競争的な労働市場と資本市場で決定されるから，企業にとっては所与の値となる．したがって，等費用線の勾配（絶対値）である賃金・資本レンタル価格比率（w/r）は，企業にとっては所与の数値である．

企業は利潤最大化生産量 q_0 を最小費用で生産するため，等量曲線 q_0 と接する等費用線の接点での資本と労働の投入量を選択する．図中，E 点が最小費用を実現する資本（K_0）と労働（L_0）の最適組み合わせ投入量で，等量曲線の接線の勾配と等費用線の勾配が等しくなる，という条件が成立している．この企業の費用最小化行動を定式化しておこう．

等量曲線上の任意の点での接線の勾配を「技術的限界代替率（Marginal Rate of Technical Substitution：$MRTS$）」という．図のケースでは，（資本で測った労働の）技術的限界代替率は，等量曲線上で，当初の資本と労働の投入組み合わせから労働投入量を1単位増加するとき，生産量を一定量に維持するため資本の投入量をどれくらい減少させなければならないかという，生産技術面での生産要素間の代替関係を表す数値である．技術的限界代替率（$MRTS$）は定義により，

$$MRTS_{K,L} \equiv -\Delta K/\Delta L \tag{2.4}$$

で表される．$MRTS$ の添え字 K, L は，"資本で測った労働の"技術的限界代替率を意味する．右辺は，分母（ΔL）が労働投入の1単位の増加量で，分子（ΔK）は生産量を一定に維持するために代替的に減少させる資本量である．なお，技術的限界代替率は正の数値で表すため，マイナス符号を付けて

ある．

　企業が所定の生産量 q_0 を最小の費用で生産するための条件は，等量曲線 q_0 と接する等費用線の接点での資本と労働の投入量を選択することであり，これは次式のように（資本で測った労働の）技術的限界代替率が，労働の価格である賃金と資本のレンタル価格の相対比率と等しくなるように，2つの生産要素の最適投入量を決定することである．この関係が実現しているとき，企業は費用を最小化する「効率的な生産」を行っているという．

$$MRTS_{K,L} = w/r \tag{2.5}$$

　さらに，技術的限界代替率は次式のように，労働の限界生産物と資本の限界生産物の比率としても表される．

$$MRTS_{K,L}(\equiv -\Delta K/\Delta L) = MPL/MPK \tag{2.6}$$

この式は次のように考えれば理解できよう．等量曲線上の任意の点で，労働の投入量を ΔL（正の数値）増加させたとする．労働投入の1単位増加による生産量の増加は「労働の限界生産物（MPL）」であるから，労働投入増加 ΔL による生産量の増加は $\Delta L \cdot MPL$ である．一方，等量曲線上で生産量を一定に維持するためには，資本の投入量を ΔK（負の数値）減少させなければならない．1単位の資本投入量の減少による生産量の減少は「資本の限界生産物（MPK）」であるから，資本投入減少 ΔK による生産量の減少は $\Delta K \cdot MPK$ となる．等量曲線上で，労働投入増加による生産量の増加と，資本投入減少による生産量の減少は同量にならなければならないから，$\Delta L \cdot MPL + \Delta K \cdot MPK = 0$ が成立する．この関係式を整理すれば(2.6)式が得られる[4]．

　(2.5)式と(2.6)式から，生産面の効率性（費用最小化条件）を表す条件式は次のようになる．

$$MPL/MPK = w/r \tag{2.7}$$

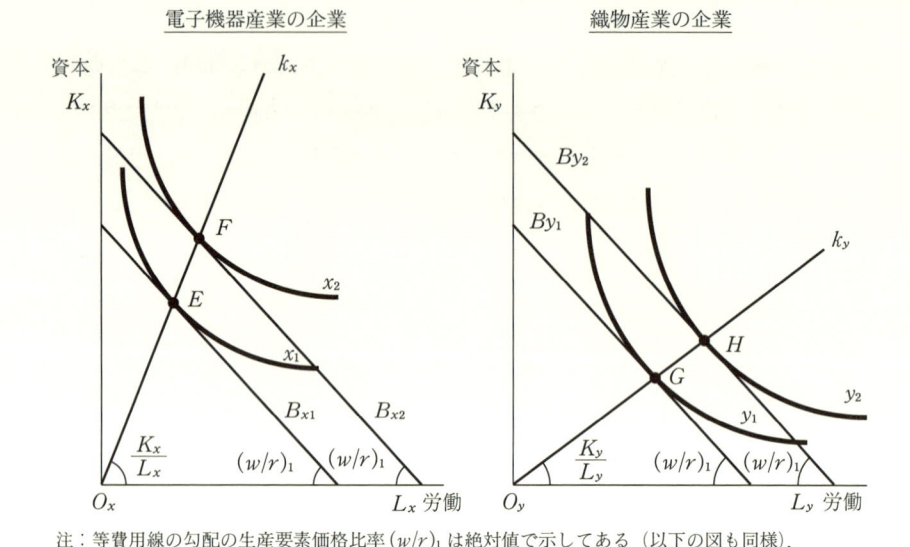

図2-2 生産要素集約度の異なる2つの産業での企業の生産均衡

注：等費用線の勾配の生産要素価格比率 $(w/r)_1$ は絶対値で示してある（以下の図も同様）．

(3) エッジワースのボックス・ダイアグラムと産業間の最適資源配分

　電子機器産業および織物産業の2つの産業に属するすべての企業が，所与の生産要素相対価格（賃金・資本レンタル価格比率）のもとで，総費用が最小になるように最適な資本と労働の投入量を決定する．しかし，共通の生産要素価格比率に直面する2つの産業で，費用を最小化する資本と労働の最適な投入量の比率は同じではない．ここでは，所与の生産要素価格比率のもとでの費用最小化点では，電子機器産業の資本・労働投入比率のほうが織物産業の同比率よりも大きいとしよう．

　図2-2は生産要素の市場で決定される所与の生産要素価格比率 $(w/r)_1$ のもとで，所定の生産量を最小費用で生産する生産要素の最適投入組み合わせを，電子機器産業と織物産業別に図示している．各産業とも，異なる生産量を表す等量曲線を2本描き入れてあるが，生産要素価格比率が同じであれば，費用を最小化する生産要素の最適投入組み合わせは，電子機器産業の $O_x k_x$，織物産業の $O_y k_y$ のように原点から発する直線状にある．異なる等量曲線上

の費用最小化点が，原点 O_x（または O_y）から発する直線状にあることは，ホモセティックな生産関数が有する特徴である．新古典派貿易理論で用いる「規模に関して収穫一定」な1次同次生産関数もホモセティックな生産関数の1つで，その特徴は，図の電子機器産業で費用最小化点 E から F へ労働と資本の投入量がそれぞれ $k\%$ 増加すると，生産量も x_1 から x_2 へ同率の $k\%$ 増加することである．

　一定の生産要素価格比率のもとで，異なる等量曲線の費用最小化点を繋いだ $O_x k_x$ や $O_y k_y$ で表される直線を，生産の「拡張経路」という．図 2-2 で，電子機器生産の拡張経路と織物生産の拡張経路の勾配が異なることに注意しよう．すなわち，電子機器の拡張経路の勾配 (K_x/L_x) は織物の拡張経路の勾配 (K_y/L_y) よりも大きい．これは，所与の生産要素価格比率のもとで，電子機器は（織物と比較して）相対的に「資本集約的な技術」で生産され，一方，織物は（電子機器と比較して）相対的に「労働集約的な技術」で生産されることを意味している．拡張経路の勾配を，「生産要素集約度」という．単に，「要素集約度」ということもある．図 2-2 の例では，生産要素集約度は電子機器産業が資本集約的で，織物産業が労働集約的ということになる．生産要素集約度は，共通の生産要素価格比率のもと産業毎に異なる値となるが，同じ産業であっても生産要素価格比率が変化すると生産要素集約度の値は変化する．

　1国の経済に賦存する資本総量と労働総量を，市場における価格調整メカニズムを通じて2つの産業に最適配分する方法を分析するのは，「生産の一般均衡分析」という．生産の一般均衡は，2つの条件を満たすことにより実現する．第1は，労働市場と資本市場の均衡で決まる生産要素価格比率のもと，電子機器産業の企業，織物産業の企業ともに，費用を最小化する生産要素の最適投入組み合わせを決定することである．すなわち，両産業（の企業）とも，(2.5)式で示される，（資本で測った労働の）技術的限界代替率が，市場で決定される賃金・資本レンタル価格比率と等しくなるように生産要素の最適投入組み合わせを決めることである．言い換えれば，生産均衡では，

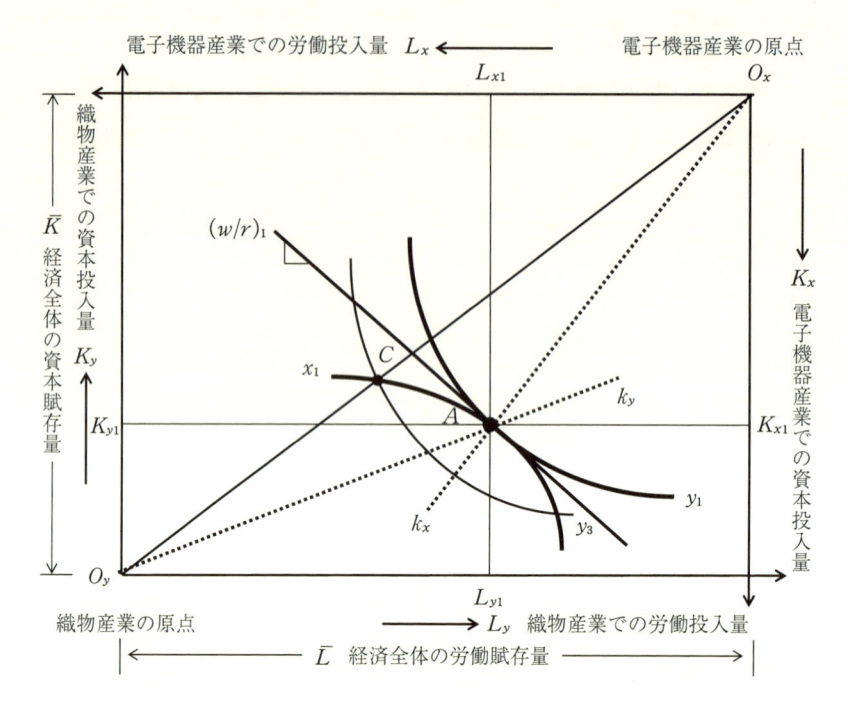

図 2-3 効率的な生産と産業間の資源配分：エッジワースのボックス・ダイアグラム

　共通の生産要素価格比率のもと，2つの産業の技術的限界代替率が一致する．第2は，2つの産業による費用最小化行動により発生する各生産要素の需要量の合計は，各生産要素の賦存量（供給量）と等しくなることである．すなわち，資本市場，労働市場ともに需要と供給が一致することである．
　生産の一般均衡と産業間の最適資源（生産要素）配分の分析は，「エッジワースのボックス・ダイアグラム」という分析用具を使って行う．産業別の効率的な生産要素投入組み合わせを示す図 2-2 の2つのグラフを使い，エッジワースのボックス・ダイアグラムを作図すると図 2-3 のようになる．作図の方法は，左下の原点 O_y が織物産業の生産の原点で，図 2-2 の織物産業の生産均衡を表す右のパネルのグラフをそのまま使う．図 2-3 の右上の原点

O_x は電子機器産業の生産の原点で，図 2-2 の電子機器産業の生産均衡を示す左のパネルのグラフを反時計回りに 180°回転して，織物産業のグラフと組み合わせる．このようにして作図された図 2-3 の長方形は，横軸が各産業の原点から測った労働投入量で，辺の総長は経済全体の労働の賦存量（労働力人口×1 人当たり労働時間）$\bar{L}$ である．縦軸は各産業の原点から測った資本投入量で，辺の総長は経済全体の資本の賦存量 $\bar{K}$ を表す．織物産業の原点 O_y から横軸の右方向への目盛は同産業の労働投入量 (L_y) を示し，縦軸の上方向への目盛は資本投入量 (K_y) を表す．電子機器産業の原点 O_x から横軸の左方向への目盛は同産業の労働投入量 (L_x) を示し，縦軸の下方向への目盛は資本投入量 (K_x) を表す．

　図中 A 点は，2 つの産業間での効率的な資源（生産要素）配分を実現する生産の一般均衡の一例である．生産の一般均衡では次の 3 つの条件が成立する．

$$MRTS^x_{K,L} = MRTS^y_{K,L} = w/r \tag{2.8}$$

$$\bar{L} = L_x + L_y \tag{2.9}$$

$$\bar{K} = K_x + K_y \tag{2.10}$$

　(2.8)式は，生産要素市場と財市場が完全競争市場であれば，各産業で費用を最小化する効率的な生産が行われ，生産均衡では電子機器産業の（資本で測った労働の）技術的限界代替率（$MRTS^x_{K,L}$）は織物産業の技術的限界代替率（$MRTS^y_{K,L}$）と等しく，かつそれらは競争的生産要素市場で決定される均衡生産要素価格比率（賃金・資本レンタル価格比率：w/r）と等しくなることを示している．なお，技術的限界代替率（$MRTS_{K,L}$）の上の添え字の x は電子機器産業，y は織物産業を表す．

　(2.9)式と(2.10)式は，産業の利潤最大化および費用最小化行動により創出される各生産要素に対する需要量の合計が，経済に賦存する生産要素総量と一致すること，すなわち，生産均衡では労働市場，資本市場ともに需要と供給が合致する完全雇用が実現することを示している．

産業間の資源配分の均衡点 A では，電子機器産業の等量曲線 x_1 と，織物産業の等量曲線 y_1 が，共通の生産要素価格比率 $(w/r)_1$ を持つ等費用線と接している．すなわち，生産の一般均衡の条件 (2.8) 式が成立している．電子機器の均衡生産量 x_1 を生産するための資本投入量 K_{x1} と，織物の均衡生産量 y_1 を生産するための資本投入量 K_{y1} の合計は経済に賦存する総資本量 $\bar{K}$ と等しく，同様に電子機器産業の労働投入量 L_{x1} と，織物産業の労働投入量 L_{y1} の合計は総労働量 $\bar{L}$ に等しくなっている．また，資源配分の均衡点 A では，均衡の生産要素価格比率 $(w/r)_1$ のもとで，両産業の拡張経路 $O_x k_x$ と $O_y k_y$ が交差している．生産均衡点では，織物産業の生産要素集約度は労働集約的で，電子機器産業は資本集約的であることに注意しよう[5]．

産業間の資源配分 A 点が効率的な資源配分であることは，電子機器産業の等量曲線 x_1 と織物産業の等量曲線 y_3 が交わる C 点と生産均衡の A 点を比較してみれば理解できよう．C 点は織物産業の原点 O_y と電子機器産業の原点 O_x を結ぶ対角線上にあり，2つの産業が同じ生産要素集約度（資本・労働投入比率）で生産していることを意味する．そこでは，織物産業の技術的限界代替率 $(MRTS_{K,L}^y)$ が電子機器産業のそれ $(MRTS_{K,L}^x)$ を上回っており，2つの産業は共通の生産要素価格比率のもとで費用最小化行動を行っていない．すなわち，効率的な生産と資源配分は実現していない．電子機器産業の生産量を x_1 に維持したまま，等量曲線 x_1 上を C 点から A 点に移動すると，織物産業の等量曲線は y_3 から右上方に移動し，織物の生産量は増加する．電子機器産業の生産量 x_1 を所与として，織物産業の生産量は A 点で最大の y_1 となる．生産均衡の A 点では，効率的な資源配分条件 (2.8) 式，(2.9) 式，(2.10) 式が実現しており，このような資源配分は「パレート効率的」であるという．

産業間の生産活動における資源配分の「パレート効率性」とは，"効率的な資源配分条件を満たす生産均衡においては，他の産業の生産量を減らすことなくして，いずれの産業の生産量も増やすことが出来ない状況が実現している"，ことをいう．

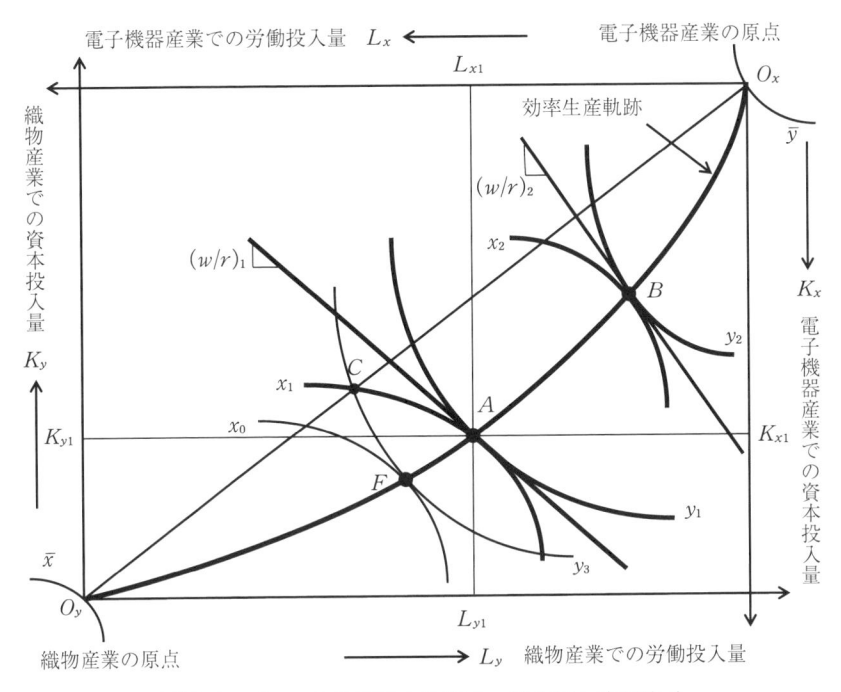

図 2-4 パレート効率的な生産の一般均衡と資源配分

(4) 生産可能性フロンティアと産業間の最適資源配分

パレート効率的な資源配分を実現する生産均衡点は A 点だけでなく，エッジワースのボックス・ダイアグラムの中に多数存在する．各々の生産均衡点では，財の市場で決定される財の相対価格のもと電子機器と織物の均衡生産量が変化すると，各生産要素に対する需要も変化することにより均衡の生産要素価格比率も変化し，これに対応して産業ごとの資本・労働の最適投入比率も変化する．財の相対価格と財別の均衡生産量，および均衡の生産要素価格比率と財別の資本と労働の最適投入比率は，市場メカニズムのなかで同時に決定されるのである．

図 2-4 は，財市場における相対価格の変化が，財の均衡生産量の変化を通じて，産業間での資源（生産要素）の効率的な配分にどう影響するかを示し

ている．図中，効率的な生産均衡の A 点は図2-3と同じであるが，他の効率的な生産均衡である B 点では，織物の電子機器に対する相対市場価格が上昇したため，織物の生産量 (y) が増加し，電子機器の生産量 (x) が減少した場合の，産業間での新しい最適な資源配分を表している．織物は相対的に労働集約的な技術で，一方，電子機器は相対的に資本集約的な技術で生産されるため，織物生産の増加（電子機器生産の減少）は労働需要を増加させ，資本需要を減少させることになる．しかし，経済に賦存する労働総量と資本総量は固定されているため，労働需要の増加は賃金を引き上げ，資本需要の減少は資本のレンタル価格を引き下げる力が，各生産要素市場で働く．このため，効率的な生産均衡 B 点での生産要素価格比率 $(w/r)_2$ は，効率的な生産均衡 A 点での生産要素価格比率 $(w/r)_1$ よりも大きい数値となる．生産均衡 B 点では均衡の生産要素価格比率が上昇（賃金が資本レンタル価格に比べ相対的に高くなる）したため，企業の費用最小化行動の結果として，生産均衡 A 点に比べ，織物産業，電子機器産業ともに生産要素集約度（資本・労働投入比率）が上昇している．図では，生産均衡 A 点および B 点を通る拡張経路は描いていないが，織物産業，電子機器産業ともに B 点の拡張経路は A 点の拡張経路よりも勾配が急であること，すなわち均衡の資本・労働比率は大きくなっていることは容易に確認できる．

　生産均衡 B 点もパレート効率的な資源配分が実現している均衡点であるが，財市場における相対価格の変化に誘発された財の相対的生産量の変化と生産要素価格比率の変化に対応するパレート効率的な資源配分となる生産均衡点は多数存在し，それらを繋ぎ合わせた曲線（図中の O_yFABO_x）のことを「効率生産軌跡」あるいは生産面の「契約曲線」という．効率的な生産均衡は必ず契約曲線上にあり，そこでは，産業は費用最小化行動のもとパレート効率的な生産と資源配分を実現している．

　図2-4で，効率生産軌跡（契約曲線）は2つの産業の原点を結ぶ対角線よりも下方に位置していることに注意しよう．これは，利潤を最大化する生産量を最小費用で生産しようとする企業は，いかなる生産要素価格比率のもと

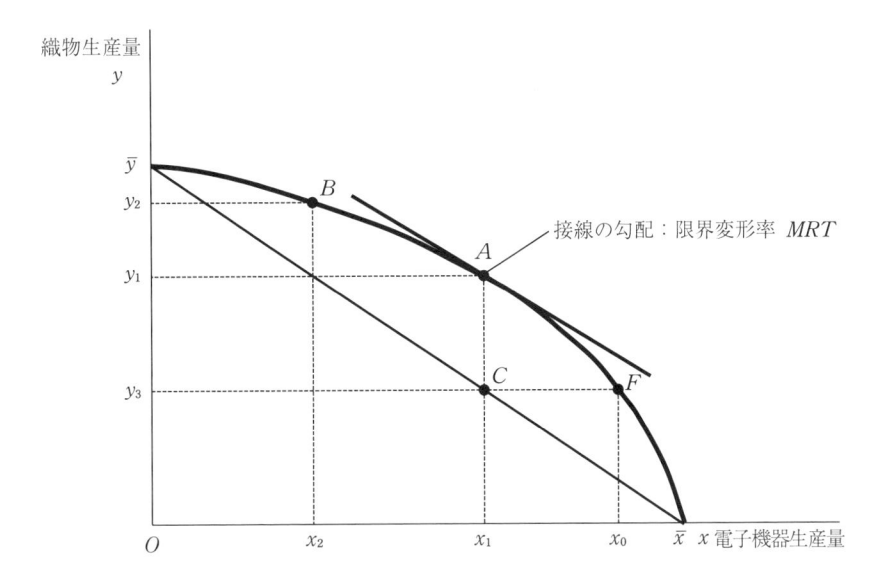

第2章 開放経済の一般均衡と新古典派の貿易理論　　51

図 2-5　生産可能性フロンティア（PPF）―2 生産要素のケース―

でも，電子機器産業では資本集約的な技術を，織物産業では労働集約的な技術を採用することを意味する．新古典派貿易理論に立脚するヘクシャー＝オリーン・モデルでは，生産要素集約度は生産要素価格比率の水準に関わらず，電子機器は「資本集約的」で，織物は「労働集約的」であること，すなわち，"生産要素集約度の逆転はない"と仮定する．

　エッジワースのボックス・ダイアグラムの契約曲線上のパレート効率的な生産均衡点を，電子機器生産量と織物生産量の組み合わせで描いたグラフが，図 2-5 の「生産可能性フロンティア（Production Possibility Frontier：PPF）」である．「生産可能性曲線」ともいわれる．図の生産可能性フロンティアは，横軸に電子機器の生産量を，縦軸に織物の生産量を測って描いてあるが，同曲線は，経済に賦存する生産要素（資本と労働）を最も効率的に使用して生産可能な電子機器と織物の生産量の組み合わせを表している．例えば，PPF 上の A 点は電子機器生産 x_1 と織物生産 y_1 の組み合わせで，これは図 2-4 の効率生産軌跡の A 点に対応している．また，B 点は電子機器

生産 x_2 と織物生産 y_2 の組み合わせで，これは効率生産軌跡の B 点に対応するものである．F 点についても同様である．PPF が横軸と交わる電子機器の生産量 $\bar{x}$ は，すべての生産要素を電子機器生産に使った時の最大生産量で，図2-4では織物産業の原点 O_y を通る電子機器の等量曲線 $\bar{x}$ に対応している．同様に，PPF が縦軸と交わる織物の生産量 $\bar{y}$ は，すべての生産要素を織物生産に使った時の最大生産量で，図2-4では電子機器産業の原点 O_x を通る織物の等量曲線 $\bar{y}$ に対応する．

PPF の横軸と縦軸の切片を結んだ直線上の C 点は，図2-4のボックス・ダイアグラムの，2つの産業の原点を結んだ対角線上の C 点に対応している．先に見たように，図2-4の C 点では本来，生産要素集約度が異なる2つの産業が同じ資本・労働投入比率の技術で生産しており，所与の生産要素価格比率のもとで費用を最小化する効率的な生産を行っていない．具体的には，C 点で電子機器産業が生産 x_1 を行うとき，織物産業は効率生産軌跡の A 点でのパレート効率的な生産 y_1 より少ない生産 y_3 を行っている．図2-5では，PPF 上の A 点での生産 y_1 でなく，PPF の内側の直線状の C 点での生産 y_3 を行っていることになる．逆に，C 点で織物産業が生産 y_3 を行うとき，電子機器産業は効率生産軌跡の F 点でのパレート効率的な生産 x_0 より少ない生産 x_1 を行っている．図2-5では，PPF 上の F 点での生産 x_0 でなく，PPF の内側の直線状の C 点での生産 x_1 を行っていることになる．

資本と労働の2つの生産要素を使用する2つの産業の生産可能性フロンティアは，図のように原点 O に対して凹の形状をしている．これは，労働のみを生産要素とするリカード・モデルの生産可能性フロンティアが直線であることと対照的である．生産可能性フロンティアの任意の点（例えば，図の A 点）で引いた接線の勾配（の絶対値）を「限界変形率（Marginal Rate of Transformation：MRT）」という．限界変形率は，生産可能性フロンティア上で電子機器の生産を1単位増やすとき，資源（生産要素の賦存量）の制約のなか，織物の生産量をどれだけ減らさなければならないかという，資源制約下の産業間の生産の代替関係を表す数値で，次の式で表される．

$$MRT \equiv -\frac{\Delta y}{\Delta x}\left(=-\frac{\text{織物の減産量}}{\text{電子機器の1単位の増産}}\right) \tag{2.11}$$

生産可能性フロンティア（PPF）が原点に対して凹の形状をしていることは，2つの産業の生産量の組み合わせが PPF 上を左上から右下に変化するとき，すなわち電子機器生産を増やし，代わりに織物生産を減らすとき，限界変形率の値が次第に大きくなることを意味する．限界変形率の値が大きくなることは，電子機器の生産を増加していくにつれ，（織物の減産量で測った）電子機器の1単位増産の「機会費用」が次第に大きくなることである．

生産可能性フロンティア上で電子機器生産を拡大するとき，なぜ電子機器の1単位増産の機会費用が大きくなるのであろうか．電子機器増産と織物減産の限界変形率，すなわち電子機器増産の機会費用は次式のように，電子機器増産に伴う限界費用（の増加）と織物減産に伴う限界費用（の減少）の相対的な比率でも表される．

$$MRT = \frac{MC_x}{MC_y}\left(=\frac{\text{電子機器生産の限界費用}}{\text{織物生産の限界費用}}\right) \tag{2.12}$$

生産要素の収穫逓減の法則を反映して，限界費用は生産量が増加すると増加するため，PPF 上で電子機器生産を増やしていくとその限界費用（MC_x）は次第に増加する一方，減産する織物の限界費用（MC_y）は次第に低下する．(2.12)式から，電子機器生産の限界費用が増加し，織物生産の限界費用が減少すると，限界変形率の値は上昇する．

以上の点をもう少し詳しく考察してみよう．PPF 上の任意の点は，エッジワースのボックス・ダイアグラムのパレート効率的な生産均衡を表す効率生産軌跡上の点であるから，各産業の（資本で測った労働の）技術的限界代替率が共通の生産要素価格比率に等しくなる次の条件が成立している．

$$MPL_x/MPK_x = MPL_y/MPK_y = w/r \tag{2.13}$$

これまでと同様，下付きの添え字は x が電子機器産業，y が織物産業を表す．上の式で，（資本で測った労働の）技術的限界代替率（$MRTS_{K,L}$）は，労働の限界生産物（MPL）と資本の限界生産物（MPK）の相対比率に等しいという(2.6)式の関係を使っている．(2.13)式を変形すると，各産業で，生産要素価格をその限界生産物で除した数値は2つの生産要素間で等しくなるという，次の関係式が得られる．

$$w/MPL_x = r/MPK_x \, ; \, w/MPL_y = r/MPK_y$$

ところで，生産要素の価格をその限界生産物で割った数値はその財の限界費用であるから，電子機器生産の限界費用は

$$MC_x \equiv w/MPL_x = r/MPK_x, \qquad (2.14)$$

織物生産の限界費用は

$$MC_y \equiv w/MPL_y = r/MPK_y, \qquad (2.15)$$

となる．

(2.14)式と(2.15)式を(2.12)式に代入すると，限界変形率は

$$MRT = MC_x/MC_y = MPL_y/MPL_x = MPK_y/MPK_x \qquad (2.16)$$

となる．すなわち，電子機器生産と織物生産の限界変形率（MRT）は，電子機器生産の限界費用（MC_x）と織物生産の限界費用（MC_y）の相対比率と等しくなるが，それはまた，織物生産の労働の限界生産物（MPL_y）と電子機器生産の労働の限界生産物（MPL_x）との相対比率，および織物生産の資本の限界生産物（MPK_y）と電子機器生産の資本の限界生産物（MPK_x）との相対比率とも等しい．

(2.16)式から，PPF 上で電子機器の生産を増加させると，織物産業から電子機器産業に生産要素（資本と労働）が移動するが，生産要素の収穫逓減の法則が働き，電子機器産業では労働の限界生産物および資本の限界生産物

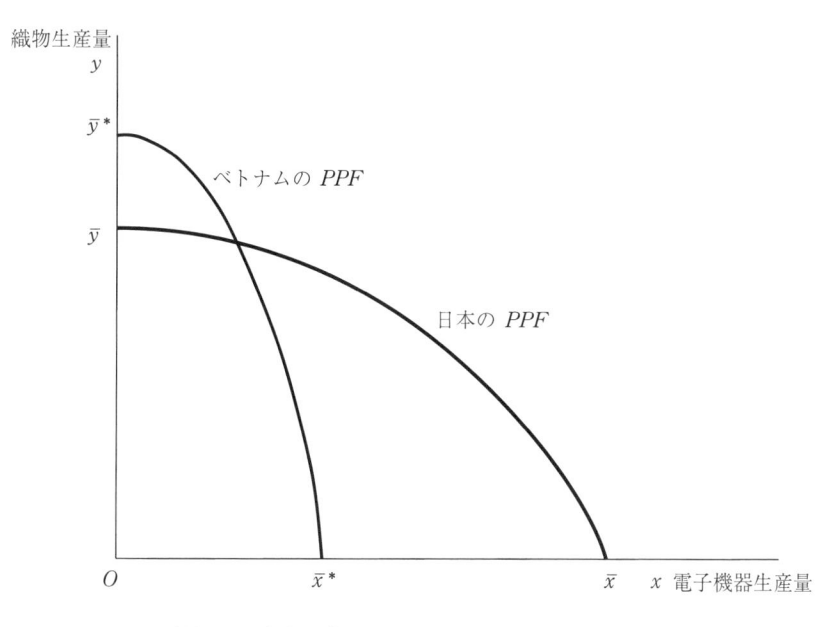

第 2 章　開放経済の一般均衡と新古典派の貿易理論　　　55

図 2-6　生産可能性フロンティアの形状の相違：
自国（日本）と外国（ベトナム）

が逓減する一方，減産する織物産業では労働の限界生産物および資本の限界生産物が上昇する．このため，電子機器生産の限界費用は上昇し，織物生産の限界費用は低下することから，限界変形率は上昇することになる．

　生産可能性フロンティアの形状は，国ごとに異なる．生産可能性フロンティアの形状と位置を決める要因としては，国家間での産業別の技術水準の相違，各国における産業間での技術水準の相違，国家間での生産要素の絶対的賦存量の相違，国家間での各生産要素の相対的な賦存比率の相違，などがある．図 2-6 は仮設例として，日本とベトナムの電子機器と織物の生産可能性フロンティアを描いている．経済発展度の相違から，日本では資本蓄積が進み資本量が大きいだけでなく，労働者 1 人当たりの資本量もベトナムよりも大きい．一方，ベトナムでは労働力人口は比較的多いものの，資本蓄積が遅れており，労働者 1 人当たりの資本量は少ない．また，日本では電子機器の

生産技術はベトナムより一段と進んでいる．これらの事情を背景とし，さらに電子機器は資本集約的な技術で生産され，織物は労働集約的な技術で生産されるという前提で，2国の生産可能性フロンティアは図のように描かれる．日本では賦存資本量が多くかつ電子機器の技術水準が高いため，*PPF* は資本集約的な技術で生産される電子機器生産の方向に出っ張った形状となる．一方，資本賦存量が少なく労働力人口が多いベトナムでは，電子機器の生産量は少なく，*PPF* は労働集約的な技術で生産される織物の生産量の方向に出っ張った形状となっている．

このように，国ごとに生産可能性フロンティアの形状が異なる場合，貿易開始前の国内での経済の一般均衡で決定される電子機器の織物に対する均衡相対価格が2国間で異なることになり，それぞれの国の比較優位の構造を生み出す要因となる．

2. 貿易が行われない閉鎖経済の一般均衡

(1) 閉鎖経済の一般均衡の鳥瞰

この節では，外国との貿易が行われない閉鎖経済，すなわち自給自足経済における生産と消費の一般均衡を分析する．閉鎖経済の一般均衡の概念図は図2-7のようであり，以下のような特徴を有する．

- ◆経済主体は消費者，企業および政府である．ただし，図2-7では政府は省略している．また，図中，家計は生計を共にする消費者から構成される単位で，企業は電子機器産業および織物産業からなる生産部門に属する．
- ◆家計（消費者）は労働および資本という生産要素の所有者で，生産要素市場（労働市場および資本市場）にて，労働サービスおよび資本を供給し，賃金および資本のレンタル価格を生産要素報酬として受け取る．一方，企業は生産要素市場で労働サービスおよび資本を需要し，生産要素報酬を支払う．生産要素市場は完全競争市場で，需要と供給の相互作用

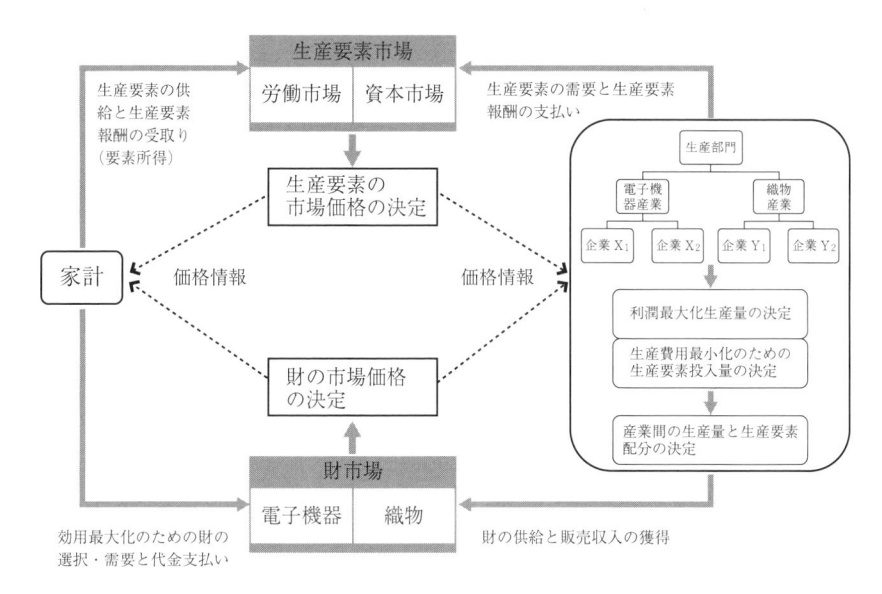

図 2-7　経済の一般均衡での財市場と生産要素市場の相互関連

により，各生産要素の市場価格（賃金および資本のレンタル価格）が決まる．

◆企業は生産要素を使い財を生産・供給し，家計（消費者）は財を需要する．財の市場は完全競争市場で，各産業に属する企業数は多数ある．各財の需要と供給の相互作用により財の市場価格が決まり，2つの財の相対価格（ここでは，電子機器の織物に対する相対価格：P_x/P_y）が決定される．企業は財の販売による総収入を，生産要素報酬として家計（消費者）に支払う．家計（消費者）は受け取った生産要素報酬を所得として，財の購入に支出する．

◆すべての消費者は市場で決まる2つの財の相対価格を所与として，消費による効用を最大化するように電子機器と織物の最適消費の組み合わせを決定する．すなわち，次の効用最大化条件式が，すべての消費者について成立する．

$$MRS_{y,x} = P_x/P_y \tag{2.17}$$

左辺は，織物 (y) で測った電子機器 (x) の限界代替率で，右辺は，電子機器の（織物に対する）相対価格である．第1章と同様，すべての消費者は同じ選好を有すると仮定するため，(2.17)式はすべての消費者について成立する．これは，消費者全体の効用最大化のための消費選択では，社会的無差別曲線が経済全体の予算制約線と接することを意味する．消費者の効用最大化のための消費選択行動から，各財の需要量が決まることになる．

◆ 財の市場で決まる電子機器の（織物に対する）相対価格は，各産業での均衡生産量の決定と，生産資源（生産要素）の産業間での効率的な配分を誘導する．各産業に属する企業は財の市場価格と限界費用が等しくなるように利潤最大化生産量を決定するため，2つの財の相対価格が変化すると産業別の均衡生産量も変化する．すなわち，産業別利潤最大化生産量の相対比率は次の条件式に従い決定される．

$$P_x/P_y = MC_x/MC_y \tag{2.18}$$

左辺は，電子機器の織物に対する均衡相対価格で，右辺は，利潤最大化生産量における電子機器産業（企業）の限界費用と織物産業（企業）の限界費用の相対比率である．

◆ 企業は利潤を最大化する生産量を，所定の技術水準のもとで最小の費用で生産する生産要素の最適投入量組み合わせを決定する．この企業の費用最小化行動は，電子機器産業，織物産業ともに，資本で測った労働の技術的限界代替率が生産要素市場で決定される賃金・資本レンタル価格比率に等しくなるように，前に示した(2.8)式が成立することであった．

$$MRTS^x_{K,L} = MRTS^y_{K,L} = w/r \tag{2.8}$$

2つの産業における企業の，目標生産量を最小費用で生産するという行

動のもと，労働と資本の最適投入量が決定され，これが生産要素市場における産業別の生産要素需要となり，所定の生産要素供給のもと市場での均衡価格（均衡賃金と均衡資本レンタル価格）が決定される．

◆ このように，財市場における需要と供給については 2 つの財の相対価格が市場均衡への誘導的な役割を果たし，生産要素市場における需要と供給については生産要素価格比率が市場均衡実現への役割を果たす．市場において決定される価格が，消費者および企業に最適な意志決定を誘導する役割を演じていることは経済の一般均衡を分析する際，需要なポイントである．

(2) 閉鎖経済の一般均衡：グラフによる分析

2 つの財の市場と 2 つの生産要素の市場が，需要と供給の相互作用により決まる財の相対価格の変化およびそれに伴う生産要素の相対価格の変化に誘導され，同時に市場均衡を実現するのが経済の一般均衡である．外国との貿易を行わない閉鎖経済の一般均衡は，図 2-8 のように表される．

経済の一般均衡 A 点では，社会的無差別曲線 U_A と生産可能性フロンティア（PPF）が，共通の接線 FG と接している．接線 FG は経済全体の予算線に相当するもので，「等収入線」または「GDP 線」と呼ばれ，その勾配は電子機器の（織物に対する）相対価格 $(P_x/P_y)_A$ である．2 つの財市場を同時に均衡させる相対価格のもとで，すべての消費者は消費選択による効用を最大化するとともに，電子機器産業および織物産業が利潤最大化生産量を選択するように産業間での生産要素の配分が実現している．すなわち，閉鎖経済の一般均衡 A 点では，次の条件が実現している．

$$\text{消費の最適化条件：} MRS_{y,x} = P_x/P_y \tag{2.19}$$

$$\text{生産の最適化条件：} MRT = P_x/P_y \tag{2.20}$$

$$\text{財市場の均衡：} x_c = x_p\,;\, y_c = y_p \tag{2.21}$$

$$\text{生産要素市場の均衡：} \bar{L} = L_x + L_y\,;\, \bar{K} = K_x + K_y \tag{2.22}$$

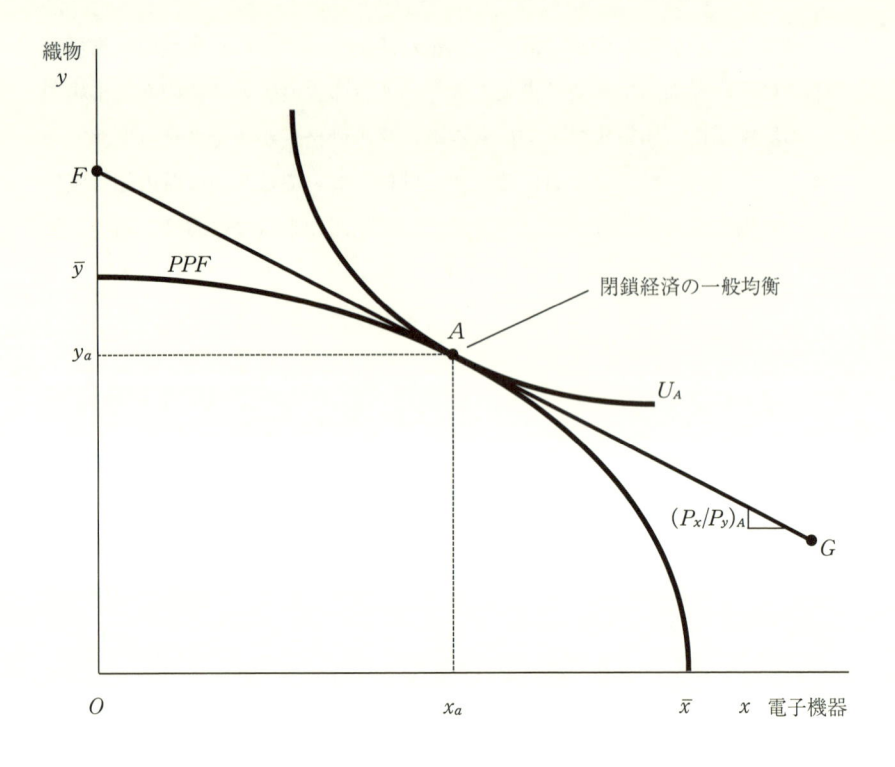

図2-8 閉鎖経済の一般均衡

　消費者は市場で決まる電子機器の（織物に対する）相対価格のもとで，限界代替率と財の相対価格が等しくなる消費選択により効用を最大化し（(2.19)式），一方，産業部門では，限界変形率が財の相対価格と等しくなるように産業別の利潤最大化生産量が決まり，同時に生産要素の需要量が決定される（(2.20)式）．さらに，各々の財市場において，消費者の需要と産業の供給量は市場均衡で，一致しなければならない（(2.21)式）．なお，財市場の均衡式で，添え字の c は消費量（需要量）を，添え字の p は生産量（供給量）を表す．また，生産要素市場では，各産業の生産要素需要量の合計は生産要素供給量（生産要素の賦存量）と等しくなる（(2.22)式）．

　等収入線 FG が PPF と接する産業の生産均衡 A 点では，財の生産金額

の合計すなわち GDP は，GDP $= P_x \cdot x_a + P_y \cdot y_a$ である．ここで，x_a は一般均衡 A 点での電子機器生産量，y_a は織物生産量を表す．GDP は家計が供給する生産要素に対する報酬額（所得）合計でもあるから，A 点で PPF と接する等収入線 FG は，消費者全体にとって，所得（GDP）制約のもとでの 2 つの財の様々な消費の組み合わせを表す，「消費可能性フロンティア」となっている．消費者は生産要素報酬を所得として，消費可能性フロンティア上のいかなる点での消費選択も可能であるが，閉鎖経済において社会的効用が最大になる消費の組み合わせは，社会的無差別曲線 U_A が PPF と接する A 点での組み合わせである．

織物で測った電子機器の限界代替率（$MRS_{y,x}$）は，電子機器消費による限界効用（MU_x）と織物消費による限界効用（MU_y）の相対比率と等しくなり，また，限界変形率（MRT）は電子機器生産の限界費用と織物生産の限界費用の相対比率と等しいから，(2.19)式と(2.20)式はまとめて，次式のようにも表される．

$$MU_x/MU_y = P_x/P_y = MC_x/MC_y \qquad (2.23)$$

閉鎖経済の一般均衡実現のために財の相対価格が果たす役割を理解するため，図 2-9 のように，消費者の選好が一般均衡の A 点で PPF と接する社会的無差別曲線 U_A でなく，社会的無差別曲線 U_B の形状を有するとしよう．社会的無差別曲線 U_B は，社会的無差別曲線 U_A に比べ，消費者は織物よりも電子機器を相対的に強く好む消費選好を表している．閉鎖経済の一般均衡点は，社会的無差別曲線 U_B と PPF が接する B 点になる．電子機器の相対的な需要が増加することに伴い，等収入線の勾配は一般均衡 A 点の等収入線の勾配 $(P_x/P_y)_A$ よりも急勾配な，$(P_x/P_y)_B$ となる．電子機器の市場価格が相対的に上昇したことにより，電子機器産業での利潤獲得の機会が拡大するため生産要素（資本と労働）は織物産業から電子機器産業に移動する[6]．この結果，生産可能性フロンティア上で，電子機器の生産が拡大する（$x_a \to x_b$）一方，織物の生産が縮小する（$y_a \to y_b$）．

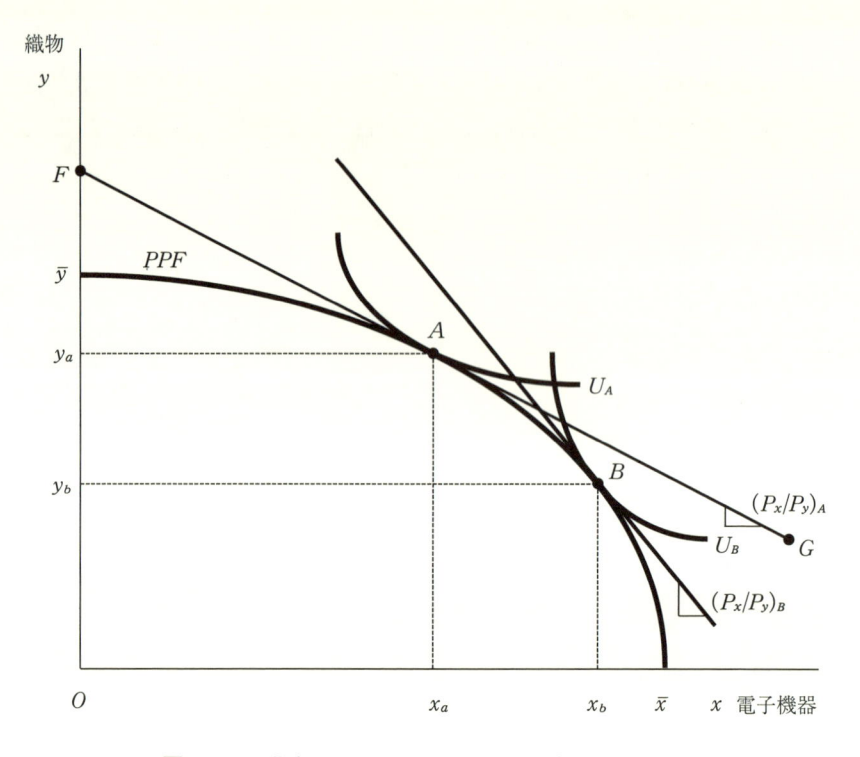

図 2-9 消費者の選好が異なる場合の一般均衡の変化

　PPF 上の生産均衡 *B* 点では，電子機器の（織物に対する）相対価格の上昇に伴う電子機器の生産拡大により限界費用（MC_x）が上昇する一方，織物は生産縮小により限界費用（MC_y）は低下する．この結果，(2.12)式から電子機器産業と織物産業の限界費用の相対比率である限界変形率（*MRT*）は上昇し，電子機器の相対価格$(P_x/P_y)_B$と等しくなる．

　消費の均衡 *B* 点では，社会的無差別曲線 U_B は U_A と比較し，電子機器に対する消費選好が強まっているため，電子機器消費の限界効用（MU_x）が織物消費の限界効用（MU_y）に比べ相対的に大きくなっている．このため，電子機器産業と織物産業の限界効用の相対比率，すなわち織物で測った電子機器の限界代替率は *A* 点に比べ大きい数値で，これは電子機器の相対

第2章 開放経済の一般均衡と新古典派の貿易理論　　63

賃金・資本レンタル価格比率 w/r

O　P_x/P_y 電子機器の（織物に対する）相対価格

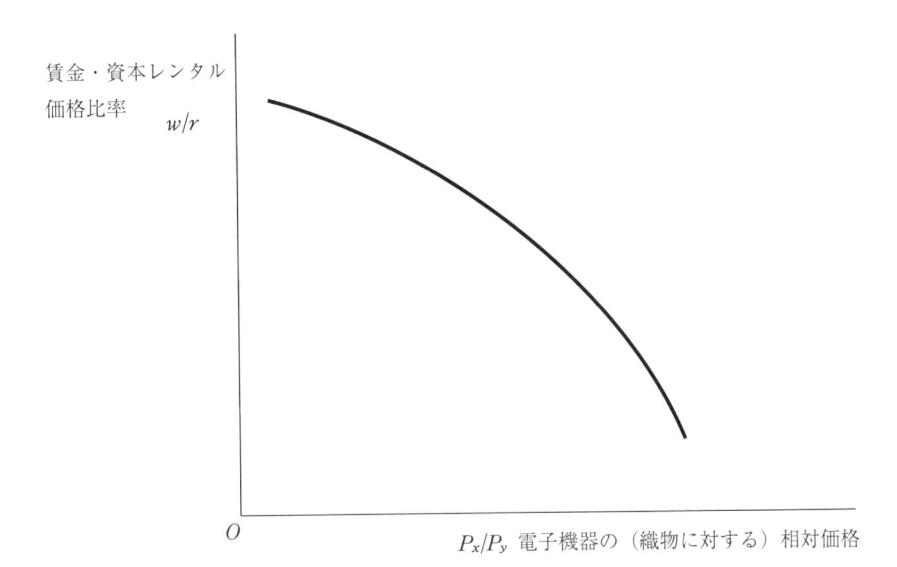

図2-10　財の相対価格と生産要素の相対価格の関係

価格の上昇に対応している．すなわち B 点では，$MRS^B_{y,x} = (P_x/P_y)_B$ が実現している．

　電子機器の（織物に対する）均衡相対価格の上昇に伴う均衡生産量の変化が，生産要素需要と生産要素価格比率の変化に及ぼす影響を考察してみよう．図2-9で，閉鎖経済の一般均衡 B 点は A 点に比べ，資本集約的な電子機器の生産が増加し，労働集約的な織物の生産量が減少する．電子機器の増産に伴い資本と労働に対する追加需要が生じるが，電子機器産業は資本集約的であるため，資本に対する需要は相対的に多く，労働に対する需要は相対的に少ない．一方，織物の減産に伴い資本と労働の一部が電子機器産業に移動するが，織物産業は労働集約的であるため，織物産業から解放される労働の供給量が相対的に多く，資本の供給量は相対的に少ない．これらの結果，資本市場では超過需要が発生し，資本のレンタル価格は上昇する一方，労働市場では超過供給が発生し，賃金は下落する．このような生産要素価格の相反する動きの結果，賃金と資本のレンタル価格の相対比率は下落する．すなわち，

財の市場における資本集約的な電子機器の相対価格上昇は，賃金・資本レンタル価格比率の下落を招くことになる．

財の相対価格と賃金・資本レンタル価格比率の関係は，図 2-10 に示してある．横軸に電子機器の（織物に対する）相対価格 (P_x/P_y) を測り，縦軸に賃金・資本レンタル価格比率 (w/r) を測ると，両者の関係は右下がりの曲線となる．すなわち，電子機器の相対価格が上昇すると，PPF 上で電子機器生産が拡大（織物生産は縮小）し，生産要素市場における需要と供給の相対的な変化を通じて，賃金と資本レンタル価格の相対比率は下落する．

3. 貿易が行われる開放経済の一般均衡

(1) 貿易均衡

2 国間で貿易が行われる開放経済の一般均衡では，貿易収支は均衡すること，すなわち輸出金額と輸入金額が同額となると仮定する．貿易収支が均衡するように，2 つの財の国際価格比率（電子機器の価格/織物の価格）が決定される．国際市場において貿易収支均衡を実現する 2 財の国際価格比率 $(P_x/P_y)_w$ を，「交易条件」という．自国，外国ともに，交易条件のもとで消費者は効用を最大化させる 2 財の最適消費量組み合わせを選択し，生産面では，産業は利潤を最大化させる生産量を決定するが産業別生産量の配分は市場メカニズムを通じて GDP が最大になるように行われる．交易条件のもとで GDP が最大になる産業別生産量が決定されることは，資本と労働の生産要素に対する報酬額の合計も最大になることを意味している．

図 2-8 の閉鎖経済は自国（日本）とし，その一般均衡 A 点を基準として外国（ベトナム）との貿易を行う開放経済の一般均衡をグラフで示すと，図 2-11 のようである．貿易開始前では，自国は電子機器の（織物に対する）相対価格が外国よりも低いとしよう．このとき，自国は電子機器に比較優位を有し，外国は織物に比較優位を持つことになる．自国は比較優位を有する電子機器を輸出し，（比較劣位である）織物を輸入する．自国では，外国か

らの電子機器輸入需要の増加から電子機器の価格が上昇する一方，外国から相対的に安い製品が輸入される織物の価格は下落する．この結果，貿易開始に伴い電子機器の（織物に対する）相対価格は上昇する．

　自国の開放経済における一般均衡を実現する電子機器の相対価格すなわち交易条件 $(P_x/P_y)_W$ は，閉鎖経済の一般均衡を実現する相対価格 $(P_x/P_y)_A$ よりも大きくなる．したがって，開放経済の一般均衡における等収入線の勾配は，閉鎖経済のそれよりも大きい．交易条件 $(P_x/P_y)_W$ のもとで，自国の生産均衡点は PPF 上の Q 点で，消費均衡点は無差別曲線 U_T が等収入線と接する C 点である．生産面では，閉鎖経済の生産均衡 A 点に比べ，電子機器の相対価格が上昇したため，電子機器の生産量が増加（$x_a \to x_q$）し，織物の生産量が減少（$y_a \to y_q$）する．電子機器の相対価格が上昇し，その生産が拡大したことにより，GDPすなわち消費者の総収入は増加する．

　消費面では，電子機器の相対価格上昇に伴い，電子機器から織物に消費が代替するため，電子機器の消費が減少し織物の消費が増加する．一方，所得の増加により2つの財に対する消費量は増加する．図2-11では，電子機器については，織物への消費の代替による消費減少の効果が所得増加による消費増加の効果を上回るため，全体では電子機器の消費量が若干減少する（$x_a \to x_c$）ケースを示している．一方，織物の消費量は，織物の相対価格の下落と，所得の増加の双方の効果から増加する（$y_a \to y_c$）．

　交易条件 $(P_x/P_y)_W$ のもとでの生産均衡 Q 点および消費均衡 C 点の組み合わせは，外国との貿易収支を均衡させる開放経済の一般均衡で，自国の電子機器の輸出量は $EX_x = x_q - x_c$，織物の輸入量は $IM_y = y_c - y_q$ である．図中薄い網をかけた三角形 QCB は「貿易三角形」といい，交易条件のもとで輸出金額と輸入金額が等しくなる貿易収支均衡を実現する電子機器の輸出量と織物の輸入量の関係を表している．貿易収支の均衡条件式は次式となる．

$$P_x^W \cdot (x_q - x_c) = P_y^W \cdot (y_c - y_q) \tag{2.24}$$

この式で，P_x^W は電子機器の国際価格，P_y^W は織物の国際価格で，左辺は電

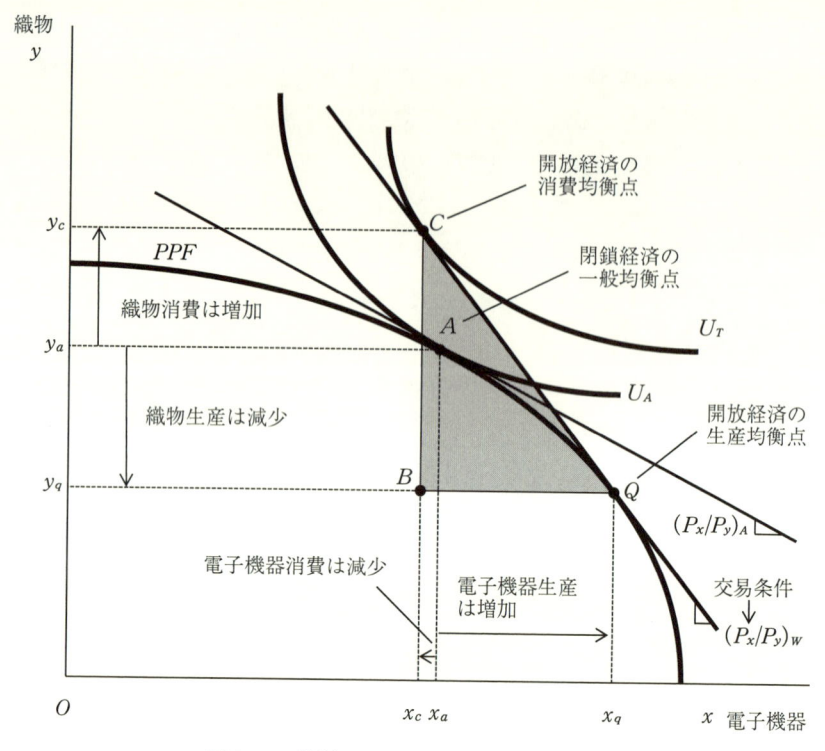

図 2-11 開放経済の一般均衡と貿易利益

子機器の輸出金額,右辺は織物の輸入金額である.

(2) 貿易利益

　自国は外国と貿易を行うことにより,自給自足経済と比較し社会的な経済厚生が高まる.このことは,図 2-11 で開放経済の消費均衡 C 点を通る社会的無差別曲線 U_T が,閉鎖経済の一般均衡 A 点での社会的無差別曲線 U_A よりも,右上方に位置していることで確認できる.消費者は交易条件のもと,所得の増加と輸入により相対的に価格が安くなった織物の消費量を大きく増加させることを主因に,社会的な経済厚生を増加させることが可能になったといえる.貿易開始により社会的経済厚生が高まることを「貿易利益」とい

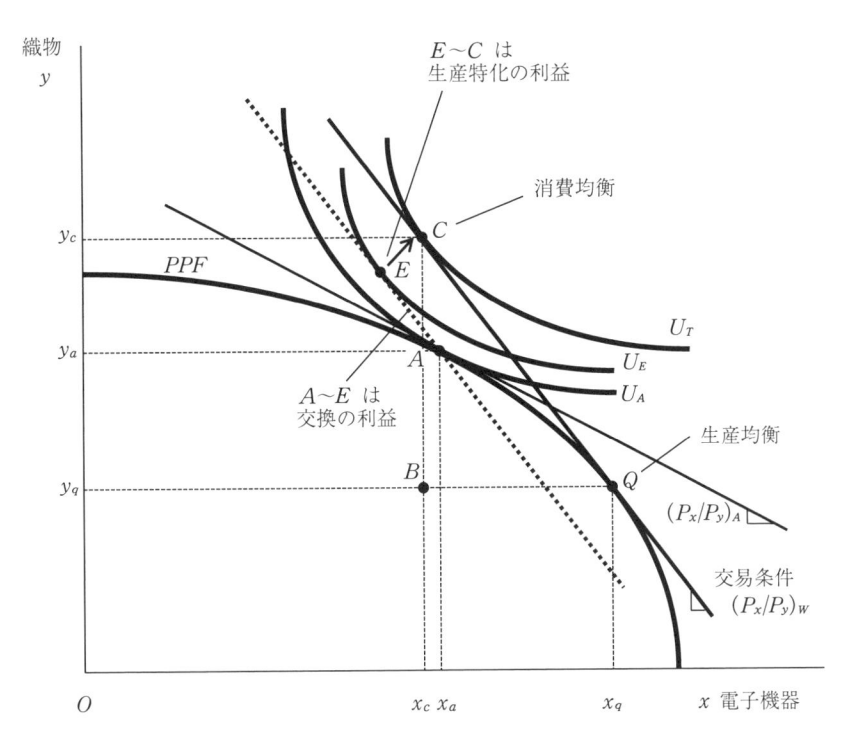

図 2-12 貿易利益の要因分解：交換の利益と生産特化の利益

う[7]．

　貿易利益は，「交換の利益」と「生産特化の利益」に要因分解できる（図2-12参照）．外国との貿易開始による「交換の利益」とは，貿易開始後の2つの財の生産量は閉鎖経済均衡での生産量と変わらないと仮定し，2財の相対価格が電子機器の相対価格が高くなる交易条件になったときの，社会的経済厚生の増加である．これは，一定の条件のもとで2つの財の生産額合計と消費者の所得は閉鎖経済均衡での金額と変化しないが，2財の相対価格が変化することにより消費者の最適消費選択が変化し，効用水準が高まると解釈する．図2-12では，生産点は閉鎖経済の生産均衡である A 点で，2財の相対価格が交易条件であるとき，すなわち等収入線が交易条件 $(P_x/P_y)_w$ と同

じ傾きを持つ点線で示された直線であるときの，最適消費点 E 点での社会的効用水準 U_E が，閉鎖経済均衡での社会的無差別曲線 U_A よりも高い効用水準を実現できることを意味する．交換の利益は，閉鎖経済では相対的に割高であった織物の価格が，（交易条件のもと）低下することにより，織物の消費が増加（電子機器の消費は減少）し，消費者の効用が増加するということを示している．

「生産特化の利益」とは，貿易開始による2財の相対価格の変化に反応した，産業間での生産要素移動と産業別生産量の調整（比較優位財の増産と比較劣位財の減産）によって得られる社会的経済厚生の増加である．これは図中，E 点から C 点への変化で示され，社会的効用水準は U_E から U_T に上昇する．貿易開始により比較優位を有する電子機器の相対価格が上昇し，その生産が増加することにより GDP と消費者の所得が増加し，織物，電子機器ともにより多くの財を消費できることになることから実現する効用水準の増加である．交換の利益では，閉鎖経済での均衡相対価格に比べ相対価格の高くなった電子機器の消費量が減少することに対し，生産特化の利益では，所得の上昇により織物，電子機器ともに消費が増加する．

(3) 比較優位と交易条件

リカードの比較優位の理論では，労働だけが生産要素で，かつ規模に関して収穫一定の技術を前提としているため，生産可能性フロンティア（PPF）の勾配は一定値であった．このため，自給自足経済では PPF の傾き，すなわち限界変形率と2財の均衡相対価格はすべての生産量で一致していた．これにより，2国間での比較優位の構造は，各国の PPF の傾きによって決定された．自国は PPF の勾配が外国に比べ相対的に小さい財，すなわち機会費用の小さい財に比較優位を有し，それを輸出する．一方，PPF の勾配で測った機会費用が相対的に大きい財は相対的に価格が高い財であるため比較劣位財で，外国から輸入される．外国についても同様である．

資本と労働の2つの生産要素を使用し，規模に関して収穫一定な生産関数

を用いる新古典派の貿易理論では，PPF の勾配は2つの財の均衡生産量の組み合わせにより異なる．閉鎖経済の一般均衡は，PPF と社会的無差別曲線の共通の接点を実現する2財の均衡価格比率によって実現されるが，PPF 上のどの点で一般均衡が実現するかにより，2財の均衡価格比率の値は異なる．自国が外国と貿易する場合，どちらの国も相手国と比べ，相対的に価格が安い財に比較優位を有するためその財を輸出し，相対的に価格が高い財は輸入する．したがって，貿易開始前の閉鎖経済の均衡における2財の価格比率の国家間での相違が，比較優位の構造を決めることになる．

閉鎖経済均衡を実現する2財の均衡価格比率の国家間での相違を生じる主要な要因は2つある．第1は，2国間での生産構造の相違による生産可能性フロンティアの形状の相違である．国家間の生産構造の相違は，産業別の国家間の技術水準の相違や資本・労働など生産要素の賦存状況の国家間の相違などであり，そのため PPF の形状が国家間で異なる．例えば，図2-6のように日本とベトナムの PPF の形状が異なることは，両国間での生産構造の相違の例である．

閉鎖経済における2財の均衡価格比率の相違の第2の要因は，消費選好パターンの国家間での相違である．2国間で PPF の形状が同じであっても，消費選好パターンが異なると社会的無差別曲線の形状が異なるため，閉鎖経済の一般均衡では2財の均衡価格比率は異なることになる．その例は，図2-9のように，自国の PPF 上で消費者の選好パターンが変化すると一般均衡点が異なること，すなわち2財の均衡価格比率が異なることによって示されている．

自国（日本）と外国（ベトナム）の貿易均衡を分析する本節では，閉鎖経済における2財の均衡価格比率の相違は，国家間での産業別の技術水準の相違あるいは生産要素の賦存状況の相違などを反映した PPF の形状の相違によって生じていると仮定する．一方，自国と外国で消費の選好パターンは同じと仮定する．自国（日本）と外国（ベトナム）の PPF の形状は図2-6を用いると，各国の閉鎖経済における均衡は図2-13のようになる．自国（日

本）の閉鎖経済の均衡は A 点で，生産可能性フロンティア PPF と社会的無差別曲線 U_A が，勾配 $(P_x/P_y)_A$ の等収入線と接している．均衡生産量は，電子機器が x_A，織物が y_A である．一方，外国（ベトナム）の閉鎖経済の均衡は A^* 点で，生産可能性フロンティア PPF^* と社会的無差別曲線 U_A^* が，勾配 $(P_x^*/P_y^*)_{A^*}$ の等収入線と接している．均衡生産量は，電子機器が x_A^*，織物が y_A^* である．

自国は外国に比べ，電子機器の価格が相対的に安く，織物の価格が相対的に高い．すなわち，閉鎖経済における2つの財の均衡価格比率は2国間で，$(P_x/P_y)_A < (P_x^*/P_y^*)_{A^*}$ となっている．自国は電子機器の相対価格が外国よりも低いため，電子機器生産に比較優位を有する．外国は，織物の相対価格が自国よりも低いため，織物生産に比較優位を有する．この2国間での比較優位の構造により，自国は電子機器を輸出し織物を輸入する．外国はその反対の貿易パターンとなる．

自国と外国で貿易が開始されると，各国で貿易収支が均衡するように，2国間での交易条件が決定される．自国では，電子機器に対する輸出需要の発生により電子機器の価格が上昇し，国内生産が拡大する．一方，織物は国内需要が相対的に価格の安い外国からの輸入品に一部代替されるから，国内生産は縮小し，織物の価格は下落する．したがって，電子機器の（織物に対する）相対価格は貿易開始により上昇する．

外国では，閉鎖経済の均衡での2財の均衡価格比率は，自国に比べ織物は相対的に安く，電子機器が相対的に高い．このため，外国は織物に比較優位を有し輸出する一方，電子機器は自国から輸入する．織物に対する輸出需要が発生するため織物の価格は上昇し生産量は増加する．一方，電子機器は相対的に廉価な自国からの輸入により価格は下落するため，国内生産は減少する．したがって，電子機器の（織物に対する）相対価格は閉鎖経済での均衡価格比率に比べ下落する．

このように貿易開始により，2財の価格比率 P_x/P_y は自国で上昇する一方，外国で下落する．国際貿易均衡を実現する交易条件は，閉鎖経済均衡におけ

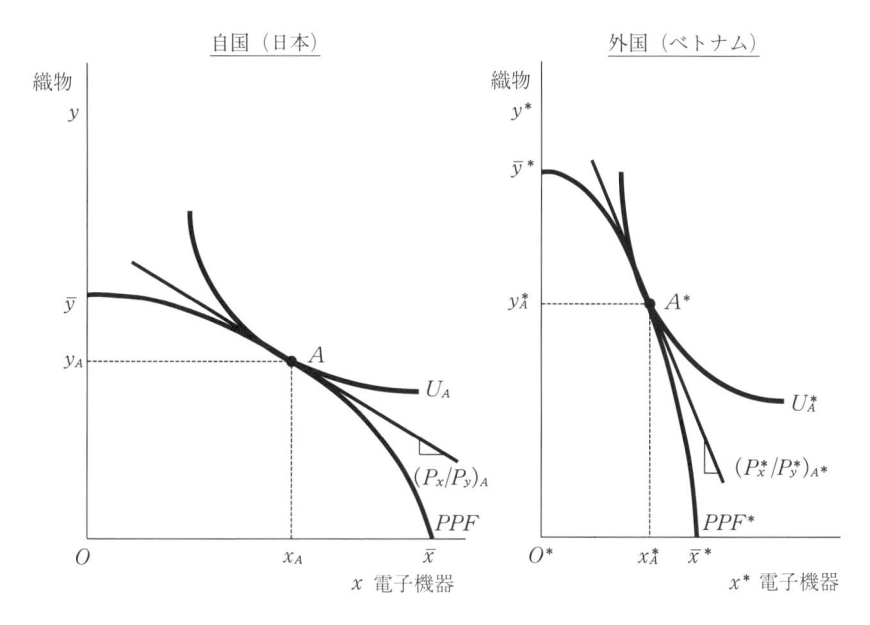

第2章 開放経済の一般均衡と新古典派の貿易理論　　71

図2-13　閉鎖経済の一般均衡：自国（日本）対外国（ベトナム）

る自国の均衡価格比率と外国の均衡価格比率の間に決定されることになる．

なお，図2-13のように生産可能性フロンティアの国家間での相違から比較優位の構造が決まるという考え方は，次章で分析するヘクシャー＝オリーン・モデルの根幹であるため，国際貿易のパターン，交易条件の決定，生産要素間での所得分配の問題などについて，新古典派貿易理論を拡張・発展させる同モデルの分析の中で詳しく説明する．

注

1) 国際貿易論では，貿易均衡と交易条件の決定を分析する際，当該国を「大国」か「小国」かに分類して分析することがある．「大国」とは，経済規模が大きいためその輸出量や輸入量の変化が国際交易条件に影響を及ぼすことができる国である．一方，「小国」は，世界経済全体に比べ経済規模が小さいため，その輸出・輸入量の変化が国際交易条件に影響を及ぼすことができない国のことをいう．「小国」は国際市場で決定される交易条件を所与として，外国との貿易を行うことに

なる.本章と第3章では,2国間分析で貿易パターンと交易条件の決定を分析するため,日本,ベトナムともに「大国」と想定している.

2) 一般に,生産関数が $q=h(K,L)$ のとき,すべての生産要素の投入量を a 倍に変化させるとき,生産量が a^k 倍に変化する生産関数を k 次同次生産関数という.すなわち,$a^k q=h(aK,aL)$ となる生産関数は k 次同次である.「規模に関して収穫一定」な生産関数は,$k=1$ すなわち1次同次関数である.

3) 生産関数 $q=h(K,L)$ の産出量 q は付加価値の生産量であり,費用は生産要素(資本と労働)の供給者に対する報酬額の合計である.

4) 費用最小化条件式である(2.5)式は,利潤を最大化する企業の生産要素需要の式からも導出することが出来る.競争的な労働市場および資本市場で決定される賃金と資本のレンタル価格を所与として,企業は労働の限界価値生産物が名目賃金と等しくなるように労働需要量を決定し,同時に,資本の限界価値生産物が名目の資本レンタル価格と等しくなるように資本の需要量を決定する.式で表すと,$w=P\cdot MPL$ と $r=P\cdot MPK$ の双方が同時に実現するように生産要素の需要量を決定する.この2つの式を使って $MPL/MPK=w/r$ が得られるが,左辺は(資本で測った労働の)技術的限界代替率であるから,(2.5)式の費用最小化条件と同じである.

5) 2つの産業の生産要素集約度を表す直線が原点 O_x と O_y を結ぶ対角線より下方に位置するとき,電子機器産業は相対的に「資本集約的」な技術で生産し,織物産業は相対的に「労働集約的」な技術で生産していることになる.

6) 新古典派の貿易理論および第3章で分析するヘクシャー=オリーン・モデルは,長期における貿易均衡を分析する理論であるため,財の相対価格変化に伴う産業間での生産要素の移動はスムースに行われると仮定する.

7) 社会的経済厚生は,消費者の純便益である消費者余剰と企業の純便益である生産者余剰の合計であるが,財市場が完全競争市場であるとき,長期均衡における企業・産業の利潤はゼロであるから生産者余剰はゼロとなり,社会的経済厚生は財の均衡相対価格のもとでの消費者の最大効用で示される.

第3章
生産資源の賦存と国際貿易

　この章では，第2章の新古典派貿易理論の基本的な骨組みに立脚し，国際貿易の発生要因は，労働や資本などの生産要素の賦存状況の国家間での相違に基づくものであるとする，ヘクシャー＝オリーンの貿易モデルを学ぶ．

　ヘクシャー＝オリーン・モデルは，スウェーデンの経済学者のヘクシャー（Eli Heckscher）が1919年に発表した論文で展開した国際貿易の発生要因と国家間での貿易パターンについての革新的な理論を，彼の大学院生のオリーン（Bertil Ohlin）が1924年の博士論文で理論的に精緻化したものである．ヘクシャー＝オリーン・モデルはリカード・モデルと同様，国家間における生産・供給能力面の相違を比較優位の源泉とするが，リカード・モデルのように国家間での産業別の技術水準の相違を貿易発生の要因とするのでなく，複数の生産要素を使用する産業の生産活動において国家間の生産要素の賦存量比率の相違が，生産要素の価格比率と財の価格比率の相違をもたらし，これが比較優位の発生要因とするものである．

　ヘクシャー＝オリーン・モデルは，理論的に明快であることや論理的に整合的であることに加え，現実の国際貿易（特に，先進工業国と発展途上国間での貿易）における比較優位の構造と，貿易が異なる経済主体間に生み出す所得面での格差を理論的に上手く説明できることや，経済成長と国際貿易の関連を解明できることなどから，長らく国際貿易理論の主流の位置を占めてきている．

　ヘクシャー＝オリーン・モデルでは，生産活動に使用される生産要素の賦存状況の国家間での相違と，生産要素集約度の産業間での相違の2つの基本

的な特徴を前提に貿易理論が構築されている．第1に，資本と労働の2つの生産要素が生産活動に投入されるとしたうえで，これら2生産要素の賦存量の相対比率が国家間で異なるという特徴である．第2の特徴は，2つの生産要素市場で決定される均衡生産要素価格の相対比率を所与として，生産コストを最小化する企業の生産要素投入比率(生産要素集約度)は産業毎に異なるというものである．生産要素に関するこれら2つの基本的な特徴をベースとし，次節で述べる諸仮定条件のもとで，国際貿易の発生要因に関するヘクシャー＝オリーンの定理，および関連する3つの定理が提示・解明されてきた．

1. ヘクシャー＝オリーン・モデルの仮定

ヘクシャー＝オリーン・モデル（HOモデル）における諸仮定は，国家間での貿易発生要因が，生産要素の賦存状況と，産業間での生産要素集約度の相違という生産・供給面での特徴に基づくものである点を明示的に示すために設定されている．ただし，これらの諸仮定のいくつかは新古典派の貿易理論共通のものであり，また国際貿易の発生要因と貿易の方向に関するヘクシャー＝オリーン定理に関連した諸定理のすべての証明のためにこれらの諸仮定がすべて必要なわけではない．

A1： 世界には，2つの国が存在し，各国共通の2つの産業を有する．
　この章では，2か国は日本（自国）とベトナム（外国）とし，2つの産業は電子機器（Mの記号で表し，生産量はxで表す）と織物（Tの記号で表し，生産量はyで表す）とする．
A2： 各産業は完全競争市場である生産要素市場で需要する2つの生産要素（資本と労働）を使い生産を行う．
A3： 各国における生産要素の賦存量は一定である．
A4： 各生産要素は国内においては，産業間での報酬の多寡に応じて自由に移動できるが，国家間での移動はできない．

A5: 　財（電子機器と織物）の市場は完全競争市場であり，また生産面における公害発生や企業集積に基づく生産コストの低下などの「外部性」は存在しない．

A6: 　各産業で使われる生産技術は，2 国間で同一である．

　この条件は HO モデルで最も重要な仮定の 1 つである．生産技術が 2 国間で同一であることは，貿易を通じて 2 国間で財の価格比率および生産要素価格比率が同じになれば，各産業の資本・労働投入比率は 2 国間で同じになることを意味する．2 国間で産業の生産技術が同じであるという仮定は，先進工業国と発展途上国との貿易などの場合は，あまり現実的な仮定とは言えないが，比較優位の発生要因が生産要素の賦存量比率であるとする HO モデルの理論的核心を明示的に示すために，必要な仮定となっている．なお，産業の生産技術が 2 国間で同一であるという仮定は，リカード・モデルとの根本的な相違点である．

A7: 　各産業における生産量は，「規模に関して収穫一定」な生産関数により産出される．

　規模に関して収穫一定な生産関数は第 2 章で説明したが，この生産関数の特徴は生産要素価格比率が一定であれば生産コストが最小となる資本・労働投入比率は生産量水準にかかわらず一定値となることである．さらに，生産要素の賦存比率が一定であり，かつ 2 財の価格比率が一定であれば，生産均衡である生産可能性フロンティア上での限界変形率が，経済の規模すなわち生産可能性フロンティアの位置にかかわらず，一定値となることである．これは，原点と生産可能性フロンティア上の生産均衡点を結ぶ線が原点からの半直線となることを意味し，また生産可能性フロンティアは生産要素の賦存量の比例的拡大に応じて比例的に拡大することを意味する．

A8: 　いずれの国においても，いかなる生産要素価格比率のもとでも，生産要素集約度は産業間で異なる．

　第 2 章で説明したように，「生産要素集約度」とは，所与の生産要素価格比率のもとで生産費用を最小化する資本と労働の投入量比率のことである．

具体的には，2か国において，電子機器は常に「資本集約的」な技術で生産され，織物は常に「労働集約的」な技術で生産されると仮定する．

「資本集約的」および「労働集約的」というのは相対的な概念で，2つの産業間で次の条件が成立していれば，電子機器は資本集約的な技術で，織物は労働集約的な技術で生産されると定義する．

$$K_M/L_M > K_T/L_T \tag{3.1}$$

左辺は，電子機器産業（M）の（最小費用で最大利潤を実現する）均衡の生産要素投入比率で，右辺は織物産業（T）の均衡の生産要素投入比率である．

図3-1では，縦軸に生産要素価格比率（賃金・資本レンタル価格比率：w/r）を，横軸に生産要素集約度（資本・労働投入量比率：K/L）を測り，産業別の生産要素価格比率と生産要素集約度の関係を曲線で示してある（電子機器産業は$k_x(w/r)$，織物産業は$k_y(w/r)$）．図から2つの特徴が読み取れる．第1に，資本のレンタル価格に比べ賃金が相対的に高くなると（w/rの上昇），費用を最小化しようとする企業は労働投入量を減らし，代替的に資本投入量を増加させるようになる（K/Lの上昇）．したがって，賃金・資本レンタル価格比率と生産要素集約度（資本・労働投入比率）の関係を表す曲線（$k_x(w/r)$と$k_y(w/r)$）は右上がりの曲線となる．第2に，いかなる賃金・資本レンタル価格比率のもとでも，電子機器産業は「資本集約的」な技術で生産し，織物産業は「労働集約的」な技術で生産するから，電子機器産業の資本・労働比率曲線$k_x(w/r)$は常に織物産業のそれ$k_y(w/r)$よりも右側に位置していることである．これは，いずれの国においても，生産要素価格比率の水準に関わらず，「生産要素集約度の逆転」は生じないことを仮定していることを意味する．

A9: 生産要素の賦存量比率は2国間で異なる．なお，資本・労働比率が相対的に高い国を「資本豊富国」といい，相対的に低い国を「労働豊富国」という．

定義により，次の条件が成立すれば左辺（日本：J）は「資本豊富国」で，

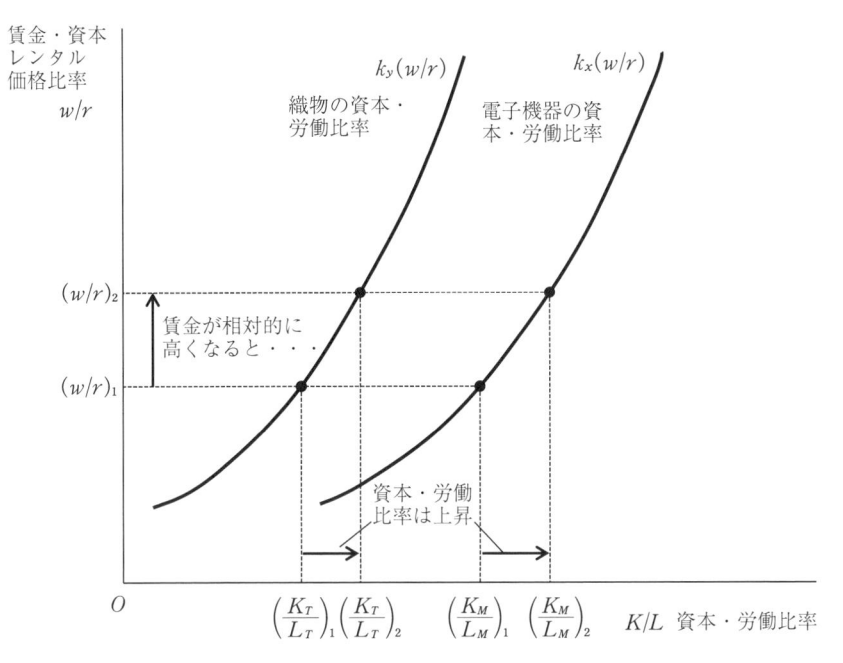

図 3-1 賃金・資本レンタル価格比率と生産要素集約度
(資本・労働比率) の関係

右辺（ベトナム：V）は「労働豊富国」である．

$$K_J/L_J > K_V/L_V \tag{3.2}$$

　資本豊富国および労働豊富国の区別は，生産要素賦存量の絶対水準に基づいて定義されるのでないことに注意しなければならない．例えば，日本はベトナムに比べ労働力人口は多いが，ベトナムに比べ労働豊富国ではない．なぜなら，資本の賦存量では日本がベトナムを圧倒しているため，労働者1人当たりの資本賦存量は日本がベトナムよりも大きいから，日本は資本豊富国，ベトナムは労働豊富国と定義するのである．

　また，生産に関する諸仮定のもとで，労働豊富国は賃金が資本のレンタル価格に比べ相対的に低く，一方，資本豊富国は資本のレンタル価格が賃金に

比べ相対的に低い．

A10： 消費者の2つの財に対する選好基準は2国間で同じであり，社会的無差別曲線で各国の消費者の選好は表現される．さらに，消費者の選好は，2財の相対価格が同じであれば，所得の水準に関わらず2財の消費量の比率は一定である（消費に関する「規模に関して収穫一定」の仮定）．

2国間で消費者の選好を同じと仮定するのは，2国間の消費パターンの相違に基づく貿易パターンの発生を除外し，生産要素賦存比率の相違に基づく生産・供給面での国家間での相違が比較優位の発生要因であることを明示的に示すためである．また，生産関数と同様，消費についても規模に関する収穫一定を仮定するのも，国家間の経済規模の相違による消費パターンの相違が貿易パターンに及ぼす影響を隔離するためである．なお，2国間で消費者の選好が同じであることは，社会的無差別曲線の形状が2国で同じであることを意味する．

A11： 2国間の貿易で，関税，輸入割当などの貿易障壁は存在しない．
また，便宜上，輸送費も掛からないと仮定する．

この仮定により，貿易開始後，同じ財については国際価格が2国の国内価格と同じとなる．

A12： 各国で貿易収支は均衡する．

2国間の貿易モデルであるから，日本の貿易収支（輸出額マイナス輸入額）が均衡すれば，同時に貿易相手国であるベトナムの貿易収支も均衡する．HOモデルで使われる交易条件は2国間での貿易収支を均衡させる2財の国際価格比率である．

2. ヘクシャー＝オリーン・モデルにおける比較優位： ヘクシャー＝オリーン定理

(1) 生産要素賦存比率と生産可能性フロンティアの形状

リカードの比較優位の理論では，生産可能性フロンティア（*PPF*）の勾

配は一定値で，自給自足経済では PPF の傾きすなわち限界変形率と，2 財の国内均衡価格比率はすべての生産量で一致していた．一方，資本と労働の 2 つの生産要素を使用し，規模に関して収穫一定な技術の生産関数を用いる新古典派の貿易理論およびヘクシャー＝オリーン・モデル（HO モデル）では，PPF の勾配は 2 つの財の均衡生産量の組み合わせにより異なり，PPF は原点に対して凹の形状となる．第 2 章で分析したように，閉鎖経済の一般均衡は，PPF と社会的無差別曲線の共通の接点を実現する 2 財の均衡価格比率によって成立するが，PPF 上のどの点で一般均衡が実現するかにより，2 財の国内均衡価格比率の値は異なる．ところで，自国が外国と貿易する場合，どちらの国も相手国と比べ，相対的に価格が安い財に比較優位を有するためその財を輸出し，相対的に価格が高い財は輸入する．したがって，貿易開始前の閉鎖経済の一般均衡における 2 財の均衡価格比率の国家間での相違が，比較優位の構造を決めることになる．

　HO モデルでは，2 国の生産可能性フロンティア（PPF）の形状の相違をもたらすのは，資本・労働など生産要素の相対的賦存比率の国家間の相違である．相対的に資本が豊富な国の PPF は，資本集約的な技術で生産される電子機器の生産量軸の方向に出っ張った形状を有し，相対的に労働が豊富な国の PPF は，労働集約的な技術で生産される織物の生産量軸の方向に出っ張った形状を持っている．本章では，自国（日本）を資本豊富国，外国（ベトナム）を労働豊富国としているため，生産要素賦存比率の相違を反映した両国の PPF の形状は，第 2 章の図 2-6 および図 2-13 で示した形となる．

　国家間の生産要素賦存状況の相違の他の例として，資本と労働の相対的な賦存量比率は同じであるが，2 つの生産要素の絶対的な賦存量が異なるケースがある．例えば，EU（欧州連合）加盟国のなかで，ドイツのように経済規模の大きい国とベルギーのように経済規模の小さい国の生産要素賦存状況の相違などのケースである．ここでは，ドイツとベルギーの生産要素賦存比率（資本・労働比率）は同じであると仮定しよう．HO モデルでは，2 つの産業ともに規模に関して収穫一定の生産関数を仮定するため，生産要素の賦

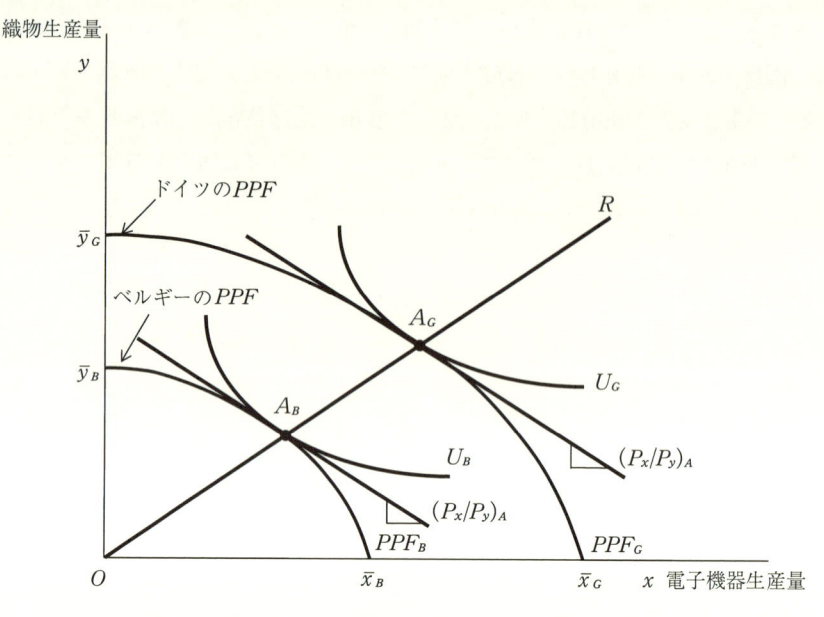

図3-2 固定的な生産要素賦存比率と経済規模の相違

存比率が同じであれば，PPF の形状は生産要素の絶対的賦存量に応じて比例的に拡大・縮小する．図3-2で，ドイツの PPF は外側に位置する PPF_G で，生産要素賦存量の少ないベルギーの PPF は内側に位置する PPF_B で表されている．両国の生産要素賦存比率が同じで，かつ両国の2つの産業が規模に関して収穫一定の技術で生産する場合，ベルギーの PPF_B はドイツの PPF_G を電子機器生産と織物生産の2つの軸で比例的に縮小した形状となる．

HOモデルでは，消費者の効用関数も，2つの国の消費者は同じ選好を有すると仮定するだけでなく，無差別曲線はホモセティック（相似拡大的）であると仮定する．この消費選好の特徴と，規模に関する収穫一定の生産関数という仮定を組み合わせると，閉鎖経済での国内均衡では図3-2のように2財の均衡価格比率 $(P_x/P_y)_A$ は2国で同じ値となる．生産要素の賦存比率が同じで経済規模が異なる2国で，同じ国内均衡価格比率が実現することは，閉鎖経済の一般均衡点 A_G（ドイツ）と A_B（ベルギー）は原点から発する

半直線 OR 上に位置することを意味している．このことは，HO モデルで比較優位の構造を決める要因は生産要素賦存比率の国家間での相違であるが，国の経済規模の大小は比較優位の構造すなわち輸出・輸入の貿易の方向に影響をあたえるものでない，ことを示唆するものである[1]．

(2) ヘクシャー＝オリーン定理

HO モデルにおける比較優位の構造と交易条件の決定を理解するために，まず貿易開始前の自国（日本）と外国（ベトナム）の閉鎖経済の一般均衡を示した第 2 章の図 2-13 の 2 国のグラフを組み合わせた図 3-3 により，自国と外国の 2 財の国内均衡価格比率を比較してみよう．HO モデルの仮定により自国が資本豊富国，外国が労働豊富国であるから，自国の PPF は資本集約財である電子機器の生産量軸の方向に出っ張った形状で，一方，外国の PPF は労働集約財である織物の生産量軸の方向に出っ張った形状となっている．なお，HO モデルのキーポイントを明確に示す目的で，自国（日本）の PPF は実際の曲線に比べ原点の方向に比例的に縮小して描いてある．これは，生産要素賦存比率を維持したまま，自国の経済規模（生産要素の賦存量の絶対水準）をダウンサイズしたものである[2]．

図 3-3 は，2 国の消費者の消費選好は同一であるという仮定を援用し，2 国共通の社会的無差別曲線 U_W が閉鎖経済の一般均衡点でそれぞれの国の PPF と接している状況を表している．閉鎖経済の一般均衡は，自国は社会的無差別曲線 U_W と自国の PPF が共通の勾配 $(P_x/P_y)_A$ を持つ等収入線と接する A 点で，外国は社会的無差別曲線 U_W と外国の PPF が共通の勾配 $(P_x^*/P_y^*)_{A^*}$ を持つ等収入線と接する A^* 点である．図に見られるように，閉鎖経済の一般均衡で実現する 2 財の国内均衡価格比率のあいだには次の関係が成立している．

$$(P_x/P_y)_A < (P_x^*/P_y^*)_{A^*} \tag{3.3}$$

閉鎖経済の一般均衡で実現する価格は，自国は外国に比べ電子機器の価格

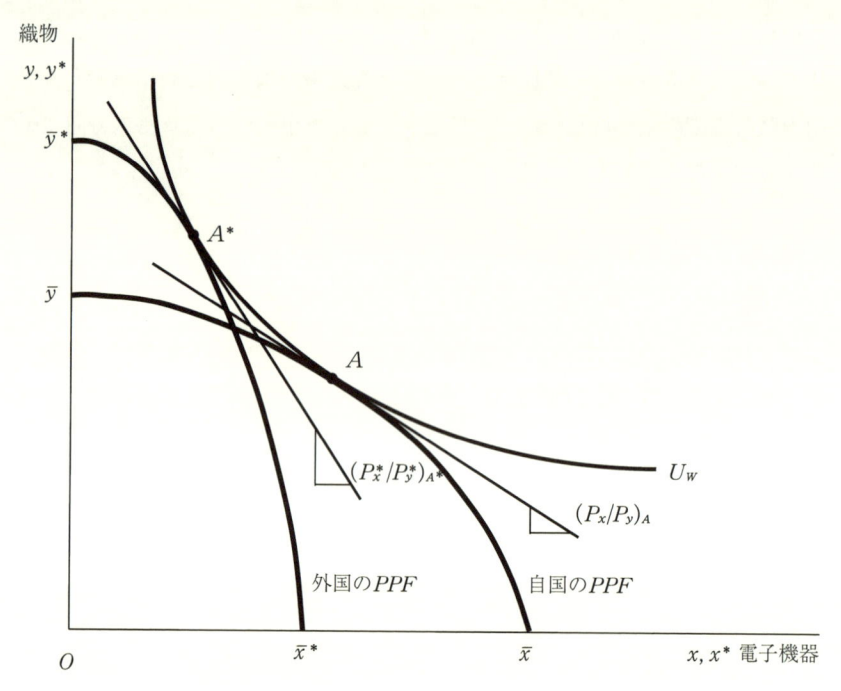

図 3-3　生産要素賦存比率の相違と閉鎖経済での均衡価格比率の相違

(P_x) が相対的に安く，一方，外国は自国に比べ織物の価格 (P_y^*) が相対的に安い．いずれの国も閉鎖経済均衡における相対価格が他国に比べ安い財に比較優位を有するため，自国は電子機器に比較優位を持ち，外国は織物に比較優位を持っていることになる．

　HO モデルでは，2 国間で消費者の選好は同じと仮定し，かつ 2 国における生産・供給構造の相違は資本・労働の生産要素賦存比率の相違だけであると仮定してあるため，比較優位を示す閉鎖経済の均衡価格比率の相違は，2 国の PPF の形状の相違に起因する．さらに，PPF の形状の国家間での相違は，2 国の生産要素賦存比率の相違と 2 財の生産要素集約度の相違に基づくものであるから，HO モデルにおける国家間での貿易発生要因と貿易の方向に関する次の「ヘクシャー＝オリーン定理」が導き出される．

『ヘクシャー゠オリーン定理』

　ヘクシャー゠オリーン・モデルの諸仮定のもとで，国際貿易に従事する国は，その国が相対的に豊富に所有する生産要素を相対的に集約的に用いる財に比較優位を有するため，その財を輸出し，賦存量が相対的に希少な生産要素を相対的に集約的に用いる財は輸入する．

　ヘクシャー゠オリーン定理によれば，日本（自国）とベトナム（外国）との貿易パターンは，日本が資本豊富国，ベトナムが労働豊富国であり，更に電子機器が2国共通の相対的に資本集約的な技術で生産され，織物が2国共通の労働集約的な技術で生産されるから，日本が電子機器に比較優位を有しベトナムに輸出し，ベトナムは織物に比較優位を有し日本に輸出することになる．

　ヘクシャー゠オリーン定理は，各国は相対的に豊富に存在する生産要素を集約的に用いる財を輸出することにより，間接的にその豊富な生産要素を輸出していること，また，相対的に希少な生産要素を集約的に用いる財を輸入することにより，間接的にその希少な生産要素を輸入している，という含意があることに注意したい．日本（自国）は資本集約財である電子機器をベトナム（外国）に輸出することを通じて，豊富に存在する資本サービスを間接的に同国に輸出しているのであり，一方，ベトナムは労働集約財を日本に輸出することにより，豊富に存在する労働サービスを間接的に輸出していることになる．

(3) 国際貿易均衡と交易条件

　自国と外国で貿易が開始されると，各国で貿易収支が均衡するように，2国間での交易条件が決定される．自国では，相対的に価格が安い電子機器に対する外国からの輸入需要（自国の輸出）の発生により電子機器の価格が上昇し，国内生産が拡大する．一方，相対的に価格が高い織物は国内需要が相対的に価格の安い外国からの輸入品に一部代替されるから，国内生産は縮小

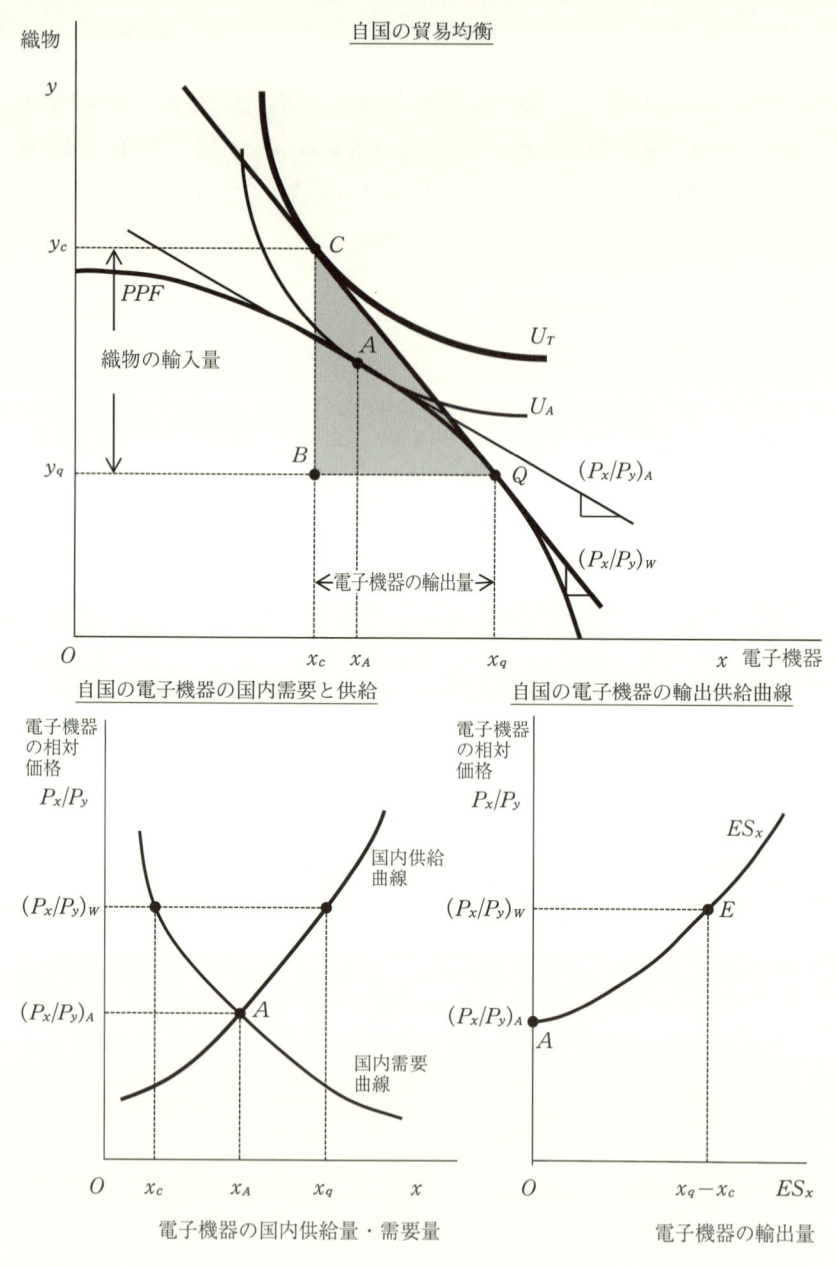

図 3-4 自国（日本）の貿易均衡と比較優位財（電子機器）の輸出供給曲線

し，織物の価格は下落する．したがって，電子機器の（織物に対する）相対価格は貿易開始により上昇する．図3-4の上のパネルで，自国の2財の均衡価格比率は，閉鎖経済の一般均衡A点を通る等収入線の傾きである$(P_x/P_y)_A$から，開放経済の生産面の均衡であるPPF上のQ点を通る等収入線の傾きである$(P_x/P_y)_W$に上昇する．産業間の生産均衡点は，閉鎖経済均衡のA点から開放経済均衡のQ点に移動するが，Q点においても2財の生産面の限界変形率（電子機器と織物の限界費用の比率）は，2財の均衡価格比率（電子機器と織物の相対価格）と等しくなっている[3]．

貿易開始後の2財の国際価格比率が，貿易収支均衡を実現させるものであれば，それが交易条件となる．交易条件を$(P_x/P_y)_W$とすると，自国の生産均衡はPPF上のQ点であるが，消費面の均衡は交易条件を勾配に持つ等収入線が最も右上方の社会的無差別曲線U_Tと接するC点となる．図3-4のケースでは，輸出財である電子機器の価格上昇と生産量拡大によりGDP（＝所得）が増加することに加え，織物の相対価格が下落するため，閉鎖経済均衡に比べ織物の消費量が大きく増加する（一方，電子機器の消費量は若干減少する）ことにより，社会的な効用水準が増加している．すなわち，貿易利益が実現している．貿易により社会的な効用水準が増加していることは，閉鎖経済均衡における社会的無差別曲線U_Aに比べ，貿易均衡における社会的無差別曲線U_Tの方が，右上方に位置していることで確認できる．なお，2つの財に対する消費選好のパターンによっては，貿易開始により相対的に価格が上昇する電子機器の消費も，所得の上昇により閉鎖経済に比べ増加することも十分可能である．

国際貿易均衡における自国の電子機器の輸出量は，生産均衡Q点における生産量x_qと，消費均衡C点における消費量x_cとの差である．自国の織物の輸入量は，消費均衡C点における消費量y_cと，生産均衡Q点における生産量y_qとの差となる．交易条件$(P_x/P_y)_W$のもと，図中，生産均衡Q点，消費均衡C点およびB点をつなぎ合わせた三角形QCBは，貿易収支均衡を実現する「貿易三角形」である．

図3-4の右下のパネルの自国の電子機器の「輸出供給曲線 ES_x」は，上のパネルの国際貿易均衡の図をベースに導出された電子機器の国内供給曲線と国内需要曲線のグラフ（図3-4の左下のパネル）を使い，国内供給量から国内需要量を差し引いた数量（輸出数量）と電子機器の（織物に対する）相対価格の関係を表すグラフとして描いてある[4]．左下のパネルで，閉鎖経済における電子機器の市場均衡は国内需要曲線と国内供給曲線が交差する A 点で，2財の均衡価格比率は $(P_x/P_y)_A$，電子機器の生産量（＝消費量）は x_A である．よって，閉鎖経済の均衡価格比率 $(P_x/P_y)_A$ では，輸出量はゼロである．貿易開始より国際市場で（織物に対する）電子機器の相対価格が上昇すると，電子機器の国内生産量は増加する一方，その国内消費量は減少，あるいは増加しても生産量の増加よりも少ないから，電子機器は生産が消費を上回り輸出される．国際市場で，電子機器の相対価格が上昇するにつれて，国内生産量と国内消費量との乖離は大きくなるため輸出量が拡大する．したがって，図3-4の右下のパネルで，縦軸に国際市場における電子機器の（織物に対する）相対価格を，横軸に自国の電子機器の輸出量を測り，電子機器の輸出供給曲線 ES_x を図示すると，縦軸の切片が閉鎖経済における均衡相対価格 $(P_x/P_y)_A$ で右上がりの曲線となる．図では，外国との貿易均衡となる交易条件は $(P_x/P_y)_W$ であるが，左下パネルで国内生産量は x_q，国内消費量は x_c であるから，右下のパネルで電子機器の輸出量は輸出供給曲線上の E 点の $x_q - x_c$ である[5]．

外国（ベトナム）の国際貿易均衡と，比較劣位財である電子機器の輸入需要曲線は図3-5に示してある．外国では，閉鎖経済の均衡 A^* での2財の均衡価格比率 $(P_x^*/P_y^*)_{A^*}$ は，自国に比べ織物は相対的に安く，電子機器が相対的に高い．このため，外国は織物に比較優位を有し輸出する一方，電子機器は自国から輸入する．織物に対する輸出需要が発生するため織物の価格は上昇し生産量は増加する．一方，電子機器は相対的に廉価な自国からの輸入が増加し価格は下落するため，国内生産は減少する．したがって，国際市場における貿易均衡を実現する交易条件 $(P_x/P_y)_W$ は閉鎖経済での均衡価格比率

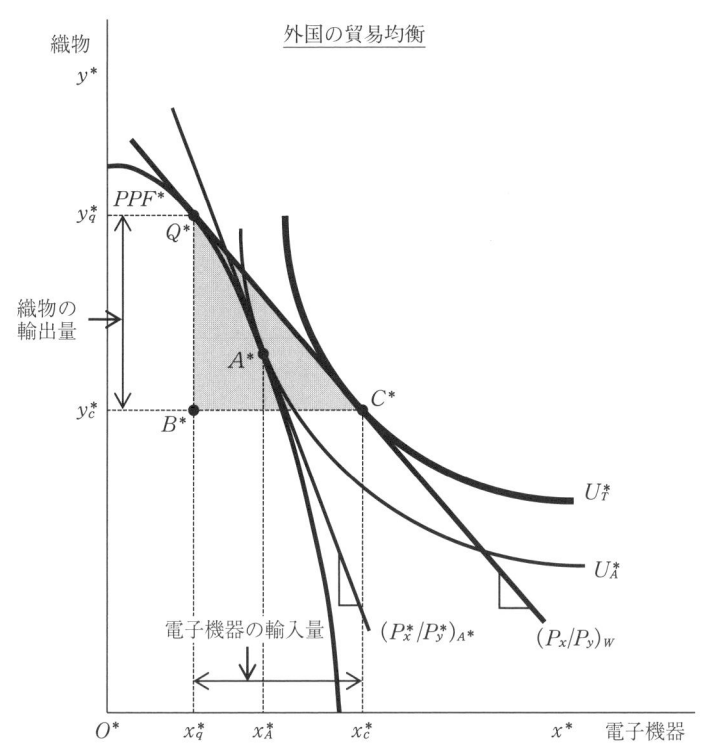

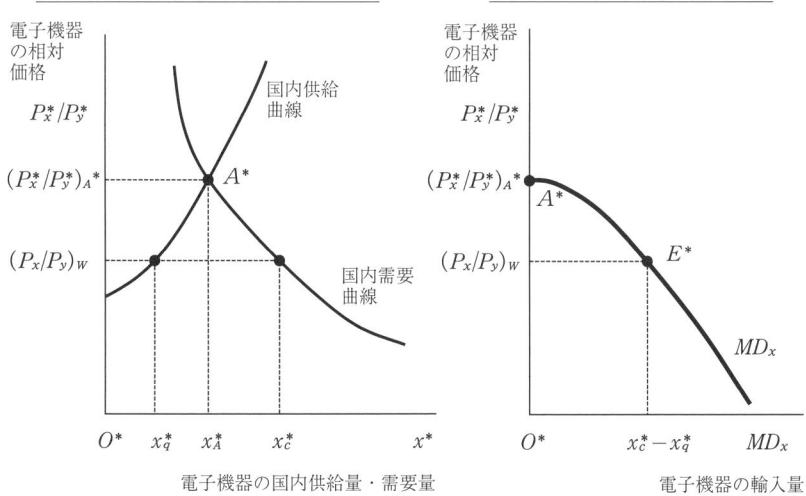

図 3-5　外国（ベトナム）の貿易均衡と比較劣位財（電子機器）の輸入需要曲線

に比べ下落し，貿易均衡における生産均衡点は PPF^* 上の Q^* 点となる．消費の均衡点は，交易条件 $(P_x/P_y)_W$ での等収入線と接する社会的無差別曲線 U_1^* 上の C^* 点である[6]．貿易均衡で，外国は生産 (y_q^*) が消費 (y_c^*) を上回る織物を自国に輸出する一方，消費 (x_c^*) が生産 (x_q^*) を上回る電子機器を自国から輸入する．三角形 $Q^*C^*B^*$ が外国の貿易三角形である．

図 3-5 の右下のパネルは，国際市場における電子機器の（織物に対する）相対価格の変化に対応した外国の電子機器の「輸入需要曲線 MD_x」を表す．輸入需要曲線は，左下パネルの外国における電子機器の国内需要と国内供給の差から導出される．電子機器の相対価格が閉鎖経済の均衡価格比率である $(P_x^*/P_y^*)_{A^*}$ のときは，国内需要量と国内供給量は一致しているため電子機器の輸入需要はゼロである．貿易開始に伴い電子機器の相対価格が下落すると，電子機器の国内需要量が国内供給量を上回るから，不足分は自国から輸入することになる．電子機器の相対価格の下落幅が拡大すると，国内需要量と国内供給量の乖離が拡大するから，電子機器の輸入量は増加する．したがって，外国の電子機器の輸入需要曲線は右下がりの曲線となる．図中，貿易均衡は交易条件 $(P_x/P_y)_W$ のとき E^* で実現するから，外国の電子機器の輸入量は国内需要量 x_c^* と国内供給量 x_q^* の差である $x_c^* - x_q^*$ である．

国際市場における，電子機器の自国の輸出供給 ES_x と外国の輸入需要 MD_x の均衡は図 3-6 に示してある．閉鎖経済均衡での外国の電子機器の相対価格 $(P_x^*/P_y^*)_{A^*}$ は，自国の均衡相対価格 $(P_x/P_y)_A$ よりも高いため，電子機器の輸出供給曲線 ES_x と輸入需要曲線 MD_x は図のような相対的位置関係にある．国際市場における電子機器の需要と供給の均衡は 2 つの曲線が交差する T 点で実現し，均衡の相対価格すなわち交易条件は $(P_x/P_y)_W$ である．国際貿易均衡をもたらす交易条件では，電子機器の輸出国である自国は閉鎖経済の均衡価格に比べ電子機器が相対的に高くなる一方，電子機器の輸入国である外国では閉鎖経済の均衡価格に比べ電子機器が相対的に安くなる，ことに注意したい．

なお，両国で貿易収支が均衡するという前提のもと，国際市場で電子機器

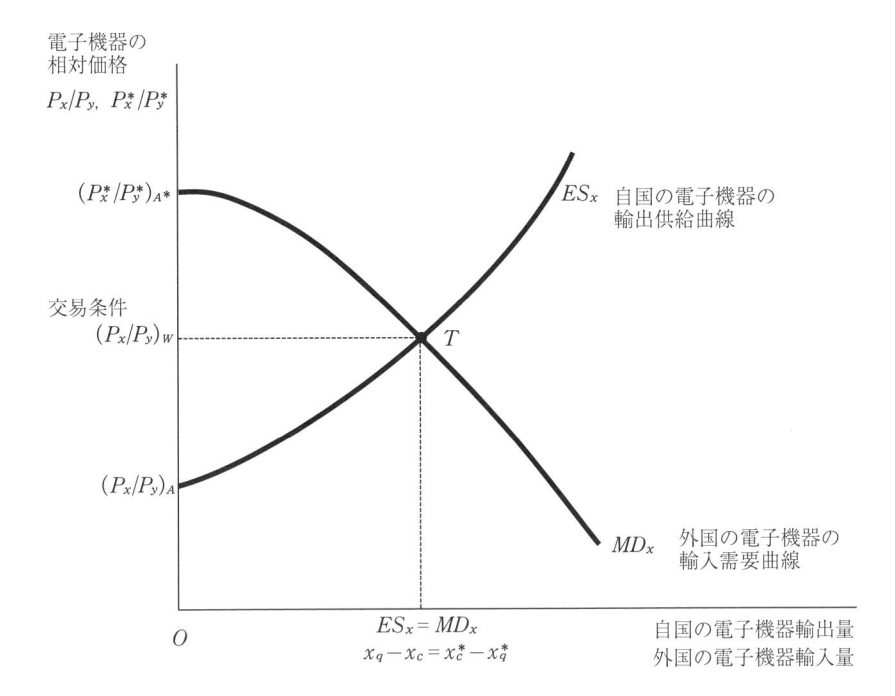

第3章 生産資源の賦存と国際貿易　　89

図3-6　電子機器の輸出供給・輸入需要と交易条件

の輸入需要と輸出供給の均衡が交易条件 $(P_x/P_y)_w$ のもとで実現するとき，国際市場で織物の輸入需要と輸出供給の均衡も同時に実現することに注意したい[7]．

3. 生産要素価格均等化定理

ヘクシャー゠オリーン・モデルはヘクシャー゠オリーン定理を根幹とし，関連した3つの定理から構成される．それらは，第1に，財の貿易を通じて生産要素の相対価格（およびその絶対価格水準）が2国間で同じになるという「生産要素価格均等化定理」であり，第2に貿易による財の相対価格の変化が，財の生産に使用される生産要素の実質所得を変化させることを解明し

た「ストルパー＝サミュエルソン定理」であり[8]，第3に財の相対価格を一定としてある生産要素の供給量（賦存量）が変化したときの各財の均衡生産量に及ぼす効果を分析する「リプチンスキー定理」である．この節では，まず「生産要素価格均等化定理」を説明する．

ヘクシャー＝オリーン定理によれば，相対的に資本が豊富な自国は資本集約財である電子機器を輸出し，労働集約財である織物を輸入する．一方，相対的に労働が豊富な外国は労働集約財である織物を輸出し，資本集約財である電子機器を自国から輸入する．このことは，財の貿易を通じて自国は豊富に存在する資本サービスを外国に輸出し，希少な労働サービスを外国から輸入していると解釈できる．外国についても同様である．関税などの貿易障壁が存在せず，国際輸送費も掛からないという仮定のもと，2国間の貿易均衡においては，電子機器の（織物に対する）相対価格は交易条件 $(P_x/P_y)_w$ として2国で均等化する．財の貿易は間接的な生産要素の貿易をもたらすことにより各国の生産要素市場における需要と供給に影響を及ぼすため，財の相対価格が2国間で均等化するのであれば，生産要素の相対価格も均等化するであろう，というのが生産要素価格均等化定理の基本的な考え方である．

『生産要素価格均等化定理』

　ヘクシャー＝オリーン・モデルの諸仮定のもとで，2つの財が規模に関して収穫一定な2国間で同じ生産技術で生産されるとき，自由貿易による財の相対価格の均等化を通じて，生産要素価格比率は2国間で均等化する．

生産要素価格均等化定理を理解するためには，まず財の相対価格と生産要素価格比率との関係を再度，確認しておく必要がある．すでに，第2章の閉鎖経済の一般均衡分析において，財の相対価格の変化と生産要素価格比率の変化との関係は第2節の図2-10で明らかにした．図2-10と，生産要素価格比率と財別生産要素集約度の関係を描いた図3-1とを組み合わせて，図3-7に示してある．図の左側のグラフは縦軸に賃金・資本レンタル価格比率 w/r

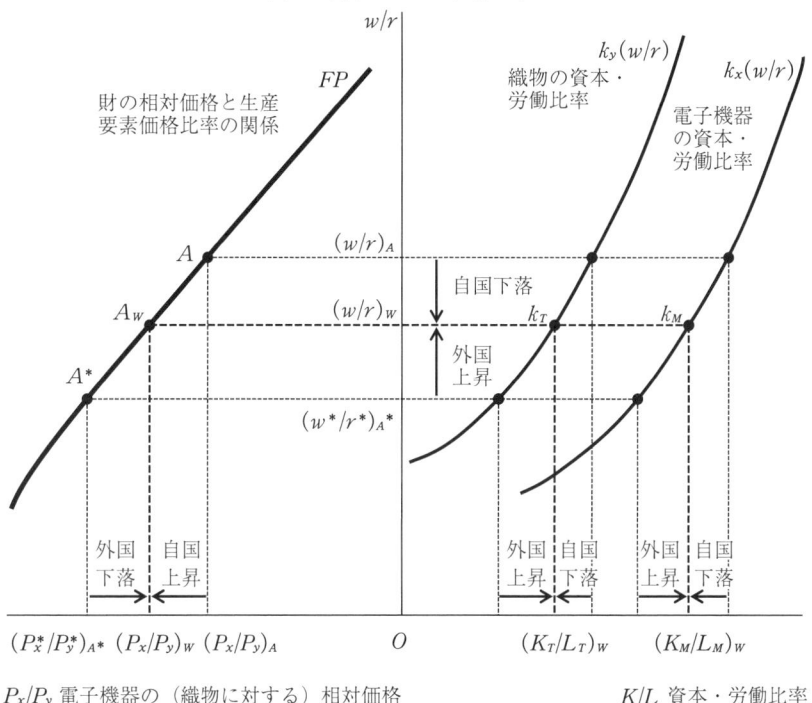

図3-7 生産要素価格均等化定理

を，横軸では原点 O から左方向に電子機器の（織物に対する）相対価格 P_x/P_y を目盛ってある．右側のグラフは図3-1と同じで，縦軸に賃金・資本レンタル価格比率を，横軸では原点 O から右方向に財別の生産要素集約度（資本・労働比率 K/L）を目盛ってある．

まず，図3-7の左のパネルに描いた，財の相対価格と生産要素価格比率の関係を表す左下がりの FP 曲線の意味を考える．電子機器の（織物に対する）相対価格が上昇すると，PPF 上で電子機器の生産が拡大し織物の生産が縮小することを，すでに明らかにした．電子機器は資本集約的な技術で生産され，また規模に関して収穫一定の技術を仮定しているため，現行の賃

金・資本レンタル価格比率のもとで,電子機器の増産は労働に対する需要に比べ資本に対する需要を相対的に多く増加させる.一方,織物は労働集約的な技術で生産され,これも規模に関して収穫一定の技術を仮定するため,現行の賃金・資本レンタル価格比率のもとで,織物の減産によって解放される資本量は労働量に比べ相対的に少ない.これらの結果,資本市場では,現行の資本レンタル価格のもとで,電子機器産業からの資本の需要の増加が,織物産業から(解放される)資本の供給の増加を上回ることになり,需要超過から価格調整メカニズムが働き,資本のレンタル価格は上昇する.一方,労働市場では,現行の賃金のもとで,織物産業からの(解放される)労働の供給の増加が,電子機器産業による労働の需要の増加を上回るため,供給超過となり賃金は下落する.2つの生産要素市場におけるこのような均衡生産要素価格の異なる動きから,電子機器の相対価格が上昇すると,賃金・資本レンタル価格比率は下落することになる.すなわち,図3-7の左のパネルに見られるように,電子機器の相対価格と賃金・資本レンタル価格比率との間には負の関係があり,左下がりの FP 曲線で表される.

以上の点を確認したうえで,財の自由貿易により,なぜ2国間で生産要素価格比率が均等化するのかについて検討してみよう.まず,2国の各産業で規模に関して収穫一定な同じ技術を採用し,かつ同じホモセティック(相似拡大的)な消費選好を仮定していることから,図3-7の左パネルの FP 曲線は2国で同じ形状となる.閉鎖経済均衡は,自国が FP 曲線上の A 点で外国が A^* 点とする.閉鎖経済均衡における財の均衡相対価格は自国が $(P_x/P_y)_A$ で,外国が $(P_x^*/P_y^*)_A$ であり,自国の方が電子機器の相対価格は低い.このとき,閉鎖経済均衡における均衡の賃金・資本レンタル価格比率は自国が $(w/r)_A$,外国が $(w^*/r^*)_A$ で,自国の方が高い.2国間の自由貿易により交易条件が FP 曲線上の,A_w に対応する $(P_x/P_y)_w$ に決まったとしよう.2国間の貿易開始により電子機器の(織物に対する)相対価格は自国で上昇し,外国で下落する.生産要素市場における需要と供給の変化および均衡生産要素価格の変化をみると,上で説明したメカニズムにより,賃金・資

本レンタル価格比率は自国で下落し，外国で上昇する．国際貿易均衡では，電子機器の（織物に対する）相対価格は交易条件として 2 国で均等化するが，同時に，賃金・資本レンタル価格比率も FP 曲線から $(w/r)_w$ で 2 国で均等化することになる．これが，生産要素価格均等化定理の大まかな証明である．

次に，賃金・資本レンタル価格比率の均等化に伴い，2 国で規模に関して収穫一定な同じ生産技術の仮定のもと，各産業の生産要素集約度（資本・労働比率）は 2 国で同じになることにも注意したい．この点は，図 3-7 の右のパネルのグラフで確認できる．自国では，電子機器の相対価格の上昇とともに賃金・資本レンタル価格比率は下落するが，これに伴い生産費用を最小化しようとする企業は資本から労働への生産要素の代替を行うから，電子機器産業，織物産業ともに生産要素集約度すなわち資本・労働比率は $k_x(w/r)$ 曲線および $k_y(w/r)$ 曲線上で低下する．一方，外国では，賃金・資本レンタル価格比率は上昇するため，生産費用を最小化しようとする企業は労働から資本への生産要素投入の代替を行い，資本・労働比率は $k_x(w/r)$ 曲線および $k_y(w/r)$ 曲線上で上昇する．2 国間で，規模に関して収穫一定な同じ生産技術を仮定しているため，貿易均衡での同水準の賃金・資本レンタル価格比率のもとで，各産業の生産要素集約度は 2 国間で同じ水準（図中，電子機器産業は $(K_M/L_M)_w$，織物産業は $(K_T/L_T)_w$）となる．

生産要素価格均等化が実現するためには，貿易均衡で 2 国とも 2 つの財（電子機器と織物）を生産しなければならないこと，すなわち各国は 2 財の生産に不完全特化しなければならない．例えば，自国は輸出財である電子機器だけでなく，輸入財である織物も一部生産しなければならない．外国についても同様である．2 国が不完全特化するための条件は，図 3-7 において，2 国の生産要素賦存量比率（経済全体の資本・労働比率）が，貿易後の電子機器の最適生産要素集約度（資本・労働比率）である $(K_M/L_M)_w$ と織物の最適生産要素集約度である $(K_T/L_T)_w$ との間の値でなければならないことが理論的に明らかにされている．

これまで，貿易均衡で財の相対価格が 2 国で均等化するとき，生産要素価

格比率も2国で均等化することを明らかにした．関税等の貿易障壁が存在せず，輸送費も掛からないという仮定のもとで，貿易均衡で各財の（絶対）価格は2国で同じ水準となる．それでは，賃金，資本レンタル価格など生産要素の「絶対」価格水準も2国で均等化するのであろうか．生産要素価格均等化定理によれば，一定の条件のもとで，この強い意味での生産要素価格の均等化も成立すると理論的に解明されている．

4. 貿易の所得分配効果：ストルパー＝サミュエルソン定理

生産要素価格均等化定理によれば，1国が外国との貿易を開始すれば，ある生産要素の価格（報酬）は上昇するが，他の生産要素の価格（報酬）は下落することが予測できる．すなわち，ヘクシャー＝オリーン・モデルでは，国際貿易は所得が増加する生産要素の所有者と，所得が減少する生産要素の所有者の双方を生み出し，所得分配の格差を発生させることが予測できるのである．ただし，貿易により生産要素の価格（報酬）が変化するとともに，財の価格も変化しているため，各生産要素所有者（ここでは，労働者と資本家）の名目所得の変化を財の価格で評価した実質所得がどのように変化するかについても考察しなければならない．「ストルパー＝サミュエルソン定理」は，財の相対価格の変化が生産要素所有者の実質所得にいかなる影響を及ぼすかについて，各財の生産要素集約度（労働・資本比率）との関連で解明したものである[9]．

『ストルパー＝サミュエルソン定理』
　すべての生産要素が国内の産業間で移動自由な長期均衡において，相対価格が上昇する財の生産に集約的に使用される生産要素の実質価格（報酬）は上昇し，相対価格が下落する財の生産に集約的に使われる生産要素の実質価格（報酬）は低下する．国際貿易の枠組みでみると，自由貿易により，1国の相対的に豊富な生産要素への実質報酬は増加し，相対的に希少な生

産要素への実質報酬は減少することになる．

　ストルパー＝サミュエルソン定理を理解するために，自国（日本）のケースで，貿易開始に伴う財の相対価格変化が，資本家の実質所得と労働者の実質所得にどのような影響を及ぼすかについて考えてみよう．自国は電子機器に比較優位を持ち外国に輸出するとき，電子機器の（織物に対する）相対価格は貿易開始により上昇する．図3-7の左のパネルで見たように，貿易により自国で電子機器の相対価格が上昇すると（$(P_x/P_y)_A$➡$(P_x/P_y)_W$），電子機器の生産は増加し織物の生産は縮小するため，均衡における賃金・資本レンタル価格比率は下落する（$(w/r)_A$➡$(w/r)_W$）．また図3-7の右のパネルに示したように，賃金が資本のレンタル価格と比較し相対的に安くなると，電子機器産業，織物産業ともに，費用を最小化しようとする企業は労働者の雇用を増やし資本の使用量を減らす．すなわち，両産業ともに資本・労働比率は低下する．

　ところで第2章の第1節で分析したように，費用を最小化しようとする企業の生産均衡では，所与の賃金・資本レンタル価格比率と，（資本で測った）労働の技術的限界代替率 $MRTS_{K,L}$ が等しくなるように，資本と労働の相対的な投入比率を決定する．更に，(2.6)式で（資本で測った）労働の技術的限界代替率は次式のように，労働の限界生産物と資本の限界生産物の比率としても表されることを示した．

$$MRTS_{K,L}(\equiv -\Delta K/\Delta L) = MPL/MPK$$

国際貿易の開始により自国で電子機器の相対価格が上昇することに伴い賃金・資本レンタル価格比率が低下すると，（資本で測った）労働の技術的限界代替率も低下するが，これは資本の限界生産物（MPK）が上昇する一方，労働の限界生産物（MPL）が下落することを意味している．電子機器産業，織物産業ともに1単位の生産に投入される労働者数が増加し資本の量が減少することにより，労働者1人当たりの資本量（例えば，機械の台数）が少な

くなるため，生産性指標である労働の限界生産物は低下する一方，資本の限界生産物は増加するのである．

利潤を最大化する企業（産業）は労働の限界価値生産物が市場（名目）賃金と等しくなるまで労働力を雇用する．これから労働の限界生産物と実質賃金の均等を表す次の式が得られる．

自国の電子機器産業では，

$$MPL_x = w/P_x \tag{3.4}$$

自国の織物産業では，

$$MPL_y = w/P_y \tag{3.5}$$

(3.4)式の右辺は電子機器の購入量で測った労働者の「実質賃金」，(3.5)式の右辺は織物の購入量で測った労働者の「実質賃金」を表している．なお，労働市場は完全競争市場で産業間での労働移動は自由であると仮定しているため，両産業での均衡名目賃金は同一水準で，w に統一してある．

資本投入量についてみると，利潤を最大化する企業（産業）は資本の限界価値生産物が市場での資本レンタル価格と等しくなるまで資本量を需要する．均衡条件式である"資本の限界価値生産物（例えば電子機器産業については，$P_x \cdot MPK_x$)＝資本レンタル価格（r)"を変形すると，資本の限界生産物と実質資本レンタル価格の均等を表す次式が得られる．

自国の電子機器産業では，

$$MPK_x = r/P_x \tag{3.6}$$

自国の織物産業では，

$$MPK_y = r/P_y \tag{3.7}$$

(3.6)式の右辺は電子機器の購入量で測った資本所有者の「実質資本所得」，(3.7)式の右辺は織物の購入量で測った資本所有者の「実質資本所得」を表

している．なお，資本市場も完全競争市場で産業間での資本移動は自由であると仮定しているため，両産業での均衡名目資本レンタル価格は同一水準で，r に統一してある．

以上を総合すると，ストルパー＝サミュエルソン定理が解明出来る．国際貿易により自国では，輸出財となる電子機器の相対価格が上昇するため電子機器生産が増加し，織物生産は減少する．産業間での生産量調整に伴う各生産要素市場での需要変動から，賃金・資本レンタル価格比率は低下する．このため，各産業で均衡の資本・労働投入量比率は低下することになる．これは，各産業で，労働の限界生産物（MPL）が減少する一方，資本の限界生産物（MPK）が増加することを意味する．労働の限界生産物の減少は，(3.4) 式と (3.5) 式から，電子機器および織物のどちらの購入量で測っても，労働者の「実質賃金」の下落を意味している．一方，資本の限界生産物の増加は，(3.6) 式と (3.7) 式から，電子機器および織物のどちらの購入量で測っても，資本所有者の「実質資本所得」の増加を意味している．したがって，電子機器の相対価格の上昇により，電子機器生産に集約的に使われる資本の所有者に対する実質報酬は増加し，もう一方の生産要素である労働者に対する実質報酬は減少するのである．

HO モデルの枠組みで解釈すると，資本豊富国である自国（日本）は資本集約財である電子機器の生産に比較優位を有し同財を輸出するが，貿易均衡で電子機器の（織物に対する）相対価格が上昇することにより，電子機器生産に集約的に用いられる資本の所有者の実質所得が増加する一方，希少生産要素である労働者の実質所得は減少するのである．同様に，労働豊富国である外国（ベトナム）では労働集約財である織物の生産に比較優位を有し同財を輸出するが，貿易均衡で織物の（電子機器に対する）相対価格が上昇することにより，織物生産に集約的に用いられる労働者の実質所得が増加する一方，希少生産要素である資本所有者の実質所得は減少する．

以上により，"相対価格が上昇する財の生産に集約的に使用される生産要素の実質所得は上昇し，相対価格が下落する財の生産に集約的に使われる生

産要素の実質所得は低下する"というストルパー゠サミュエルソン定理が解明された．

ストルパー゠サミュエルソン定理は，"自由貿易はその国の豊富な生産要素の所有者に便益を与えるが，希少生産要素の所有者には不利益を与える"，ことを示している．TPP（Trans-Pacific Partnership：環太平洋経済連携協定）など地域間での自由貿易協定（Free Trade Agreement：FTA）交渉で，農業関連団体が自由貿易協定締結に反対するのは，日本では農業用土地が希少生産要素で，アメリカやオーストラリアなど豊富な農業用地を有する国からの安価な農産物の輸入が拡大すると，農業生産者が経済的損失を被る可能性が高いという事情によるところが大きい．

5. 資源量拡大の産業別生産量への効果：リプチンスキー定理

ヘクシャー゠オリーン・モデルの4定理の中の最後の定理は，1国における生産要素賦存量の増加が及ぼす産業別生産量への効果を分析する「リプチンスキー定理」である[10]．リプチンスキー（Tadeusz Rybczynski）は，この定理を考案・証明したイギリスの経済学者の名前である．生産要素の賦存量の増加，例えば1国における労働量の増加は人口成長や海外からの移民の増加などによって引き起こされ，労働量の減少は少子高齢化の進展や戦争などによる人的損傷などの事情により生じる．また，経済に存在する資本量の増加は，工場や機械設備あるいはインフラ設備や住宅などへの設備投資拡大に伴う資本蓄積によって実現する．リプチンスキー定理は，他のHOモデル関連の諸定理と同様，長期における均衡を分析する理論で，特定の生産要素の賦存量増加に伴い，産業間で生産要素の最適配分がどのように変化し，それとともに産業別生産量がどのように変化するかを分析するものである．

『リプチンスキー定理』

2つの財を2つの生産要素で生産する経済で，財の相対価格は変化しない

と仮定したとき，生産に用いられる1つの生産要素の量が増加するとき，その生産要素を集約的に用いる財の生産量は増加するのに対し，もう一方の生産要素を集約的に用いる財の生産量は減少する．

リプチンスキー定理を理解するために，これまでの設例に従い，資本豊富国である自国で資本蓄積が一段と進み経済に存在する資本量が拡大したときの，自国における電子機器と織物の生産量の変化に及ぼす影響を考察しよう．図3-8は自国における資本量増加前の生産可能性フロンティア（内側の $PPF：\bar{x}_0\bar{y}_0$）と，増加後の生産可能性フロンティア（外側の $PPF：\bar{x}_1\bar{y}_1$）を示してある．総労働量は不変で資本量だけが増加するから，経済において資本集約的な技術で生産される電子機器の潜在的生産能力が拡大するため，生産可能性フロンティアは電子機器の生産量軸（横軸）の方向へ大きく膨らむ形状となる．一方，労働集約的な技術で生産される織物の生産量軸（縦軸）方向には，あまり拡大しない．

資本量の増加後も，電子機器の（織物に対する）相対価格は $(P_x/P_y)_w$ で一定と仮定されている．資本量の増加に伴い財別の生産量が変化し，開放経済においては財別の貿易量も変化する可能性があるが，財の相対価格が変化しないと仮定することは，例えば自国が世界経済全体の経済規模および貿易量から比較すると規模が小さい「小国」であると仮定することを意味している．すなわち，自国は，外国と貿易するときの交易条件（これは国内の価格比率と等しい）は，世界市場で決まる価格を受け入れることになる．

電子機器の相対価格 $(P_x/P_y)_w$ のもとで，資本量の増加前の生産均衡点は生産可能性フロンティア $\bar{x}_0\bar{y}_0$ 上の A 点で，均衡生産量は電子機器が x_A，織物は y_A であった．経済の資本量が増加するとき，同じ相対価格 $(P_x/P_y)_w$ のもとで生産均衡点は生産可能性フロンティア $\bar{x}_1\bar{y}_1$ 上の B 点となり，均衡生産量は電子機器が x_A から x_B に増加し，織物は y_A から y_B へ減少する．すなわち，財の相対価格不変の仮定のもとで，経済における資本賦存量の増加は，資本集約的技術で生産される電子機器の生産量を拡大させ，労働集約

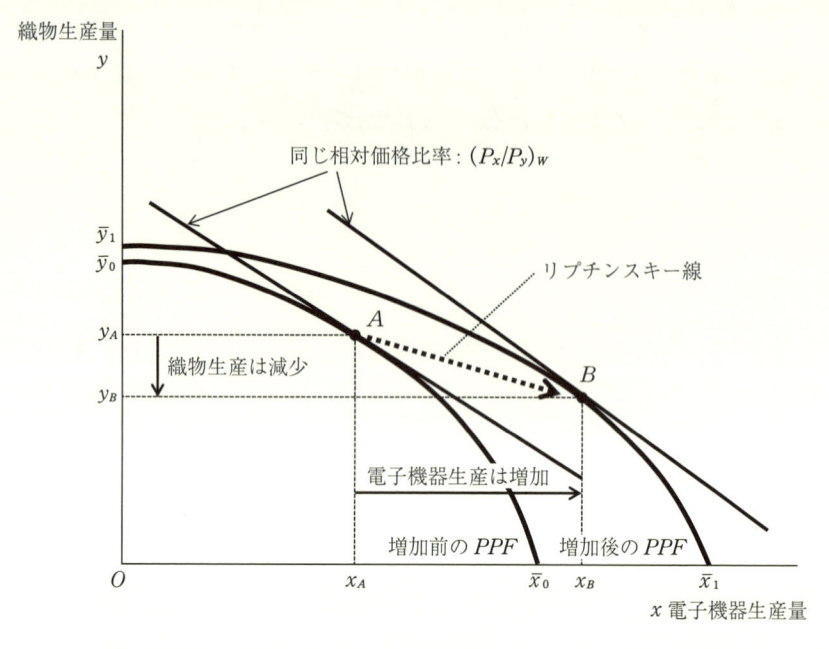

図3-8 自国の資本量の増加の生産量効果：リプチンスキー定理

的技術で生産される織物の生産量を減少させる．これが，リプチンスキー定理が示すことである．なお，資本増加前の生産均衡点である PPF 上の A 点と，資本増加後の生産均衡点である B 点を結ぶ線分を，「リプチンスキー線」という．

　資本豊富国である自国で，労働量が増加する場合はどうであろうか．この場合，生産可能性フロンティアは織物生産量の軸（縦軸）方向に膨らむ形状となる．財の相対価格は一定という仮定条件のもとで，労働集約的技術で生産される織物の生産量が拡大し，資本集約的技術で生産される電子機器の生産量は縮小する，というのがリプチンスキー定理の示すことである．労働豊富国である外国の場合はどうであろうか．外国も「小国」であり国際交易条件に従った価格設定を行うという条件のもと，経済における労働量の増加は労働集約財である織物の生産量を増加させ，資本集約財である電子機器の生

産量を減少させるのである．一方，資本量の増加は，資本集約財である電子機器の生産量を増加させ，労働集約財である織物の生産量を減少させる．

■ 資本量増加が産業別生産要素再配分と生産量に及ぼす効果

図3-8で分析したリプチンスキー定理の背後にある産業間での生産要素再配分のメカニズムを，第2章で使ったエッジワースのボックス・ダイアグラムを用いて検討しよう．図3-9は横軸に織物産業と電子機器産業の労働投入量を，縦軸に資本投入量を表すボックス・ダイアグラムである．左下隅の点 O_y は織物産業の原点で，右縦軸の点 O_x は資本量増加前の電子機器産業の原点である．当初，自国の経済における労働賦存量は $\bar{L}$，資本賦存量は $\bar{K}$ であったとする．資本量が $\mathit{\Delta}K$ 増加したとすると，経済における資本の賦存量は $\bar{K}+\mathit{\Delta}K$ になり，電子機器産業の原点は縦軸の右上隅の O'_x に移動する．

電子機器の（織物に対する）相対価格が $(P_x/P_y)_w$ のとき，資本量増加前の2つの産業の（パレート最適な）生産の一般均衡は織物産業の原点 O_y から発する半直線（拡張経路）$O_y k_y$ と，電子機器産業の原点 O_x から発する半直線（拡張経路）$O_x k_x$ が交わる A 点である．半直線 $O_y k_y$ と $O_x k_x$ の勾配は，所与の生産要素価格比率のもとで生産費用を最小化するそれぞれの産業の生産要素集約度 K/L を表す．生産の一般均衡点での生産要素価格比率は $(w/r)_w$ で，均衡生産量は図3-8の A 点での生産量に対応し，電子機器が x_A，織物が y_A である．産業別の生産要素の配分は，電子機器産業は資本量が右縦軸の原点 O_x から測った K_{xA}，労働量が上横軸の原点 O_x から測った L_{xA} で，織物産業は資本量が左縦軸の原点 O_y から測った K_{yA}，労働量が下横軸の原点 O_y から測った L_{yA} である．

経済における資本の賦存量が $\mathit{\Delta}K$ 拡大すると，電子機器産業の原点は O'_x になる．規模に関して収穫一定な生産関数を前提としているため，電子機器の相対価格が変化しない場合，2つの産業の生産均衡における生産要素価格比率も $(w/r)_w$ で変化しない（財の相対価格と生産要素価格比率の関係につ

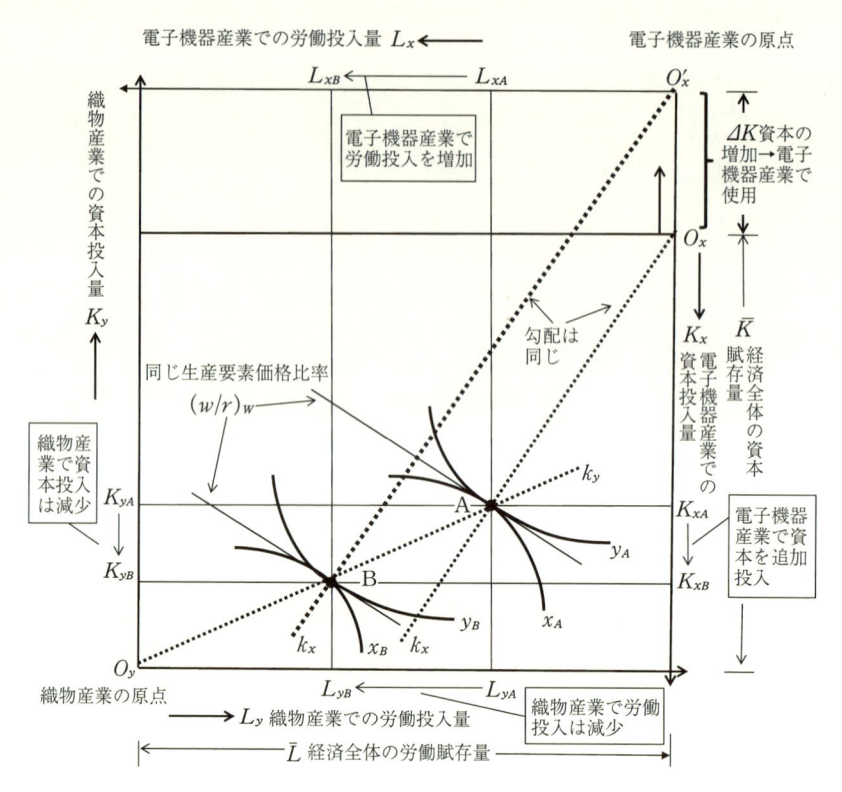

図 3-9 資本賦存量の増加と産業間の資源配分：リプチンスキー定理

いては，図 3-7 の左のパネルを参照のこと）．このことは，資本量増加後の電子機器産業の生産均衡点は原点 O'_x から発し，$O_x k_x$ と同じ勾配を持つ半直線（拡張経路）$O'_x k_x$ 上にあることを意味する．したがって，資本量増加後の 2 つの産業の（パレート最適な）生産の一般均衡点は，織物産業の原点 O_y から発する半直線 $O_y k_y$ と，電子機器産業の新しい原点 O'_x から発する半直線 $O'_x k_x$ が交わる B 点となる．

資本量増加後の生産の一般均衡 B 点で，各産業の均衡生産量は図 3-8 の B 点での生産量に対応し，電子機器が x_B，織物が y_B である．リプチンスキー定理が示すように，経済における資本量増加に伴い長期の均衡では，資本

集約財である電子機器の生産量が拡大し，労働集約財である織物の生産量が縮小する．産業別の生産要素の再配分は，電子機器産業は資本量が右縦軸の原点 O'_x から測った K_{xB} で，労働量が上横軸の原点 O'_x から測った L_{xB} となる．一方，織物産業は資本量，労働量ともに減少し，資本は原点 O_y から測って K_{yB}，労働は L_{yB} になる．資本集約財である電子機器産業は，増加する資本量 $ΔK$ をすべて使用するだけでなく，織物産業から移動した $K_{xA}〜K_{xB}$ の資本量を追加的に吸収することになる．また，労働についても織物産業から移動した $L_{xA}〜L_{xB}$ の追加的労働量を雇用することになる．

注

1) ヘクシャー゠オリーン・モデルで比較優位の構造を決める要因として国の規模は関係せず，各国の生産要素賦存比率と各財の生産要素集約度だけが重要であることから，このモデルは「生産要素比率理論」と呼ばれることもある．
2) 生産関数が1次同次で消費選好がホモセティックの仮定のもと，生産要素賦存比率に変化がなければ，生産可能性フロンティアは生産要素賦存量の規模に応じて，相似比例的に拡大（縮小）する．
3) 新古典派の貿易理論およびヘクシャー゠オリーン・モデルでは，生産可能性フロンティアが原点に対して凹状であるため，2財の交易条件のもと通常はどちらかの財の生産に完全特化することはない．ある財の生産に完全特化するほどその財の生産が拡大すると，その財の限界費用が急上昇し財の市場価格との関連で，生産面の均衡が実現しにくくなるからである．ただし，2つの財の生産要素集約度が似通っている場合には生産可能性フロンティアの形状は直線に近くなるので，ある財の生産に完全特化する可能性は生じる．
4) 図3-4および図3-5の作図に際し，次の文献の第4章を参考にした．Feenstra, Robert C., and Alan M. Taylor. 2011. *International Trade: 2nd edition*, New York, Worth Publishers.
5) 自国の織物の輸入需要曲線は作図していないが，次に分析する外国の電子機器の輸入需要曲線と同様な方法で導出できる．なお，自国の織物の輸入需要量は国際交易条件のもとで，貿易均衡が実現する数量である．
6) 本章では自国と外国の記号を区別するため外国の記号にはアスタリスク・マーク（*）を付け，自国の記号には付けていないが，貿易均衡における財の価格と交易条件は2か国で同じ数値となるため，交易条件については外国も自国同様，$(P_x/P_y)_w$ を使う．
7) 国際貿易均衡における交易条件の決定は，2財（輸出財と輸入財）の相対価格

の変化に伴う輸出量と輸入量の変化を表す軌跡である「オファー・カーブ」を使って分析するのが一般的であるが，本章では直感的に理解しやすい輸出需要曲線と輸入需要曲線を使って分析した．

8) ストルパー＝サミュエルソン定理は，国際貿易による財の相対価格変化が生産要素の所得に及ぼす影響だけでなく，1国の国内経済における財の市場均衡の変化に起因する財の国内相対価格変化が生産要素の所得に及ぼす効果でも分析できる一般的な定理である．

9) ストルパー＝サミュエルソン定理は，Wolfgang Stolper と Paul Samuelson の次の共同論文によって提示された．Stolper, Wolfgang, and Paul Samuelson. 1941. "Protection and Real Wages," *Review of Economic Studies*.

10) リプチンスキー定理は英国の経済学者である Rybczynski が発表した次の論文で公表された．Rybczynski, Tadeusz M. 1955. "Factor Endowments and Relative Commodity Prices," *Economica*.

第4章
特殊要素と貿易の所得分配効果

　ヘクシャー゠オリーン・モデルの仮定条件のなかで重要なものの1つは，生産活動に用いられる労働，資本などの生産要素は，賃金，資本レンタル価格などの報酬の多寡に反応して，国内においては産業間を自由に移動できるという「生産要素移動の自由」という仮定である．これは，ヘクシャー゠オリーン・モデルが，国際貿易の開始に伴う財の相対価格変化に反応して，産業間での生産要素移動と生産量調整が行われる長期における均衡の変化を分析するモデルであることを意味している．同時にヘクシャー゠オリーン・モデルでは，生産要素は国際間では移動できないとも仮定されている．

　現実における産業の生産活動をみると，特定の生産要素は少なくとも短期においては国内の産業間を自由に移動できないケースが少なくない．例えば資本についてみると，鉄鋼産業で使われる溶鉱炉や製鋼設備は織物産業で使われる織機とは使用目的や機能が全く異なる．したがって，国際貿易により比較劣位産業である織物産業が生産規模を縮小したとしても，織物産業に投資されていた資本が直ちに輸出産業である鉄鋼産業で使用されることにはならない．織物産業は一定の減価償却期間を経て投下資本を償却する一方，新たな資本が鉄鋼産業の生産設備に投資されることにより，長期的には資本が織物産業から鉄鋼産業に移動することになるのである．このように，資本は短期的には特定の産業だけに使われるものが少なくない．農業用地についても同様で，貿易により比較劣位産業である農業の生産量が縮小したとしても，工業用地として不適切な立地の農耕地もあるため，農業用地のすべてが直ちに工業用地に転換できるものではない[1]．

特定の生産要素が特定の産業だけで使用され，他の産業では使用できない場合，その生産要素をその産業の「特殊要素（specific factor）」という．特殊要素を組み込んだ一般均衡モデルを「特殊要素モデル（specific factors model）」といい，応用として閉鎖経済から貿易を開始したときの短期における生産要素間での所得分配の問題や，移民や直接投資などによる生産要素の国際間移動がある場合の生産要素間の所得分配の問題などの分析に使われる．

特殊要素モデルが設定する仮定条件は，産業特有の特殊要素が存在することと短期均衡の分析であること以外は，基本的にはヘクシャー＝オリーン・モデルと同じである．重要なポイントは，短期において特殊要素がある場合，貿易による財の相対価格の変化が各生産要素の所得に及ぼす効果は，長期均衡を分析するヘクシャー＝オリーン・モデルの場合と異なることである．この章では，工業品と農産物の2つの産業で，労働を産業間で移動可能な可変的生産要素（一般要素）とし，資本を工業品生産の特殊要素，土地を農産物生産の特殊要素として，国際貿易が短期において一般要素である労働者，および特殊要素である資本と土地の所有者の所得にどのような効果をもたらすかについて分析する[2]．

1. 特殊要素モデル

(1) 労働の限界生産物曲線

特殊要素モデルでは，産業毎に資本や土地などの特殊要素の投入量は短期的には固定されているが，一般要素である労働の投入量は利潤最大化のため調整可能として分析される．まず，特殊要素モデルが想定する「短期生産関数」の特徴を見てみよう．ヘクシャー＝オリーン・モデルと同様，特殊要素モデルでも，「規模に関して収穫一定」の生産関数を想定する．規模に関して収穫一定な生産関数では，他の生産要素の投入量を一定量に固定し，1つの生産要素の投入量を増加させると「収穫逓減の法則」が働き，その生産要

素の限界生産物は次第に小さくなる．例えば，資本である機械の台数を固定し労働者の数を増やしていくと，労働者1人が運転可能な機械の台数が少なくなるため，「労働の限界生産物（MPL）」は次第に小さくなっていく．このことは図4-1の上のパネルに示したように，資本の量を固定した場合の，可変的生産要素である労働の投入量と生産量との関係を表す「総生産曲線」が上側に凸の形状を持つことを意味している．任意の労働投入量において総生産曲線に引いた接線の勾配は，労働の限界生産物である．例えば，図の上のパネルで，資本量が K_x^0 のときの総生産曲線 $x=f(K_x^0, L_x)$ 上で，労働投入量が L_x^0 のときの労働の限界生産物（MPL_x^0）は，総生産曲線上の A 点で引いた接線の勾配で，労働者が1人増加するとき生産量がどれだけ増加するかを表す．総生産曲線が上に凸の形状を持つことは，労働の投入量を増加させていくと，接線の勾配は次第に小さくなるから，労働の限界生産物は逓減していくことを意味している．図の下のパネルの曲線 MPL_x^0 は，横軸に労働投入量を測り，資本量が K_x^0 のときの総生産曲線 $x=f(K_x^0, L_x)$ に対応する労働の限界生産物曲線を表している．資本投入量を固定して労働投入量を増やすと，収穫逓減の法則が働き労働の限界生産物は小さくなるため，労働の限界生産物曲線は右下がりの曲線として表される．

　投入量が固定されている資本の量が K_x^0 から K_x^1 に増加したとしよう．資本量の増加に伴い，労働投入量と生産量の関係を表す総生産曲線は図の上のパネルのように，上方にシフトし $x=f(K_x^1, L_x)$ となる．シフト後の総生産曲線は，シフト前の総生産曲線に比べ，所定の労働投入量のもとで労働の限界生産物は大きくなる．例えば，労働投入量が L_x^0 のとき，資本量が K_x^0 での労働の限界生産物 MPL_x^0（図中 A 点での接線の勾配）よりも，資本量が K_x^1 での労働の限界生産物 MPL_x^1（B 点での接線の勾配）のほうが大きい．図の下のパネルで，総生産曲線 $x=f(K_x^1, L_x)$ に対応する労働の限界生産物曲線 MPL_x^1 は，資本量増加前の労働の限界生産物曲線 MPL_x^0 に比べ上方に位置することになる．資本量が増加するとき労働投入量がいかなる水準でも労働の限界生産物が大きくなる理由は，労働者1人当たり使用可能な資本量

資本投入量が増加したときの総生産曲線の上方シフト

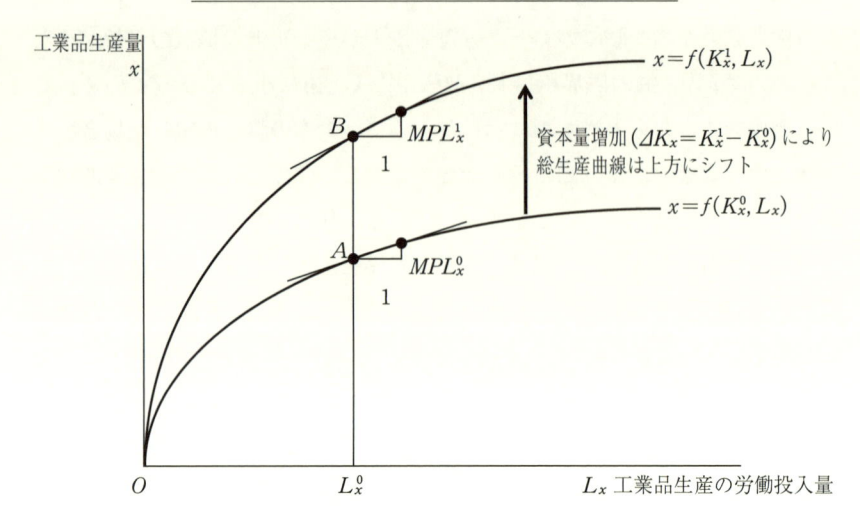

工業品生産量 x

$x = f(K_x^1, L_x)$

B　MPL_x^1
　　　　1

資本量増加 ($\Delta K_x = K_x^1 - K_x^0$) により総生産曲線は上方にシフト

$x = f(K_x^0, L_x)$

A　MPL_x^0
　　　　1

O　L_x^0　L_x 工業品生産の労働投入量

資本投入量増加に伴う労働の限界生産物曲線の上方シフト

労働の限界生産物

MPL_x

MPL_x^1 ……… B

MPL_x^0 ……… A

MPL_x^1

MPL_x^0

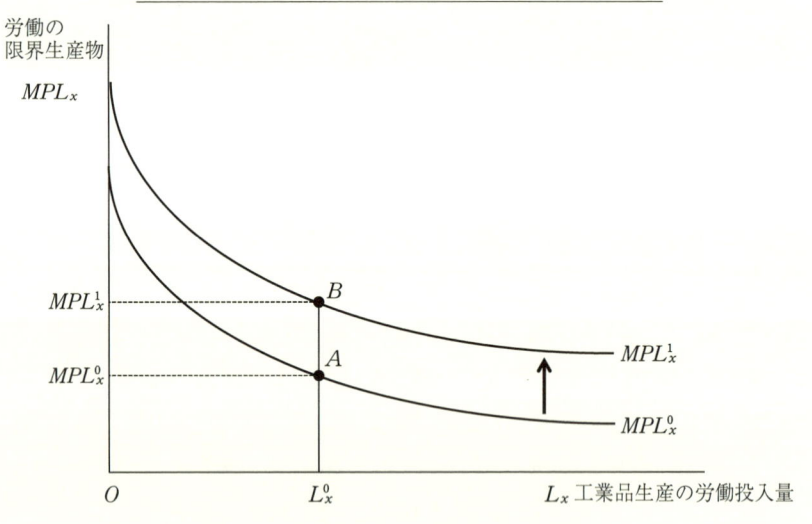

O　L_x^0　L_x 工業品生産の労働投入量

図 4-1　資本量の増加と労働の限界生産物

（例えば，機械台数）が大きくなり，労働者の生産性が向上するからである．一方，所定の労働投入量のもとで，資本投入量が増加すると資本について収穫逓減の法則が働き，「資本の限界生産物（MPK）」は低下する．これは，資本1単位を使用する労働量が減少するため，資本の限界的な生産性が低下するからである．

(2) 企業の利潤最大化と労働需要および労働市場の均衡

　工業品生産の特殊要素は資本で，農産物生産の特殊要素は土地であるが，特殊要素であるためそれぞれへの報酬水準（資本のレンタル価格，および土地のレンタル価格すなわち地代）は異なる[3]．仮に2つの産業を鉄鋼と織物とし，それぞれが労働と資本の2つの生産要素を使用する場合でも，資本が各産業固有の特殊要素である場合は，鉄鋼生産に使用される資本のレンタル価格と織物生産に用いられる資本のレンタル価格は同じ水準になる保証はない．一方，可変的生産要素である労働は報酬率（賃金）の産業間格差に反応して，短期においても産業間を移動するため，労働市場の均衡では2つの産業で共通の賃金水準が決定される．

　国内における総労働供給量は一定（$\bar{L}$）とし，2つの産業（工業品と農業）における賃金変化に対応した労働需要の変化から，労働市場における均衡賃金を求めてみよう．ここでは，工業品産業における労働需要を求めるが，農業における労働需要の求め方も基本的に同じである．

　工業品産業は完全競争産業であり，代表的な企業の利潤（π_x）は次式で表される．

$$\pi_x = P_x \cdot f(\bar{K}_x, L_x) - w \cdot L_x - r \cdot \bar{K}_x \tag{4.1}$$

ここで，P_x は工業品1単位の市場価格，$x = f(\bar{K}_x, L_x)$ は特殊要素である資本の投入量を $\bar{K}_x$ に固定したときの工業品の生産量，L_x は可変的生産要素である労働の投入量（総労働時間数），w は時間当たり市場賃金，r は資本1単位の市場レンタル価格である．$P_x \cdot f(\bar{K}_x, L_x)$ は企業の総収入，$w \cdot L_x$ は

労働コストおよび $r \cdot \overline{K}_x$ は資本コストを表す.

　企業は市場で決定される賃金と資本のレンタル価格を所与として, (4.1)式の利潤を最大化するための生産量および労働投入量を決定する. 利潤最大化条件は, 利潤の式を可変的生産要素である労働投入量 L_x で微分し, それがゼロに等しくなるとして求めるが, 次式で与えられる[4].

$$w = P_x \cdot MPL_x \tag{4.2}$$

左辺は時間当たり市場賃金, 右辺は労働の限界生産物 (MPL_x) に工業品1単位の市場価格を乗じた値で, 労働の限界価値生産物である.

　「労働の限界価値生産物」は, 追加的労働1時間により生産される工業品 (MPL_x) を市場価格 (P_x) で販売したときの限界収入であるが, (4.2)式は, この限界収入が追加的労働1時間に支払われる賃金 (限界費用) と等しくなるように最適な労働投入量 (労働需要量) を決定すれば, 企業の利潤は最大になることを意味している[5].

　農業も完全競争産業であり, 企業 (生産者) は工業品製造企業と同じ原理で利潤最大化のための最適な労働投入量を決定する. まず, 利潤は次式で表される.

$$\pi_y = P_y \cdot g(\overline{T}_y \cdot L_y) - w \cdot L_y - t \cdot \overline{T}_y \tag{4.3}$$

　利潤の式で, P_y は農産物1単位の市場価格, $y = g(\overline{T}_y, L_y)$ は特殊要素である土地の使用量を $\overline{T}_y$ に固定したときの農産物の生産量, L_y は労働の投入量 (総労働時間数), w は工業品産業と共通の市場賃金, t は土地単位面積当たりの市場レンタル価格 (地代) である. $P_y \cdot g(\overline{T}_y, L_y)$ は企業 (農業生産者) の総収入, $w \cdot L_y$ は労働コストおよび $t \cdot \overline{T}_y$ は土地のレンタル・コストである.

　農業部門の企業の利潤最大化条件式は次である.

$$w = P_y \cdot MPL_y \tag{4.4}$$

右辺は，農産物生産における労働の限界価値生産物で，追加的労働1時間により生産される農産物（MPL_y）を市場価格（P_y）で販売したときの限界収入である．左辺は工業品産業および農業共通の，時間当たり市場賃金（限界費用）である．農業における企業も，市場賃金と農産物の市場価格を所与として，労働の限界価値生産物が市場賃金と等しくなるように労働量を雇用すれば，最大の利潤を獲得できる．

完全競争産業における企業は，財の価格と生産要素の価格（賃金，資本レンタル価格，地代）を所与として，生産要素の最適投入量と財の生産量を決定するが，ここでは短期における均衡の分析で特殊要素である資本と土地の投入量は所定量に固定しているため，労働市場において2つの産業の最適な労働投入量の配分がどのように決定されるかを見てみよう．

図4-2は，総労働供給量を一定とし，労働市場における短期の均衡すなわち市場均衡賃金と2つの産業間での労働投入量の最適配分が決定される仕組みを表している．縦軸は名目賃金を測り，横軸は2つの産業の労働需要量を測っている．左側の原点 O_x は工業品産業における労働需要の原点で，右方向に工業品生産に雇用される労働需要量を測る．右側の原点 O_y は農業部門における労働需要の原点で，左方向に農産物生産に雇用される労働需要量を測っている．左側の名目賃金の軸の V_0 から発している右下がりの曲線は，工業品生産における労働の限界価値生産物曲線で，右側の名目賃金の軸の Z_0 から発している左下がりの曲線は，農産物生産における労働の限界価値生産物曲線である．工業品生産の労働の限界価値生産物は，労働の限界生産物（MPL_x）に財の市場価格（P_x）を乗じた数値あるため，図4-1の下のパネルの労働の限界生産物曲線を上方に P_x 倍シフトした位置にある．農産物生産の労働の限界価値生産物曲線も同様に，労働の限界生産物曲線を上方に P_y 倍シフトした位置にある．

(4.2)式および(4.4)式によれば，企業は労働市場で決定される（名目の）市場賃金を所与として，労働の限界価値生産物が市場賃金と等しくなるまで労働量を雇用することになる．したがって，図4-2で縦軸の名目市場賃金を

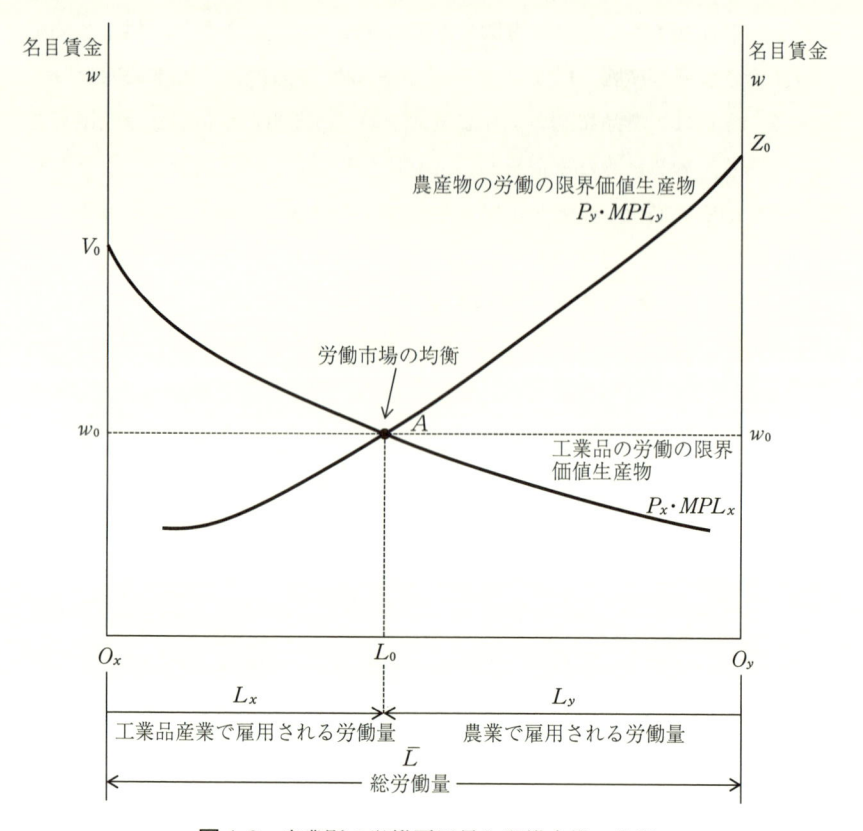

図4-2 産業別の労働雇用量と労働市場の均衡

所与として，右下がりの労働の限界価値生産物曲線が企業および産業の「労働需要曲線」となる．工業品産業と農業の労働の限界価値生産物曲線が交差している A 点が労働市場の均衡で，均衡の市場賃金 w_0 のもと，工業品産業での労働需要量は $O_x \sim L_0$ すなわち L_x で，農業での労働需要量は $O_y \sim L_0$ すなわち L_y である．工業品産業での労働雇用量 L_x と農業での労働雇用量 L_y の合計は，経済における総労働供給量 $\bar{L}$ と等しくなる．

財の市場と各生産要素市場で均衡が成立しているとき，労働者と特殊要素との間での所得分配はどのようになるであろうか．図4-2を使い，工業品産

業についてみてみよう．労働市場の均衡が実現しているときの工業品産業の生産量合計を $X=F(\bar{K}_x, L_x)$ とすると，総収入は $P_x \cdot F(\bar{K}_x, L_x)$ である．総収入は労働者への賃金支払い $w_0 \cdot L_x$ と，資本家への資本レンタル料支払い $r \cdot \bar{K}_x$ に分配される．したがって，図4-2で工業品産業の総収入は，労働需要量が L_x（すなわち，横軸の L_0 点）のときの労働需要曲線（労働の限界価値生産物曲線）より下の部分の面積 $V_0AL_0O_x$ で表される．なぜなら，労働の限界生産物（MPL_x）は資本量（$\bar{K}_x$）を所与として，追加的労働者1人が生産可能な工業品の数量であり，それに工業品1単位の価格（P_x）を乗じた値は追加的生産から得られる追加的な収入であるから，労働の限界価値生産物曲線より下の部分の面積（$V_0AL_0O_x$）は，所定の資本量のもとで雇用されるすべての労働者が創出する総収入になるからである．この総収入が，労働者に対する賃金と，資本家に対する資本レンタル料として分配される．まず，労働者への賃金支払い総額は $w_0 \cdot L_x$ で，図では長方形の面積 $O_xw_0AL_0$ 相当額である．一方，資本家に対する資本レンタル料の支払総額 $r \cdot \bar{K}_x$ は総収入から賃金支払い額を差し引いた額であるから，三角形 V_0Aw_0 相当額の金額である．

　農業部門における総収入と，労働者，地主間の所得分配も図4-2から同様な方法で確認することができる．農産物販売の総収入は，労働需要量が L_y（横軸の L_0 点）のときの労働需要曲線（労働の限界価値生産物曲線）より下の部分の面積 $Z_0AL_0O_y$ である．この総収入が，労働者に対する賃金と，地主に対する地代として分配されることになる．労働者への賃金支払い総額 $w_0 \cdot L_y$ は，図では長方形の面積相当額 $O_yw_0AL_0$ で，地主に対する地代総額 $t \cdot \bar{T}_y$ は，三角形 Z_0Aw_0 相当額の金額である．ただし，$\bar{T}_y$ は農業部門の農地面積，t は単位面積当たりの地代である．

2. 貿易が労働者の所得に及ぼす効果

　前節では，特殊要素が存在する場合の，一般要素である労働の産業間での

雇用配分と，労働者，資本家および地主の間での所得分配について明らかにした．前節で使った図4-2は，外国との貿易がない閉鎖経済における労働市場の均衡状況を表すとしよう．また，この経済は工業品に比較優位を持ち，外国との貿易が始まれば，工業品を輸出し農産物を輸入する生産・貿易構造を持っているとする．貿易開始により工業品の農産物に対する相対価格は閉鎖経済に比べ上昇する．ここでは，グラフを使った説明を容易にするため，貿易開始により工業品の価格は上昇するが，農産物の価格は変わらないとする．貿易開始により輸出財である工業品の価格が上昇し，輸入財である農産物の価格が下落する場合でも，労働者の所得に及ぼす影響は同じである．

(1) 貿易による労働者の名目賃金の変化

貿易開始に伴い工業品の価格が P_x から P'_x へ上昇すると，図4-3に見られるように，工業品産業の労働の限界価値生産物曲線は，$P_x \cdot MPL_x$ から $P'_x \cdot MPL_y$ へ上方にシフトする．シフトの幅は，$(P'_x - P_x) \cdot MPL_x$ である．一方，農産物の価格は変化しないため，農業部門の労働の限界価値生産物曲線 $P_y \cdot MPL_y$ は変化しない．工業品価格上昇に伴う工業品生産の労働の限界価値生産物の上昇により，工業品産業では賃金が w_0 から w'_0 に上昇する．すなわち，工業品産業では工業品の価格上昇により，労働者に以前より高い賃金を支払えるようになる．一方，農業部門の賃金は w_0 で変化しないため，2つの産業間の賃金格差に反応して，農業部門から工業品産業への労働移動が生じる．図では，まず工業品の価格上昇により工業品産業での利潤最大化均衡は，労働の限界価値生産物曲線 $P_x \cdot MPL_x$ 上の A 点から，価格上昇後の曲線 $P'_x \cdot MPL_x$ 上の C 点に移動し，さらに相対的に賃金が低くなった農業部門からの労働移動が生じることにより，シフト後の工業品産業の労働の限界価値生産物曲線と農業部門の労働の限界生価値産物曲線が交差する B 点における均衡賃金 w_1 に収斂する．工業品の価格上昇により実現する新しい労働市場の均衡 B 点では，均衡市場賃金が w_0 から w_1 へ上昇するとともに，工業品産業での雇用が $O_x \sim L_0(L_x)$ から $O_x \sim L_1(L'_x)$ に増加する一方，

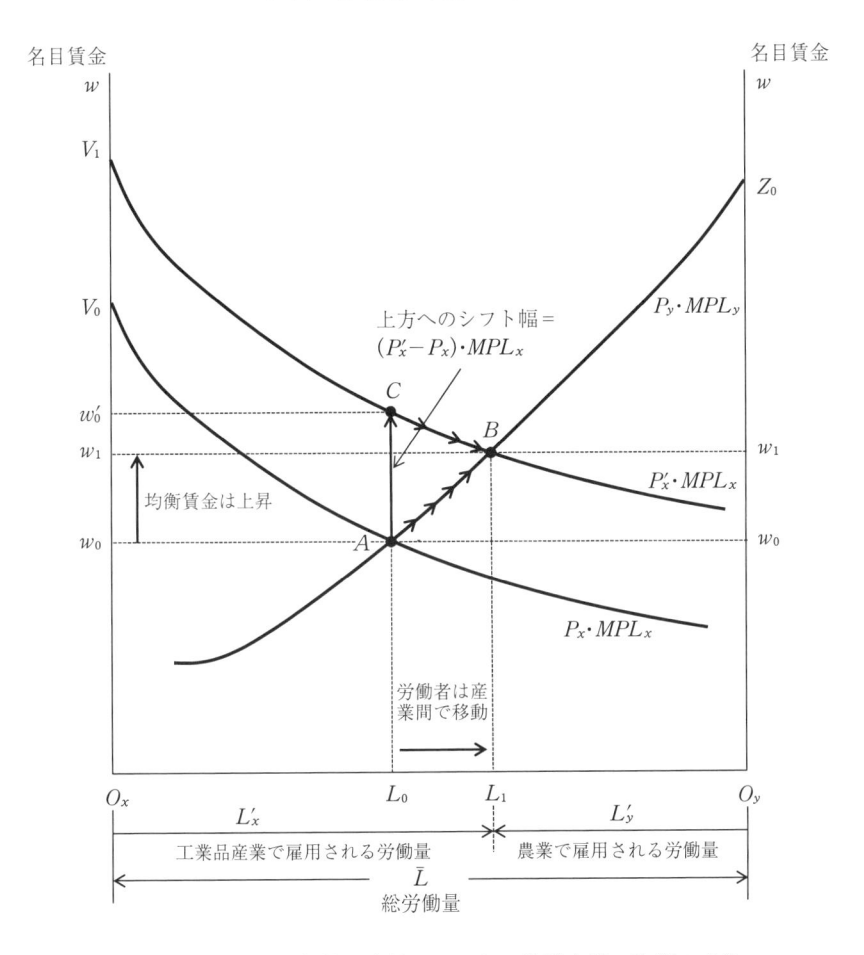

第 4 章　特殊要素と貿易の所得分配効果　　115

図 4-3　工業品の価格が上昇したときの労働市場の均衡の変化

農業部門での雇用は $O_y \sim L_0(L_y)$ から $O_y \sim L_1(L'_y)$ に減少する．

　貿易開始に伴う工業品の相対価格の上昇に伴い均衡市場賃金は上昇するため，労働者 1 人が受け取る名目賃金は増加する．すなわち，労働者の名目所得は増加する．労働者全員が受け取る名目の賃金総額は，工業品の価格上昇前は $w_0 \bar{L}$ で，価格上昇後は $w_1 \bar{L}$ であるから，労働者は総額で $(w_1 - w_0) \cdot \bar{L}$ の賃金増加を得ることになる．

(2) 貿易による労働者の実質賃金の変化

それでは，この増加した名目所得で購入することができる工業品および農産物の数量で測った労働者の実質所得（実質購買力）はどう変化するであろうか．労働者の実質所得を測るためには，労働者の実質賃金の変化，すなわち名目の賃金で買うことが出来る工業品の数量と農産物の数量が名目賃金の上昇によりどのように変化するかを分析すればよいであろう．このため，企業の利潤最大化のための最適な労働雇用量を表す(4.2)式と(4.4)式を次のように変形してみよう．

工業品の購入可能量で測った実質賃金：$w/P_x = MPL_x$ (4.5)

農産物の購入可能量で測った実質賃金：$w/P_y = MPL_y$ (4.6)

上の2つの式はそれぞれの財の価格で測った実質賃金は，利潤を最大化する労働雇用量での労働の限界生産物と等しくなることを示している．

工業品の価格上昇により名目賃金は w_0 から w_1 に上昇する一方，農産物価格 (P_y) は変化しないため，農産物の購入可能数量で測った実質賃金(4.6)式は確実に上昇する．これは，工業品産業での賃金上昇に伴い労働者が農業から工業品産業へ移動することにより，農業では所定量の農地面積に比べ労働力が減少するため労働の限界生産物が増加することを意味している．すなわち，図4-3で，農業から工業品産業への労働移動に伴い，農業部門の労働の限界価値生産物曲線上で A 点から B 点へ労働の限界生産物が上昇するのである．

一方，工業品の購入可能数量で測った実質賃金（(4.5)式）は工業品の価格上昇により減少する．すなわち，工業品の労働の限界価値生産物曲線 $P_x \cdot MPL_x$ 上の A 点と労働の限界価値生産物曲線 $P'_x \cdot MPL_x$ 上の B 点を比べると，産業間での労働移動により労働の限界生産物 (MPL_x) は低下するのである．これは工業品産業で使われる所定量の資本の量に対して，農業からの労働移動により雇用労働量が増加し，労働の限界生産物が低下することによるものである．図4-3から実質賃金の変化をみると，名目賃金は w_0 か

ら w_1 へと $(w_1-w_0)/w_0$ の率で上昇するが，工業品の価格が P_x から P'_x へと名目賃金の上昇率を上回る率 $(P'_x-P_x)/P_x$ で上昇するため，工業品で測った実質賃金は低下することがわかる．

このように，貿易開始により輸出財である工業品の相対価格は上昇し名目賃金は上昇するが，実質賃金は輸入財である農産物の購入可能数量で測れば上昇するものの，輸出財である工業品の購入数量で測ると低下する．総合的にみて，貿易により労働者の実質所得が増加するか減少するかは，消費者としての労働者の財に対する平均的な選好基準が，輸出財である工業品にウエイトがあるか，輸入財である農産物にウエイトが置かれているかによって異なる結果となり，事前にはどちらとも言えないであろう．消費支出が農産物に高いウエイトを持つ場合は，工業品価格上昇による名目賃金の上昇により労働者の実質所得は増加するであろう．逆に消費支出が工業品に高いウエイトを持つのであれば，名目賃金の上昇率を上回る工業品価格の上昇により，労働者の実質所得は低下するであろう．すなわち，産業間で特殊要素が存在する短期においては，貿易の開始は一般要素である労働者に対しては，実質賃金の上昇という形で貿易利益をもたらすか否かは一概に言えない，ということになる．

3. 貿易が特殊要素の所有者の実質所得に及ぼす効果

特殊要素が存在する場合でも，貿易開始により国民全体として経済厚生が高まる点では，リカード・モデルやヘクシャー＝オリーン・モデルで得られた結果と同じである．ただし，各生産要素の所有者に対する所得分配の面では，リカード・モデルやヘクシャー＝オリーン・モデルとは異なる．リカード・モデルは同質な労働のみが唯一の生産要素である貿易モデルであるため，貿易の開始はすべての労働者の所得を高めるという結論が導かれた．ヘクシャー＝オリーン・モデルは2財2生産要素の貿易モデルで，資本豊富国で輸出財である工業品が資本集約的な技術で生産され，また輸入財である農産物

も資本と労働の2生産要素を使い労働集約的な技術で生産されるのであれば，貿易は資本所有者の所得を高める一方，労働者の所得を低める結果となる．

これに対し，特殊要素モデルは，2財3生産要素のモデルであり，貿易による所得分配効果は，前節でみたように一般要素である労働者の実質所得については消費支出パターンに依存し，一概に言えない．しかし，2種類ある特殊要素に対する所得分配効果は，輸出財生産に使われる特殊要素の実質所得は増加する一方，輸入財生産に用いられる特殊要素の実質所得は減少することが解明されている．

特殊要素モデルで，貿易開始により輸出財である工業品の相対価格が上昇するとき，工業品産業での資本所有者および農業部門の地主の実質所得がどう変化するかについて検討しよう．前節と同様，貿易開始により農産物の価格は変化しないが，工業品の価格が上昇すると仮定して分析する．まず，特殊生産要素への報酬率は次式によって計算できる[6]．

「資本のレンタル価格」：資本所有者への報酬率
$$r = \frac{P_x \cdot F(K_x, L_x) - w \cdot L_x}{K_x} \tag{4.7}$$

右辺の分子は，工業品産業のすべての企業が，利潤を最大化するように資本の投入量（K_x）と労働投入量（L_x）および生産量を選択したときの総収入（$F(K_x, L_x)$は工業品の総生産量）から，賃金支払総額を差し引いた金額で，資本所有者に支払われる報酬総額である．この報酬総額は，図4-3で工業品産業における価格上昇前の労働の限界価値生産物曲線 $P_x \cdot MPL_x$ と当初の均衡賃金線 w_0 に囲まれた面積，すなわち三角形 V_0Aw_0 相当の金額である．分母は工業品産業で生産に使用される資本の総量であるから，(4.7)式は利潤最大化生産量を選択するときの資本1単位のレンタル価格を表している．なお，資本のレンタル価格自体は，資本市場における資本の需要と供給の均衡で決定される点に注意しよう．個々の企業は，工業品の価格および生産要素の市場で決定される資本のレンタル価格と賃金を所与として，利潤を最大

化する工業品の生産量と，その生産に用いられる（労働と）資本の最適投入量（需要量）を決定するのである．

「土地のレンタル価格（地代）」：土地所有者への報酬率
$$t = \frac{P_y \cdot G(T_y, L_y) - w \cdot L_y}{T_y} \tag{4.8}$$

右辺の分子は，農業部門の全ての企業（農業生産者）が，利潤を最大化するように生産量と土地の面積（T_y）と労働投入量（L_y）を選択したときの総収入（$G(T_y, L_y)$ は農産物の総生産量）から賃金支払総額を差し引いた金額で，土地所有者（農業生産者）が受け取る報酬総額である．この報酬総額は，図4-3 で農業部門における労働の限界価値生産物曲線 $P_y \cdot MPL_y$ と当初の均衡賃金線 w_0 に囲まれた面積，すなわち三角形 $Z_0 A w_0$ 相当の金額である．分母は生産に使用される土地の総面積であるから，(4.8)式は利潤最大化生産量を選択するときの土地の単位面積当りのレンタル価格（地代）を表している．なお，資本のレンタル価格と同様，土地のレンタル価格（地代）も土地のレンタル市場における土地の需要と供給の均衡で決定される．個々の農業生産者は，農産物の価格および生産要素の市場で決定される土地のレンタル価格と賃金を所与として，利潤を最大化する農産物の生産量とその生産に用いられる（労働と）土地の最適投入量（需要量）を決定するのである．

　工業品産業の企業が資本市場で決定される資本レンタル価格を所与として，利潤を最大化する生産量と資本の最適な投入量を選択するとき，市場賃金と労働投入量との関係を表す(4.2)式と同様に，次の資本のレンタル価格と資本の限界価値生産物の均等条件が成立する．

$$r = P_x \cdot MPK_x \tag{4.9}$$

左辺は名目の資本レンタル価格で，(4.7)式の資本レンタル価格と同じ数値である．右辺は工業品企業が，利潤最大化生産量で選択する資本量の限界生産物（MPK_x）に工業品の市場価格（P_x）を乗じた値で，「資本の限界価値生産物」である．この式は利潤最大化生産量では，追加的に投入される資本が

創出する追加的生産量の市場価値（限界収入）が資本1単位当たりのレンタル価格（限界資本コスト）に等しくなることを意味している．

同様に，企業が土地のレンタル市場で決定される土地レンタル価格（地代）を所与として，利潤を最大化する生産量と土地の最適な投入量を選択するとき，次の土地のレンタル価格と土地の限界価値生産物の均等条件が成立する．

$$t = P_y \cdot MPT_y \tag{4.10}$$

左辺は名目の土地のレンタル価格（地代）で，(4.8)式の土地レンタル価格と同じ数値である．右辺は農業部門の企業（農業生産者）が，利潤最大化生産量で選択する土地の使用面積の限界生産物（MPT_y）に農産物の市場価格（P_y）を乗じた値で，「土地の限界価値生産物」である．

貿易開始により工業品の相対価格が上昇するときの特殊要素の実質所得に及ぼす効果を分析するためには，(4.9)式と(4.10)式を変形し，生産要素への実質報酬とその生産要素の限界生産物の均等条件で表すと良い．利潤最大化生産量では，資本の実質レンタル価格は資本の限界生産物と等しく，

$$r/P_x = MPK_x \tag{4.11}$$

土地の実質レンタル価格は土地の限界生産物と等しくなる．

$$t/P_y = MPT_y \tag{4.12}$$

特殊要素は，各産業で財の当初の価格のもとで利潤を最大化する最適な量（$\overline{K}_x, \overline{T}_y$）が選択されており，貿易開始により工業品価格が上昇しても短期的には特殊要素の量は変化しないと仮定されている．一方，工業品の相対価格の上昇に伴い一般要素である労働は，農業部門から名目賃金の上昇した工業品産業に移動する．この労働移動により工業品産業では一定の資本量に対し労働量が増加するため，資本1単位当たりの労働量が増加し資本の限界生産物（MPK_x）は上昇する．例えば，工業品産業における資本量を機械の台数

とし，農業部門からの労働移動により機械1台を操作する労働者数が増えると，機械1台当たりの生産性（資本の限界生産物）は増加する．(4.11)式から資本の限界生産物の上昇は，工業品の購入可能数量で測った資本の実質レンタル価格（r/P_x）が上昇することである．貿易により工業品の価格（P_x）は上昇するため，資本の実質レンタル価格の上昇は名目の資本レンタル価格（r）が工業品の価格上昇率を上回る率で上昇することを意味する．また，農産物の価格（P_y）は変化しないため，名目の資本レンタル価格の上昇は，農産物の購入可能数量で測っても資本の実質レンタル価格（r/P_y）が上昇することを意味する．すなわち，貿易開始により輸出財である工業品の生産に使用される特殊要素である資本の所有者の実質所得は，工業品，農産物のどちらの財の購入可能数量で測っても増加することになる．

農業部門の特殊要素である土地所有者（農業生産者）の実質所得は，貿易によりどのように変化するであろうか．貿易により農業部門に雇用されていた労働者の一部は賃金が上昇した工業品産業に移動する．農業生産に使用されている土地の面積は短期的には固定されているため，農業部門の労働者数の減少は土地の限界生産物（MPT_y）の減少をもたらす．土地の単位面積当たりの労働者数が減少するため，その生産性（土地の限界生産物）が低下するのである．(4.12)式で右辺の土地の限界生産物が減少するため，農産物の購入可能数量で測った土地の実質レンタル価格（実質地代，t/P_y）も低下する．農産物価格（P_y）は変化しないため，土地の実質レンタル価格の低下は名目のレンタル価格（t）の低下を意味する．また，貿易により工業品の価格は上昇するため，工業品の購入可能数量で測った土地の実質レンタル価格（t/P_x）も低下する．このため，農業部門の特殊要素である土地の所有者（地主）の実質所得は，貿易により確実に減少するのである．

以上，貿易により比較優位財である工業品が輸出財，農産物が輸入財となることに伴う工業品の相対価格の上昇が，一般要素である労働および特殊要素である資本と土地の所有者の実質所得に及ぼす効果を見てきたが，要約すると次のようになる．

『特殊要素モデルにおける財の相対価格変化の所得分配効果』
　貿易開始により輸出財の輸入財に対する相対価格は上昇するが，輸出財の相対価格の上昇は輸出財の生産に使用される特殊要素（上の設例では，資本）の所有者の実質所得を増加させ，輸入財の生産に用いられる特殊要素（土地）の所有者の実質所得を減少させる．一方，産業間を移動可能な一般要素である労働の実質所得への効果については，輸入財の購入可能数量で測った実質賃金は増加するが，輸出財の購入可能数量で測った実質賃金は減少するため，労働者全体の輸出財および輸入財へのそれぞれの消費選好の強弱によって異なり一概には言えない．

　このように，特殊要素モデルでは，短期においては産業固有の特殊要素が存在するため，財の相対価格の変化は一般要素（労働）と特殊要素（資本と土地）の実質所得に，異なる効果を及ぼすことが明らかにされた．特殊要素モデルで得られた財の相対価格変化の生産要素に対する短期における所得分配効果は，第3章の第4節の「ストルパー＝サミュエルソン定理」で明らかにされた財の相対価格変化が生産要素の実質報酬に及ぼす長期の効果とは異なることに注意したい．ストルパー＝サミュエルソン定理によれば，貿易により資本豊富国では，資本集約財である電子機器が輸出財で，労働集約財である織物が輸入財となり，電子機器の（織物に対する）相対価格は上昇する．このとき，長期の均衡においては，電子機器の生産に集約的に用いられる資本の実質レンタル価格が上昇し，織物の生産に集約的に使われる労働者の実質賃金は下落するということであった．一方，特殊要素モデルで，農産物が一般要素である労働と特殊要素である農業固有の資本を使って生産されると想定し，かつ工業品が資本集約的な技術で，農産物が労働集約的な技術で生産されるとしよう．この条件のもとで資本豊富国では，貿易により輸出財である工業品の相対価格が上昇するが，短期において資本は産業間では移動できないため，工業品産業で使われる資本の所有者の実質報酬は上昇するが，農業で用いられる資本の所有者の実質報酬は下落するのである．また，希少

生産要素である労働者の実質賃金は，ストルパー゠サミュエルソン定理による長期の均衡とは異なり，消費者（労働者）の財の選好パターン次第で上昇することも低下することもあり得るのである．

注

1) 労働についても，ある産業に固有の技能を持つ労働者はその産業が衰退した場合，直ちに他の産業に同じ技能水準を前提に転職できるとは限らない．この場合，その労働者は特定の産業に固有の生産要素といえる．
2) この章の分析にあたり，次の文献を参考にした．①マークセン・メルヴィン・ケンプファー・マスカス著（松村敦子訳）「国際貿易―理論と実証―」多賀出版，1999年．② Feenstra, Robert C., and Alan M. Taylor. 2011. *International Trade, 2nd edition*, New York, Worth Publishers. 特殊生産要素モデルの原典は次の2論文である．Jones, Ronald W. 1971. "A Three-factor Model in Theory, Trade and History." In J. Bhagwati et al., *"Trade, Balance of Payments, and Growth"* North-Holland. Samuelson, Paul A. 1971. "Ohlin was Right." *Swedish Journal of Economics* 73: 365-384.
3) 資本のレンタル価格は，資本を資本市場で第3者に貸し出すときの賃貸料である．土地のレンタル価格は，土地を土地の市場で貸し出すときの賃貸料で，いわゆる地代に相当する．
4) 利潤最大化条件は，(4.1)式の利潤 π_x を可変的生産要素である労働投入量 L_x で微分し，それがゼロと等しくなる，として求める．利潤の式を労働量で微分し，それがゼロに等しくなるとすると，$d\pi_x/dL_x = P_x \cdot [df(\bar{K}_x, L_x)/dL_x] - w = 0$ が得られる．鍵括弧内の式 $df(\bar{K}_x, L_x)/dL_x$ は労働の限界生産物（MPL_x）であるから，利潤最大化条件式は $w = P_x \cdot MPL_x$，すなわち「賃金＝労働の限界価値生産物」となる．この条件式が成立するように労働需要量を決定すれば，企業の利潤は最大となる．
5) (4.2)式で企業にとって，財の市場価格と市場賃金は所与の値である．一方，労働の投入量を変化させると，労働の限界生産物（MPL_x）は変化する．したがって，企業の利潤最大化は，労働の限界価値生産物が市場賃金と等しくなるように，最適な労働投入量を決定することである．
6) (4.7)式及び(4.8)式は資本所有者及び土地所有者への報酬率の算出方法を示すものであるため，特殊要素である資本及び土地の量を固定していない．市場で決定される財の価格及び生産要素の価格を所与として，利潤最大化・費用最小化行動の結果，最適な資本率（$\bar{K}_x$）と土地面積（$\bar{T}_y$）が決まり，短期ではこれが特殊要素となるのである．

第5章
製品差別化，規模の経済性と国際貿易

　この章では，国家間での貿易発生要因としての規模の経済性と，規模の経済性のもとで生産される財が貿易されるときの貿易利益について考察する．規模の経済性とは，生産量の規模が拡大すると，企業の生産性が向上し平均費用が逓減する生産技術・生産構造のことを言うが，規模の経済性には，企業内部の生産・技術体制から生産増加に伴い費用が逓減する「内部的な規模の経済性」のケースと，生産性向上が産業レベルで生じ企業にとっては「外部的な規模の経済性」が費用逓減に作用するケース，の2つがある．

　産業レベルで「外部的な規模の経済性」が発生する場合，企業レベルでは規模に関する収穫一定の技術を採用していても，外生的なコスト低減要因が働き企業の長期平均費用が逓減する．外部的な規模の経済性はその概念を考案した経済学者の名を冠し，「マーシャルの外部経済性」とも呼ばれる．個々の企業は規模が小さくその産業は完全競争産業であっても，企業が特定の地域に立地し「産業集積」が進むと，産業全体としての生産性が向上し，それが外部的な要因として個々の企業の生産性の向上，すなわち平均費用の逓減を引き起こすという考え方である．外部的な規模の経済が存在する場合は，第2章で使った生産と消費の一般均衡理論を修正したモデルで貿易発生要因と貿易利益を分析することができる．しかし，外部的な規模の経済性が働く産業間での貿易では，どちらの国がどの財に比較優位を持つかという貿易パターンや，貿易利益が国家間でどのように分配されるかについて，理論的に明確に特定することは容易でないという問題点がある．したがって，外部的な規模の経済性が発生する場合の貿易パターンおよび貿易利益について

は本書では取り上げない．

内部的な規模の経済性の働く産業を組み込んだ国際貿易については，1970年代後半以降に理論的に展開された「独占的競争貿易モデル」という，アメリカの経済学者チェンバリン（Edward Chamberlin）の独占的競争理論を国際貿易に応用したモデルを使って，内部的な規模の経済性が働く産業での貿易発生要因と貿易利益を分析する．独占的競争貿易モデルによれば，差別化された財を生産する独占的競争企業が外国との貿易の開始に伴う市場の拡大により，生産量の拡大と平均費用の逓減を実現することを通じて，消費者が財の価格の低下と消費可能な財のバラエティ数の増加の双方から貿易利益を獲得し，経済全体での厚生水準の向上が可能となる．

独占的競争貿易モデルを分析した後，その発展モデルとして 2000 年代初頭から理論および実証研究の双方で，急速かつ広範囲に研究が拡大してきている「国際貿易における企業の異質性」の理論を解説する．「独占的競争貿易モデル」では，外国との貿易により統合された市場の規模が拡大し，企業は生産量の拡大から規模の経済性を実現し財の価格が低下するが，反面，一部の企業は企業間競争の激化から，市場からの撤退を余儀なくされるという特徴を有している．しかし，同モデルでは技術・費用構造等の面で企業の対称性を仮定しているため，市場に存続し輸出を行う企業と市場から撤退する企業の区別は理論的に明らかにされていない．企業の異質性と国際貿易に関する新しい貿易理論は，経済統合あるいは自由貿易のもとで市場に存続する企業と撤退する企業の区分，輸出する企業と国内市場だけに販売する企業の区分，輸出企業と外国市場への直接投資を行う企業の区分などを，生産性の企業間格差等，企業の異質性を明示的に考察することにより理論的に解明している．

1. 内部的な規模の経済性と独占的競争貿易モデル

(1) 産業内貿易

これまでの章で学んだ伝統的な貿易理論では，国家間における産業別の技術水準の相違（リカード・モデル）や，国家間における生産要素の賦存比率の相違（ヘクシャー＝オリーン・モデル）に起因した比較優位の存在により，自国は外国と貿易を開始する誘因を持ち，比較優位財の輸出と比較劣位財の輸入によりどちらの国も貿易利益を獲得することができることが解明された．これらの理論では，貿易される財は農産物対製造工業品のように，異なる産業に属する財の輸出・輸入であった．このように，異なる産業に属する財を輸出・輸入する貿易パターンを，「産業間貿易」という．例えば，先進工業国である日本が資本集約的な技術で生産される産業機械を発展途上国であるベトナムに輸出し，ベトナムが労働集約的な技術で生産される織物を日本に輸出する貿易パターンは2国間での産業間貿易である．

しかし，現代の世界の貿易は，先進工業国と発展途上国間の貿易だけでなく，先進工業国どうしの貿易も大きなウエイトを占めている．先進工業国は国家間で産業ごとの技術水準は似通っており，更に資本・労働等の生産要素の賦存比率も比較的似通っている．したがって，技術水準の相違を比較優位の源泉とするリカードの比較優位理論や，生産要素賦存比率の相違を比較優位の源泉とするヘクシャー＝オリーンの貿易モデルは，先進工業国間の貿易を説明するには不十分である．

さらに，先進工業国間の貿易では，同じ産業や製品カテゴリーに属する財が相互に輸出・輸入されているという特徴がみられる．例えば，乗用車に例をとると，日本からドイツ向けにトヨタやホンダの車が輸出される一方，日本はドイツからフォルクスワーゲンやBMW等の乗用車を輸入している．このように同じ産業に分類される財が国家間で相互に輸出・輸入される貿易の形態を，「産業内貿易」という．産業内貿易は，リカード・モデルやヘク

シャー＝オリーン・モデルで理論的に説明することは難しい．

■グルーベル・ロイドの産業内貿易指数

1国の貿易総額に占める産業内貿易の割合，すなわち産業内貿易指数はグルーベル（Herbert Grubel）とロイド（Peter Lloyd）が考案した，「グルーベル＝ロイド指数」を使って計算することが一般的である[1]．グルーベル＝ロイド指数（GL指数）は次式で表される．

$$GL_i \equiv 1 - \frac{|EX_i - IM_i|}{EX_i + IM_i} \tag{5.1}$$

GL_i はこの国の産業 i の GL 指数で，EX_i は一定の期間内の産業 i の輸出額，IM_i は同産業の輸入額である．産業間貿易であれば，産業 i の貿易は輸出財となる（$IM_i=0$）か，輸入財となる（$EX_i=0$）かのいずれかであるから，GL 指数は最小の値0をとる．一方，産業 i の財は，輸出も輸入も行っているとすれば，産業内貿易である．輸出額と輸入額が同額となるケース（$EX_i=IM_i$）で GL 指数は最大の値1をとる．したがって，GL 指数は0から1までの間の数値であり，1に近い値をとるにつれ産業内貿易が進展していると解釈できる．

(5.1)式はある国の特定産業レベルでの産業内貿易指数であるが，1国全体としての産業内貿易の進展状況を見るためには，産業別の輸出額・輸入額で加重平均して計算する次の GL 指数を使う．

$$GL \equiv 1 - \frac{\sum_{i=1}^{n}|EX_i - IM_i|}{\sum_{i=1}^{n}(EX_i + IM_i)} \tag{5.2}$$

同様に，北米地域，北東アジア地域など，地域ごとの GL 指数を求めるには，地域内の国毎，産業毎の貿易額を加重平均して計算することが出来る．ブルールハート（Mauris Brühlhart）は世界214か国の貿易統計を用いた所得グループ別，主要地域別の GL 指数，および高所得国について44年間

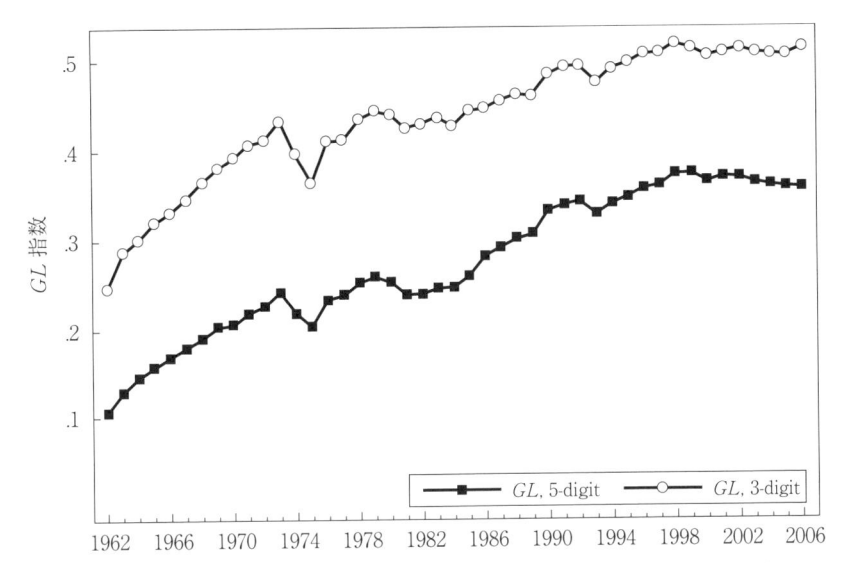

第5章 製品差別化，規模の経済性と国際貿易

注：上側の折れ線グラフはSITC 3桁の貿易財分類による高所得国46か国加重平均のグルーベル・ロイド指数の推移．下の折れ線グラフは同じくSITC 5桁の貿易財分類による同指数の推移である．
出所：Brühlhart, Marius. 2008. "An Account of Global Intra-industry Trade 1962-2006." Background Paper for World Development Report 2009, the World Bank.

図5-1 高所得国のグルーベル・ロイド指数の推移（1962-2006年）

の長期にわたる時系列 GL 指数の包括的な研究を行った[2]．GL 指数は産業分類が細かくなるほど，その値は小さくなる．そこで，ブルールハートは標準国際貿易分類（SITC）の3桁分類と5桁分類の両方の貿易データを使い，世界銀行の所得分類による高所得国（2006年時点で，1人当たりの年間所得が12,276米ドル以上の国）の，1962年から2006までの年別 GL 指数を算出した（図5-1参照）．予想される通り，SITC 3桁分類で計算した GL 指数は全期間において5桁分類の GL 指数よりも大きな数値となっている．両分類の GL 指数ともに，長期にわたり時系列的に値が大きくなってきており，1990年代中葉頃にピークに達している．2006年の貿易データでみると，高所得国の貿易はSITC 3桁分類で約半分，SITC 5桁分類で約3分の1が産業内貿易となっている．

表 5-1 世界の所得グループ国間のグルーベル=ロイド指数

	GL 指数：SITC 5 桁分類 2006 年				GL 指数：SITC 5 桁分類 1975 年			
	高所得国	上位中所得国	低位中所得国	低所得国	高所得国	上位中所得国	低位中所得国	低所得国
高所得国	0.374				0.196			
上位中所得国	0.229	0.127			0.028	0.024		
低位中所得国	0.171	0.114	0.139		0.005	0.007	0.019	
低所得国	0.077	0.032	0.038	0.040	0.003	0.000	0.001	0.003

注：国家の所得グループ区分は，世界銀行の分類に従っている．GL 指数は世界 214 か国の貿易データを用いて算出．
出所：Brühlhart, Marius. 2008. "An Account of Global Intra-industry Trade 1962-2006." Background Paper for World Development Report 2009, the World Bank.

　表 5-1 は世界 214 か国を世界銀行の基準に従って，高所得国，上位中所得国，低位中所得国，低所得国の 4 つの所得グループにわけ，所得グループ間クロスの GL 指数を計算したものである（貿易データは 2006 年と 1975 年の SITC 5 桁分類データ）[3]．まず 2006 年のデータをみると，産業内貿易は企業ごとの製品差別化と密接に関連しているため，高所得国間での GL 指数が 0.374 と最も高い．すなわち，産業内貿易は高所得の先進工業国間で最も進展していると解釈できる．次に産業内貿易指数が大きいのは，高所得国と上位中所得国間の貿易で，GL 指数は 0.229 である．これら 2 つの所得グループ間の産業内貿易は，差別化製品の貿易もあるが，多国籍企業を中心とした生産工程の「フラグメンテーション（企業内の生産工程の国際分業）」の動きの活発化なども関係していると考えられる．海外に直接投資により工場進出する企業は，部品，加工中間財，最終組立製品の生産工程毎に，生産コストが最も安くなる立地を求めて企業内での国際分業（あるいは一部の生産工程を外国企業に生産委託）を行う動きが 1990 年代以降活発になってきている．この場合，同一産業に分類される部品，中間財および最終製品が輸出入により国家間を移動するため，貿易統計を用いた GL 指数は高くなるのである．ブルールハートの研究では，2006 年の世界の貿易で，中間財の GL 指数は 0.358 で，最終財の指数 0.272 よりも高くなっている．また，高所得国に限定した財別の GL 指数の時系列分析では，1970 年代中葉以降，中間

財の GL 指数が最終財の GL 指数を恒常的に 0.1 ポイント程度上回っていることが明らかにされている．

製品差別化に関連する産業内貿易を，「水平的産業内貿易」と「垂直的産業内貿易」と区別して分析することもある．水平的産業内貿易は，総合的な品質や価格面では似通っているが，機能，デザイン，ブランド・イメージ，アフターサービスなど固有の特性や属性が異なる財が国家間で相互に輸出・輸入される産業内貿易で，先進工業国間での産業内貿易の中心を占めるものである．一方，垂直的産業内貿易は，同じ製品カテゴリーに分類される財の総合的な品質や技術的な革新性に差異があるときの国家間での産業内貿易である．例えば，液晶テレビの貿易で，日本は技術的に最先端の 4K 解像度の液晶（LCD）テレビや 3D 液晶テレビをマレーシアに輸出し，マレーシアから普及品の液晶テレビを輸入する，といった産業内貿易パターンである．先進工業国と中所得国との産業内貿易には，このような垂直的産業内貿易が少なからず含まれていると考えられる．

表 5-1 に戻って，低位中所得国の高所得国との 2006 年の GL 指数は 0.171 と比較的高めとなっているが，これは上位中所得国と高所得国間での企業の生産工程の国際分業（生産工程のフラグメンテーション）が一部の低位中所得国との間にも展開してきていると解釈できよう．しかし，低所得国間での指数，中所得国間での指数および中所得国と低所得国間での GL 指数はいずれも小さい．

世界の所得グループ間の 2006 年の指数を 1975 年の GL 指数と比較すると，高所得国および（上位と低位の）中所得国で数値が大きくなっていることが確認できる（表 5-1）．例えば，高所得国間の指数は 1975 年の 0.196 から 2006 年の 0.374 へ約 2 倍に上昇している．中所得国についても GL 指数は 1975 時点では極めて小さい数値であったが，2006 年には 0.11～0.23 まで上昇している．一方，低所得国の GL 指数は微増しているものの，いまだ極めて小さい水準である．

(2) 製品差別化，規模に関する収穫逓増と市場構造

　世界の貿易パターンの実証研究によれば，産業内貿易で輸出・輸入される財の多くは，同じ製品カテゴリーに属する財であっても品質，機能，デザイン，付帯サービス，ブランド・イメージなどの点でそれぞれ他社の製品とは異なる，差別化された製品であることが明らかにされている．企業は自社独自の「差別化製品」を生産・販売する場合，自社製品に対する固有の右下がりの需要曲線に直面するため，利潤最大化のための独自の価格設定が可能になる．これは，市場価格を所与として，利潤最大化のための最適な生産量を決定する完全競争市場における企業の行動とは大きく異なる点である．

　また，先進工業国間での貿易には，航空機産業における米国のボーイング社と欧州主要国の企業連合であるエアバス社の2社国際寡占企業による国際市場競争などもある．これらの企業に特徴的なのは，企業内の生産技術・生産構造が「内部的な規模の経済性」が働くことである．内部的な規模の経済性は「規模に関する収穫逓増」ともいい，ヘクシャー゠オリーン・モデルなどの伝統的な貿易理論で仮定されている「規模に関する収穫一定」と対比される生産技術の概念である．規模に関する収穫逓増とは，資本・労働など生産に使用されるすべての生産要素の投入量をk倍に増加するとき，財の生産量がk倍以上に増加する生産技術である．費用面からみると，規模に関する収穫逓増が働くとき，生産量1単位当たりの（長期）平均費用は生産量が拡大するとともに逓減する．

　企業内部で規模の経済性が働くとき，すなわち企業の生産技術が規模に関する収穫逓増の特徴を有するとき，財の市場構造は独占市場，寡占市場などの「不完全競争市場」となる．生産量拡大に伴い企業の平均費用が逓減するため，生産効率が悪く高コストな企業は淘汰され，その財の市場は生産量拡大による平均費用逓減を実現できた1社だけが操業する「独占市場」，あるいは数社で市場を占有する「寡占市場」になる可能性があるからである．ただし，財が企業ごとに差別化されている場合には，比較的多くの企業が市場で競争する「独占的競争市場」が形成されることもある．この市場構造にお

いても，製品差別化に必要な研究開発投資，固有の設備に対する投資，効率的な流通・サービス網構築のための投資などから，企業の生産は規模に関する収穫逓増の特徴を有する産業は少なからず存在する．

　企業内部で規模の経済性が働く産業について，リカード・モデルやヘクシャー＝オリーン・モデルで使用した完全競争産業を前提とした一般均衡分析を応用することは容易でなく，経済の一般均衡において，産業の均衡と消費者の均衡が共通の相対価格のもとで実現する保証は得られない．したがって，不完全競争産業が存在するときの貿易均衡の分析は，各国においてある財の生産は独占企業が行っており，各国の独占企業どうしが国際市場において寡占的競争を行うなど，競争環境を限定して分析されることが多い．

　この節では，不完全競争市場で企業が規模に関する収穫逓増の生産技術を有するという仮定を置いたうえで，完全競争産業を前提とした一般均衡分析と似通った分析が可能な「独占的競争貿易モデル」を分析する．前述したように，独占的競争市場は，産業に差別化された財を生産する企業が比較的多く存在する市場構造で，競争環境から長期の均衡では企業は正の利潤を獲得することは出来ないが，製品差別化を背景に個々の企業はあたかも独占企業のような価格設定行動をとるという特徴がある．独占的競争産業の特徴を分析する準備として，まず，独占企業の利潤最大化行動をみておこう．

(3) 独占企業の利潤最大化

　独占市場は，密接な代替財を生産する企業が存在しない財を生産・供給する企業が1社しか存在しない市場構造である．独占市場における企業を独占企業という．典型的な例としては，電力，ガス，水道などの公益事業の企業があげられるが，特許を取得した特殊な技術を有する製品を生産する企業なども独占企業となる．

　独占企業が市場で直面する市場需要曲線を，直線の「逆需要曲線」で次のように表す．

$$P(q) = a - b \cdot q \tag{5.3}$$

P は財の価格，q は需要量，a と b は需要曲線の位置と傾きを決める係数で正の値である．独占企業の生産・供給量は独占企業が認定する価格のもとでの需要曲線上の市場需要量と等しくなるから，価格 P は独占企業の生産量 (q) の関数となっている．

独占企業の総収入（売上高：R）は財1単位当たり価格に生産数量を乗じた額であるから

$$R(q) = P(q) \cdot q \tag{5.4}$$

である．市場全体に1社で供給するため，生産量 q を増やすと，市場価格 $P(q)$ は「需要の法則」により下落する．したがって，財の生産・販売量を1単位増加するときの追加的な収入である「限界収入」（Marginal Revenue：MR）は，財1単位当たりの平均収入である販売価格よりも少ないため，限界収入曲線は需要曲線よりも下に位置して描かれることになる．

独占企業の費用の構造は，固定費用 f と，生産量にかかわらず一定額の限界費用 c とすると，総費用 $C(q)$ は次の式で表される．

$$C(q) = f + c \cdot q \tag{5.5}$$

利潤（$\pi(q)$）は総収入から総費用を差し引いた値である．

$$\pi(q) = P(q) \cdot q - (f + c \cdot q) \tag{5.6}$$

独占企業が獲得できる最大の利潤は，追加的な生産1単位から得られる限界収入（MR）が追加的な生産1単位に要する限界費用（MC）と等しくなる生産量で実現する．総収入の(5.4)式から限界収入を求めると次の式となる[4]．

$$MR(q) = \Delta[P(q) \cdot q]/\Delta q = P(q) + q \cdot [\Delta P(q)/\Delta q] \tag{5.7}$$

この式の意味は，限界収入は生産・販売量の1単位増加による販売価格

$P(q)$ 相当の収入増加から，販売増加による需要曲線上での価格低下 $\Delta P(q)/\Delta q (<0)$ がすべての販売量に適用されることによる収入の減少 $q\cdot[\Delta P(q)/\Delta q](<0)$ を差し引いた額となる，ということである．独占企業の利潤最大化は $MR(q_m)=MC(q_m)$ となる生産量 q_m を決定し，需要曲線上の独占価格 $P(q_m)$ で販売することであるから，(5.7)式と $MC=c$ を使うと，利潤最大化条件式は次式で表される．

$$P(q)+q\cdot[\Delta P(q)/\Delta q] = c \tag{5.8}$$

この式を変形すると次式が得られる．

$$P(q)\cdot[1-1/\varepsilon(q)] = c \tag{5.9}$$

$\varepsilon(q)$ は需要の価格弾力性で，$\varepsilon(q) \equiv -\dfrac{\Delta q}{q} \Big/ \dfrac{\Delta P}{P}\ (>0)$ である．(5.9)式を変形した

$$P(q) = [\varepsilon(q)/(\varepsilon(q)-1)]\cdot c \tag{5.10}$$

で，括弧 [・] 内の数値を独占価格の限界費用に対する「マーク・アップ率」という．独占企業の市場支配力を表す数値である．なお，独占企業は需要の価格弾力性が1以上（$\varepsilon(q)>1$）の需要曲線上の数量で，利潤最大化生産量を決定することに注意しよう．

図 5-2 は，独占企業の利潤最大化行動を表している．まず，(5.5)式で表される総費用から，限界費用は生産1単位当たり固定額（c）で，限界費用曲線は横軸に水平な直線（図中の MC）となっている．平均費用は

$$AC(q) = C(q)/q = f/q + c \tag{5.11}$$

であるから，平均費用曲線は図のように右下がりの曲線（図中の AC）として描かれる．生産量増加とともに平均費用が逓減しているため，この独占企業の生産は規模に関する収穫逓増の特徴を有している．

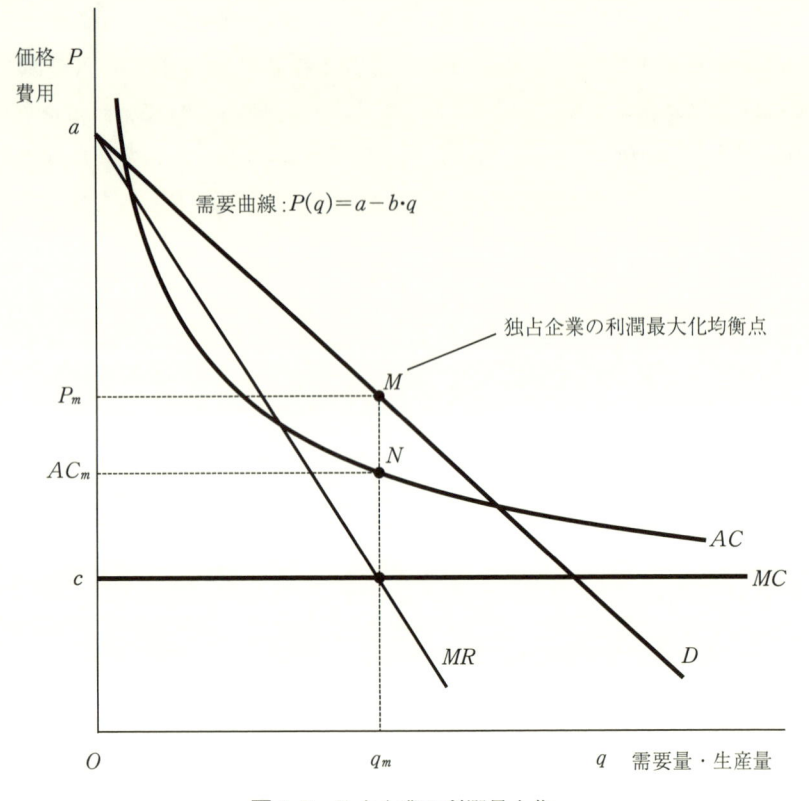

図5-2 独占企業の利潤最大化

　先に述べたように，独占企業は市場需要全体に直面することにより，生産量を1単位増やすと販売価格は低下するため，限界収入は価格よりも低くなる．このことは限界収入曲線（MR）が需要曲線（D）よりも下方に位置することを意味する．独占企業は限界収入曲線と限界費用曲線が交差する生産量（q_m）を利潤最大化生産量として選択し，それに対応する需要曲線上の価格（P_m）で販売する．需要曲線上の M 点が，独占企業の利潤最大化均衡点である．生産量が q_m のときの平均費用は AC_m であるから，独占企業が獲得する（固定費用を控除した）利潤は図中の長方形 $P_m AC_m NM$ の面積相当の

金額である．

(4) 独占的競争市場と製品差別化

この節で取り上げる独占的競争貿易モデルは，チェンバリンの独占的競争理論をベースに，企業の製品差別化行動の背景としての消費者による「消費の多様性愛好（love of variety）」動機に注目し，発展的に理論化したディキシット（Avinash Dixit）とスティグリッツ（Joseph Stiglitz）の独占的競争市場モデルを，クルグマン（Paul Krugman）などが国際貿易に応用して，1970 年代後半以降に展開してきた新しい貿易理論である[5]．クルグマンの独占的競争貿易モデルは数学的なモデルとして展開されているが，本節ではグラフを用いた説明に限定する[6]．まず，チェンバリンの独占的競争理論は次の仮定のもとでの市場構造と，そこで展開される企業行動を分析するものである．

a. 独占的競争産業における各企業が生産する財は，同一産業内の他の企業の生産する財と密接な代替財であるが，製品差別化によりお互いに不完全な代替財となっている．

b. 同一産業内で差別化製品を生産する企業数は比較的多い．

c. 製品が差別化されているため各企業は独自の右下がりの需要曲線に直面するが，自社の価格・生産量等の意思決定において，それが競争相手企業に及ぼす影響とその反応を考慮しない．

d. 長期的には新規企業の市場参入と既存企業の市場からの撤退は自由である．

仮定 d は，完全競争市場と同様，長期均衡においては独占的競争企業の（経済上の）利潤はゼロとなることを意味している．しかし，完全競争市場のモデルとは異なり，長期の均衡において差別化製品を生産する均衡の企業数がモデル内で内生的に決定されるという点が，ディキシットとスティグリッツが展開した独占的競争モデルの 1 つの特徴となっている．

企業の製品差別化は消費者の財に対する嗜好の相違に注目し，需要を獲得するため行うものであるが，消費者の嗜好の相違の解釈には2通りがある．1つは，米国の経済学者ランカスター（Kelvin Lancaster）などが提唱した製品差別化理論で，消費者個々人は財やサービスの持つ様々な特性や属性（例えば，機能，デザイン，色，ブランド・イメージ，店舗の立地，付帯サービスなど）に対して自分独自の好みを有すると考える「理想的特性アプローチ（ideal characteristics approach）」である[7]．この製品差別化アプローチでは，消費者は財の特性や属性に対する好みの相違という点で，各人異なることになる．

2つ目の解釈はディキシットとスティグリッツが取り上げたもので，消費者間では財の持つ特性や属性に対する好みの相違は存在しないが，いずれの消費者も同じカテゴリーに属する財について特性や属性の異なる財を数多く組み合わせて消費したい欲求を有するという，「多様性愛好アプローチ（love of variety approach）」である．例えば，一家で2台の乗用車を所有するとき，1台目はホンダの車を，2台目はドイツのフォルクスワーゲンの車を購入する消費パターンである．多様性愛好アプローチでは，すべての消費者が消費のバラエティを重視するが，個々の財の特性や属性に対しては同じ選好を有すると仮定するため，代表的な消費者の消費行動を分析できるという分析上の利点があり，理論的分析が比較的容易となる．クルグマンの独占的競争貿易モデルで使われる消費者の差別化製品選好は，多様性愛好アプローチである．

(5) 独占的競争産業の短期均衡：閉鎖経済

まず外国との貿易を始める前の閉鎖経済における，独占的競争企業の利潤最大化行動と，短期における独占的競争産業（企業）の均衡を分析する（図5-3）．あるカテゴリーの財は独占的競争産業によって供給されているとする．この産業は寡占市場などに比べると企業数は比較的多いが，各企業は製品差別化を行うことにより，自社固有の右下がりの需要曲線に直面していると考

第5章 製品差別化，規模の経済性と国際貿易　　　139

企業の短期の利潤最大化均衡　　　　企業が予測する需要曲線と現実の需要曲線

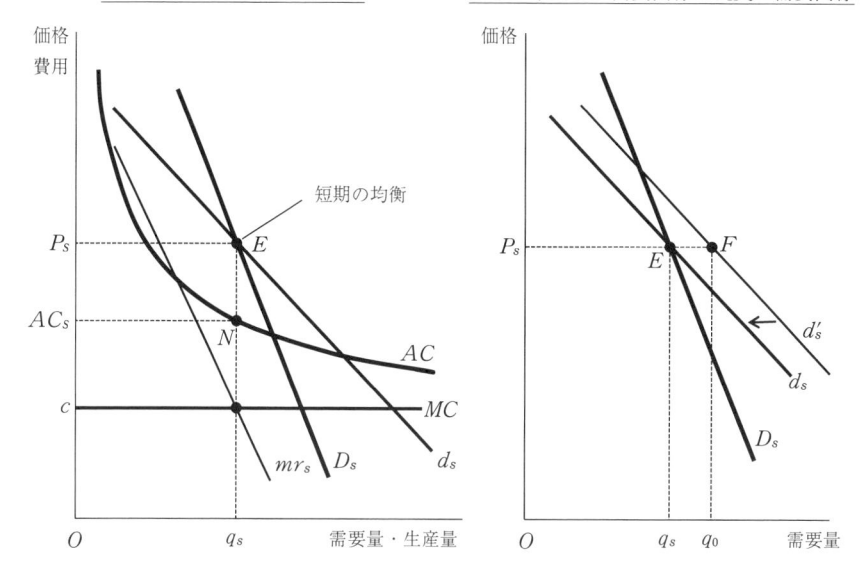

図5-3　独占的競争企業の短期の均衡：閉鎖経済

えているとする．各企業は製品差別化のための研究開発投資や固有の生産設備投資，独自の流通・サービスシステムへの投資などのため，内部的な規模の経済性が発生するとしよう．すなわち，比較的多額な固定費用の存在のため，生産量が増加すると平均費用が逓減する生産技術を採用しているものとする．規模に関する収穫逓増は，図5-3の左のパネルで，平均費用曲線 AC が右下がりの曲線となっていることで示されている．分析とグラフを簡素にするため，限界費用は生産量に関わらず一定額で c とする．したがって，限界費用曲線 MC は水平な直線として表されている．

図で，企業が想定している自社の財に対する需要曲線は d_s である．この独占的競争企業が直面する需要曲線を，「残余需要曲線」ということもある．市場需要全体から，企業が予測する競争相手企業への需要量合計を差し引いて，当該企業に残された需要量という意味である[8]．企業は製品差別化を行っており，自社の価格や生産量の変化が他の企業の対抗策を引き起こさない

と考えているため（上記の仮定 c），価格を引き下げると自社の財に対する需要が増加すると想定している．すなわち，企業は自社の需要曲線 d_s は価格弾力性が比較的大きく，勾配が緩やかな形状をしていると想定している．したがって，企業は価格を引き下げて需要を増加させようとする．しかし，産業内の製品差別化を行っているすべての企業が同じように考えて価格を引き下げるため，個々の企業は価格を引き下げても事前に想定したほどの需要の増加は得られないことに気づくことになる．すなわち，価格引き下げ前に想定した自社への残余需要曲線は d_s であったが，競争相手企業も同じ行動をとる結果，事後的に実現する需要曲線は勾配の急な，価格弾力性が比較的小さい需要曲線 D_s となるのである．

独占的競争企業の短期の均衡は，企業が事前に想定する自社への残余需要曲線 d_s に対応する限界収入曲線 mr_s が，限界費用曲線 MC と交差する生産量 q_s と，需要曲線上の価格 P_s で実現する．すなわち，短期における独占的競争企業の利潤最大化均衡点は，需要曲線 d_s 上の E 点である．注意しなければならない点は，均衡においては企業が事前に想定した残余需要曲線 d_s と，産業内の競争相手企業も同じような利潤最大化行動を行う結果実現する現実の需要曲線 D_s が，利潤最大化均衡 E 点で交わっていることである．図の右のパネルで，企業が事前に想定する自社への残余需要曲線が d_s よりも右方に位置する d'_s であったとする．産業内の競争相手企業の利潤最大化行動を考量した現実の需要曲線は D_s であるから，価格 P_s のもとでこの独占的競争企業は $E \sim F$ 相当量 ($q_0 - q_s$) の売れ残りを経験する．したがって，自社への需要は d_s であると需要予測を下方修正することになるのである．

独占的競争産業の短期の均衡では，企業は正の経済上の利潤を獲得することは可能である．図では，利潤最大化均衡生産量は q_s，価格が P_s，平均費用は AC_s であるから，長方形 $P_s AC_s NE$ の面積相当額の正の利潤を実現している．

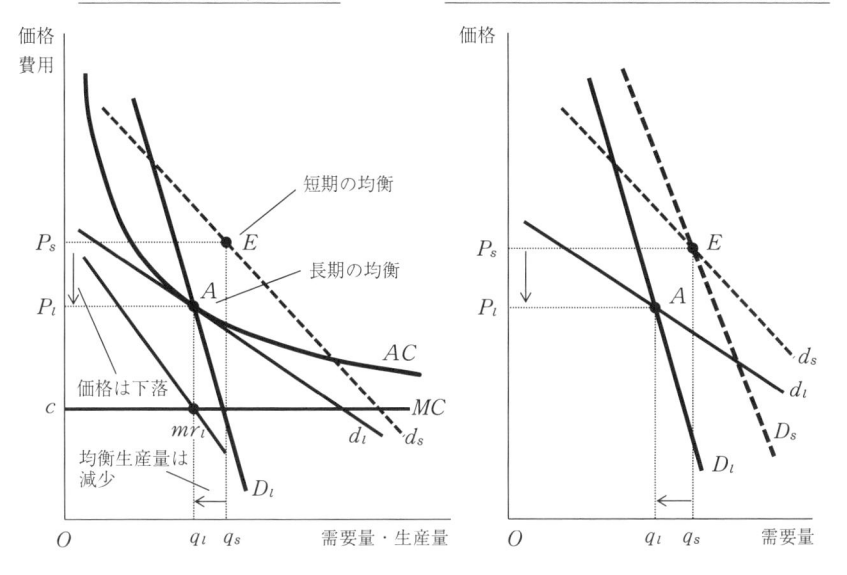

第5章 製品差別化，規模の経済性と国際貿易　　　　141

図5-4　独占的競争企業の長期の均衡：閉鎖経済

(6) 独占的競争産業の長期均衡：閉鎖経済

独占的競争産業の短期均衡において，企業が正の利潤を獲得していると，この産業に新規の企業が参入してくる．新規企業の参入は，他の産業からの進出のケースや，新規の起業のケースなどである．産業内の企業数が増加すると，個々の企業が事前に想定する自社の財への残余需要曲線は左方にシフトするが，同時に企業は自社の財と似通った財の増加から企業間の競争の度合が高まるため，価格を引き下げると競争相手企業から需要を多く確保できると考えることになる．これを消費者サイドからみれば，同じカテゴリーに属する密接な代替財の数が増加し消費の選択肢が広がるため，消費者は購入意思決定に際し，より価格に敏感になる消費者行動を意味している．このような消費者と企業の行動は，企業が想定する残余需要曲線がより価格弾力的となること，すなわち企業はより緩やかな勾配を持つ残余需要曲線を想定するようになることを意味する[9]．

独占的競争企業の長期の均衡を表す図 5-4 の右のパネルで，短期均衡において企業が想定する残余需要曲線は d_s，競争相手企業の反応を考慮した現実の需要曲線は D_s であったが，利潤機会の獲得を狙った新規企業の参入により，企業が想定する残余需要曲線は左にシフトし，さらに勾配が緩やかな d_l となる．一方，需要曲線 d_l 上で A 点（価格は P_l，生産量は q_1）が利潤最大化点であれば，現実の需要曲線は A 点を通り，勾配が D_s よりもより急な D_l になる．

産業内における企業の利潤が正である限りは新規企業の参入が相次ぐから，残余需要曲線は左方にシフトし利潤最大化価格は低下を続ける．企業の新規参入がストップするのは，図の左のパネルにみられるように，企業が想定する残余需要曲線 d_l が平均費用曲線 AC と接する点（図中 A 点）が利潤最大化点となる場合で，そこでは利潤最大化価格は P_l，利潤最大化生産量は限界収入曲線 mr_l と限界費用曲線 MC が交わる q_l である．A 点が独占的競争企業の長期の均衡で，そこでは企業が想定する残余需要曲線 d_l とすべての企業が同じように行動する結果実現する需要曲線 D_l が交差し，企業の利潤はゼロとなっている．

独占的競争企業の短期の均衡（E 点）と長期の均衡（A 点）を比較すると，企業数（産業内の差別化財のバラエティ数）が増加するため，均衡価格は P_s から P_l へ下落するとともに，企業の利潤最大化生産量は q_s から q_l へ減少し，利潤はゼロとなる．個々の企業の差別化財（1 つのバラエティ）の販売量は減少するものの，企業数の増加から製品のバラエティ数が拡大すること，さらにすべての差別化財の価格が下落するため，消費者の効用は増加することになる．長期均衡においては，一般的には，消費者の効用の増加が，企業の生産者余剰（利潤）の減少を上回るため，消費者と企業の余剰を合算した総余剰は増加する．

(7) 貿易開始後の独占的競争産業の長期均衡と貿易利益

自国，外国ともに，差別化財を生産する独占的競争産業だけが存在すると

しよう．また，両国は消費者の人数等から見て同じ経済規模で，消費者の消費選好も多様性愛好で同じとする．さらに，労働，資本等の生産要素の賦存量も同じで，規模に関する収穫逓増が働く生産技術も同じであるとする．したがって，貿易開始前の独占的競争産業の長期均衡においては，均衡の企業数は自国（n_h），外国（n_f）とも同じで，$n \equiv n_h = n_f$ である．

2国間で生産技術が同じで，生産要素の賦存量も同じである場合，リカード・モデルやヘクシャー＝オリーン・モデルの理論的枠組みのもとでは，2国間で貿易が開始される誘因は存在しない．しかし，規模に関する収穫逓増技術で生産される差別化財の場合は，2国間で貿易を行う誘因が発生し，また2国ともに貿易利益を獲得することができることが理論的に解明されている．

経済規模も，消費者の消費選好パターンも，生産技術も全く同じ2国が貿易を開始したとしよう．自国の独占的競争企業の立場から見ると，貿易開始により需要者（消費者）の数が自国の消費者と外国の消費者を合計して2倍になる一方，競争相手企業の数も外国の企業も加えて2倍となる．単純に平均値を計算すると，1企業当たりの消費者数は，閉鎖経済の長期均衡での数と，貿易開始後の数は同じである．したがって，貿易開始後の独占的競争産業（企業）の均衡は，図5-4の閉鎖経済の長期均衡と同じであると考えられるかもしれない．しかし，貿易開始後の独占的競争産業の長期均衡は，閉鎖経済の長期均衡とは異なる．その理由は以下のとおりである．

多様性愛好の消費選好を有する消費者から見ると，例えば自国の消費者は，貿易開始により自国の企業が生産する財のバラエティ数（n_h）と外国から輸入される財のバラエティ数（n_f）を合計した $2n(=n_h+n_f)$ のバラエティ数から消費選択できることになる．これは，個々の独占的競争企業から見れば，需要者の数が2倍になることであるが，同時に，消費者は自社の財と特性や属性が似通った競合他社の財を購入に際し比較検討するため，競争相手の企業数も閉鎖経済の2倍になることを意味する．この競争環境のもと，輸入により自社の財と似通った特徴を持つ財が増えるため，企業は財の価格を引き

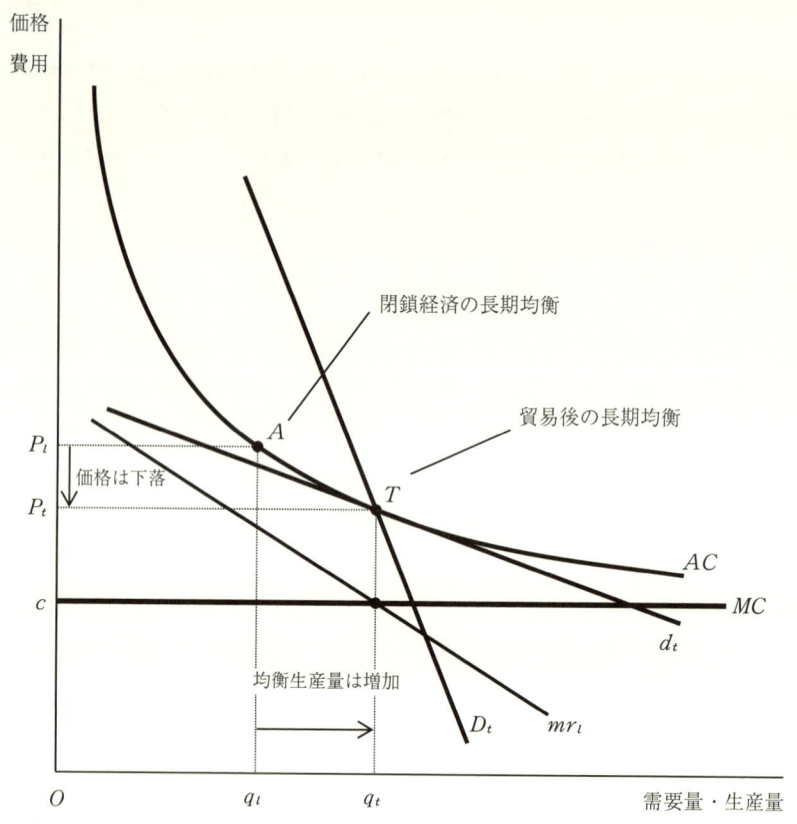

図中ラベル: 価格 費用, 閉鎖経済の長期均衡, 貿易後の長期均衡, P_l, 価格は下落, P_t, A, T, AC, c, MC, d_t, 均衡生産量は増加, D_t, mr_t, O, q_l, q_t, 需要量・生産量

出所：Feenstra, Robert C., and Alan M. Taylor. 2011. *International Trade: 2nd edition*. Worth Publishers. の Figure 6-7 に加筆.

図 5-5 貿易開始後の独占的競争企業の長期の均衡

下げることにより自社の財と密接に競合する財を生産する企業から需要を転換させ，より多くの需要を獲得することができると考える[10]．したがって，外国との貿易開始により企業が想定する自社の財に対する残余需要曲線は，閉鎖経済の長期均衡における残余需要曲線 d_l（図 5-4 参照）よりも勾配の緩やかな，すなわち価格弾力性がより大きな直線となる．

図 5-5 は貿易開始後の独占的競争企業の長期均衡を示しているが，企業が

事前に想定する残余需要曲線 d_t は，図 5-4 の閉鎖経済の長期均衡における企業の残余需要曲線 d_t よりも勾配が緩やかな直線，すなわち価格弾力性がより大きい需要曲線である．外国と貿易を行う場合の独占的競争企業の長期均衡は，企業が想定する残余需要曲線 d_t が平均費用曲線 AC と接する T 点で，そこでの利潤最大化生産量は q_t，利潤最大化価格は P_t である．すなわち，外国との貿易を行うときも長期均衡では，独占的競争企業の利潤はゼロとなる．また，企業が想定する価格弾力性の大きい残余需要曲線 d_t は，自国および外国の競争相手企業ともに同じように価格を引き下げて需要の拡大を狙う行動をとることから実現する，価格弾力性の小さい現実の需要曲線 D_t と，長期均衡 T 点で交わっていることに注意したい．

開放経済における独占的競争企業の長期均衡に至るプロセスを，貿易開始に伴う独占的競争企業の短期の均衡と，国際市場競争の結果実現する長期の均衡の2段階に分けて考察しよう．まず，外国との貿易開始により自社の財と競合する財の数が増えるため，企業が想定する自社の財に対する残余需要曲線の勾配は閉鎖経済の長期均衡における残余需要曲線 d_t より緩やかになる．したがって，企業は価格を引き下げて需要を増加させようとする．限界収入曲線の勾配も緩やかになり，限界費用曲線との交点で実現する利潤最大化生産量は，閉鎖経済の長期均衡における利潤最大化生産量（図 5-4 の q_t）よりも多くなる（図 5-5 には，この生産量は示していない）．規模に関する収穫逓増技術のもと生産量が増加すると平均費用が逓減するため，企業は正の利潤を獲得できることになる．しかし，利潤確保の機会を狙って競争相手のすべての企業が価格を引き下げるため，個々の企業が事後的に直面する需要曲線は，価格弾力性の小さい（勾配の大きい）閉鎖経済の長期均衡での需要曲線 D_t と同じである[11]．貿易開始後の短期均衡では，図 5-4 の需要曲線 D_t 上ですべての企業が価格を閉鎖経済の長期均衡価格 P_t から引き下げ，生産量を増加させるため，すべての企業が損失を被ることになる．すなわち，すべての企業が同じように価格を引き下げるため，実現する企業への需要は当初想定した（利潤最大化）需要量よりも少なくなり，企業は赤字を計上す

ることになる．

　赤字計上により産業から撤退する企業が出てくるため，自国，外国ともに企業数は閉鎖経済均衡における数よりも減少する．開放経済における独占的競争企業の長期均衡は，企業の撤退により事後的に実現する企業の現実の需要曲線が D_t より右方にシフトし D_t となり，企業が想定する自社への残余需要曲線（d_t）と現実の需要曲線 D_t が，平均費用曲線上で利潤がゼロとなる T で交わる時に実現する．長期均衡では，産業に留まる企業の利潤はゼロであるから，それ以上の企業の退出は起こらないし，新規企業の参入も発生しない．

　閉鎖経済の長期均衡に比べ貿易後の長期均衡では，均衡価格は P_t から P_t に下落し，企業の利潤最大化生産量は q_t から q_t へ増加する．企業の均衡生産量が増加する理由は，貿易開始により市場規模が2倍になる一方，企業数は一部の企業の産業からの撤退により，貿易前の企業数の2倍より少ない企業しか産業に存続しないためである．また，均衡価格が下落するのは，企業が生産量を増加させると規模に関する収穫逓増の技術のもと平均費用が逓減するため，利潤がゼロになる長期均衡では均衡価格が低下するからである．なお，独占的競争貿易モデルで，自由貿易による市場拡大に伴い，企業の生産量が増加し平均費用が逓減する効果を「規模効果（scale effect）」あるいは「市場アクセス効果（market access effect）」といい，一部の企業が平均費用逓減に伴う財の販売価格の低下から赤字に陥り市場からの撤退を余儀なくされる効果を「淘汰効果（selection effect）」あるいは「競争促進効果（procompetitive effect）」という．

　以上のように，独占的競争貿易モデルでは，生産技術や生産要素賦存比率が全く同じ2か国間で貿易開始の誘因があり貿易利益が発生する．貿易発生と貿易利益の創出は，「製品差別化」と「規模に関する収穫逓増」という独占的競争産業の特徴と密接に関連している．貿易利益については，企業は閉鎖経済の長期均衡と同様，利潤はゼロであるから生産者余剰は発生しないが，消費者にとってはいずれの財の価格も閉鎖経済均衡に比べ低下することと，

消費選択可能な財のバラエティ数が貿易により増加するため消費者の効用水準は増加することになる．反面，国内の企業の一部は価格下落による赤字計上から産業からの撤退を余儀なくされ，国産品のバラエティ数は減少するという福次的な効果も発生するのである．

2. 企業の異質性と国際貿易

　独占的競争貿易モデルでは，貿易開始による統合された世界市場のなかで，一部の企業は企業数の増加に伴う市場競争の激化から市場撤退を余儀なくされるが，市場に残存する企業は生産量拡大による規模の経済の実現から財の販売価格を低下させることが出来る．長期均衡では，企業の利潤はゼロとなるものの，自国および外国の消費者にとっては，国産品と輸入品を合わせた消費選択可能な財のバラエティ数が拡大することと，企業での規模の経済性の実現により財の販売価格が低下するため，消費者の効用水準は高まり，国家としては貿易利益を獲得できることになる．

　リカード・モデルやヘクシャー゠オリーン・モデルとは異なり，独占的競争貿易モデルでは産業と同時に「企業」が分析対象となっているが，企業の技術水準や費用構造は対称的（symmetric）と仮定されているため，外国との貿易による長期均衡で，どのタイプの企業が産業に留まり輸出を行い，どのタイプの企業が市場から撤退するか，については分析されていない．

　1990年代以降，個別企業のデータを使った産業内貿易パターンなどの実証研究が盛んに行われるようになった．なかでも，バーナードとジェンセンの論文（Bernard and Jensen, 1995）は米国の企業データを使い，同じ産業内で輸出する企業と輸出しない企業が併存し，それぞれが企業規模や生産性などの企業の特質面で大きく異なっていることを解明した[12]．これに続く多くの実証研究によって明らかにされた，輸出と企業の特徴との関連は次のようである．

　(a) 同じ産業内で輸出を行っている企業は少数で，大半の企業は国内市

場でのみ営業している．

(b) 輸出を行う企業は国内市場だけで販売する企業に比べ，企業規模が大きくかつ生産性が高い．

(c) 貿易の自由化により，生産性の高い大規模企業は生産量と輸出を拡大する一方，生産性の低い小規模企業は市場からの撤退を余儀なくされる傾向がある．

(d) 貿易自由化により，生産性の高い企業が生産量を拡大する一方，生産性の低い企業は市場から撤退する結果，産業での平均的な生産性は上昇する．これが企業の異質性を考慮した独占的競争貿易モデルが提唱する追加的な貿易利益となる．

これらの実証研究での事実の解明を踏まえ，メリッツ (Melitz, 2003) の論文およびバーナード，ジェンセンらの共同論文 (Bernard, Eaton, Jensen and Kortum, 2003) は，「企業の異質性 (heterogeneity of firms)」を独占競争貿易モデルに組み入れた新しい貿易理論を展開した[13]．この両論文の公表を受けて，理論面での応用と発展研究，多くの国での企業データを使った実証研究が多数，公表された．クルグマンらが理論化した「独占的競争貿易モデル」は，リカード・モデルやヘクシャー＝オリーン・モデルなどの伝統的貿易理論と対比して「新貿易理論」と呼ばれてきたが，メリッツ等による企業の異質性を取り入れた貿易理論を「新々貿易理論」と命名する動きも一部にみられる．

本節ではメリッツの理論を紹介するが，数式を使わずグラフを用いた分析を中心に行うため，一般読者向けに理論と実証研究結果の骨格を説明したメリッツとトレフラーの共同論文 (Melitz and Trefler, 2012) を主要な参考文献として解説する[14]．

(1) 企業の生産性格差と輸出企業・国内企業：概観

メリッツは「企業の異質性」を表す代表的な指標として企業の生産性に着目する．特に，労働コスト等，企業の可変費用を削減するための生産性水準

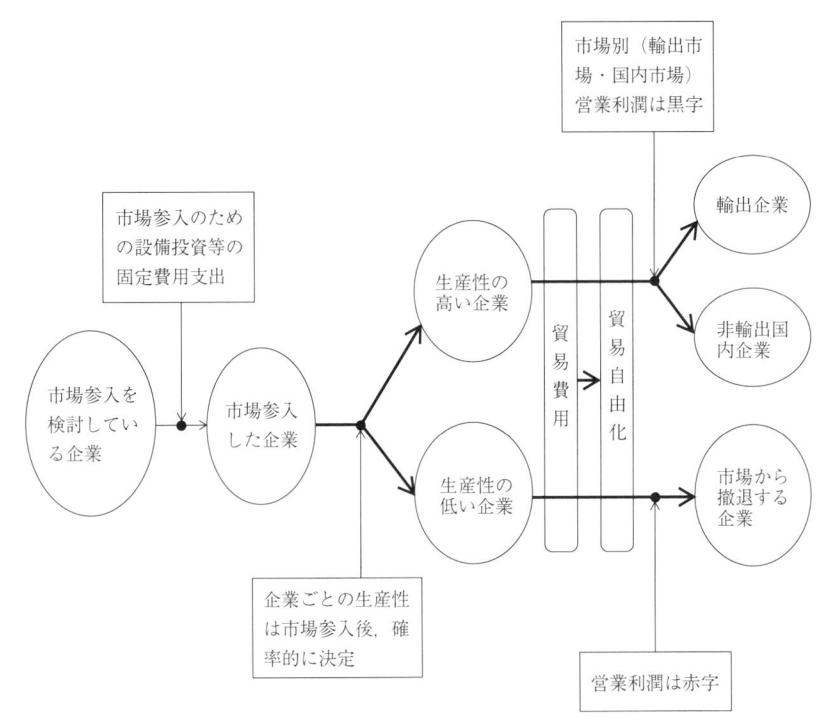

第5章　製品差別化，規模の経済性と国際貿易　　149

出所：Greenaway, David and Richard Kneller. 2017. "Firm Heterogeneity, Exporting and Foreign Direct Investment." *The Economic Journal* 117. の Figure1 に加筆．

図5-6　企業の生産性の不確実性と輸出企業，国内企業および市場撤退企業

の企業間格差を，輸出企業，非輸出国内企業および市場から撤退する企業を分類する重要な指標と考える．

　メリッツの貿易モデルの基本的な構図を概念図で示すと図5-6のようになる．産業は差別化財を生産・販売する独占的競争産業である．産業への新規参入と産業からの退出は規制されず自由であるが，市場に参入するためには製品開発，流通チャネルの形成，広告宣伝および生産設備投資などへの固定費用の支出を要する．この固定費用は「サンクコスト（sunk costs：埋没費用）」で，事業に失敗し市場から撤退しても回収は出来ない．サンクコストを負担し市場に参入した企業は，生産・販売活動を行うが，それに要する可

変費用（労働コスト等）の水準は企業の生産性に依存して決まり，その生産性は市場参入後，確率的に決まると仮定する．すなわち，設備投資費用等の固定費用を支出し市場参入意思決定する段階では，自社の生産性水準がどの程度であるかは不確実であり，生産性水準の確率分布の情報しか有していないことになる[15]．

企業は市場参入した後，自社の生産性の水準を知ることになるが，生産性が低く「営業利潤（operating profits：営業利潤＝総収入－可変費用）」が赤字となる企業は市場からの撤退を余儀なくされる．生産性が高く市場に留まる企業でも，自国が閉鎖経済から外国との貿易を開始すると，市場の拡大と企業数増加による企業間競争の激化から，企業間で生産性格差を反映した営業利潤の格差が発生し，一部の企業は市場からの撤退を余儀なくされる．

輸出に際し，国際輸送費用および関税等貿易障壁などの「貿易費用（trade costs）」がかかる場合は，可変費用が高くなるため輸出市場での営業利潤は少なくなり，生産性の高い企業（それらは通常，規模の大きい企業が多い）のみが国内市場に加えて輸出市場にも進出する一方，生産性が相対的に低い企業は国内市場だけで営業する選択を行う．また，自国，外国共に貿易自由化を進めると貿易費用は国際輸送費等，限られたものとなるため，比較的生産性が低い企業も一部は輸出市場に進出することになるが，一方，自国市場に輸出する外国企業も増えるため競争促進効果が働き，これまで自国の市場でのみ営業していた企業の一部は市場からの撤退を余儀なくされる．

メリッツのモデルではこのように貿易の自由化により，「企業レベルでみた勝者と敗者」を生み出すことになるが，貿易利益の観点からは次の３点が指摘されている．第１に，独占的競争貿易モデルで解明された貿易利益と同様，市場の拡大に伴い，消費者が選択可能な財のバラエティ数が増加するとともに，企業当たりの生産量拡大による規模の経済の実現により財の価格が低下するため，消費者の効用水準が高まることである．

第２に，外国との貿易開始および貿易自由化により，生産性の高い企業が国内市場および輸出市場向けに生産量を拡大し利潤を増加する一方，生産性

の低い企業は外国企業の自国向け輸出拡大による「競争促進効果」などにより国内市場からの撤退を余儀なくされるため,「企業間での生産資源の効率的な配分 (allocative efficiency among firms)」が実現することである.すなわち,資本,労働などの生産要素が生産性の低い非効率的な企業から,生産性の高い効率的な企業に移動することを通じて,産業全体としての平均的な生産性が向上し,これが実質賃金の上昇や企業の生産者余剰の増加を引き起こすことである.

第3に,貿易自由化による市場規模の拡大は,生産性の高い規模の大きい輸出企業(および,第6章で分析する海外直接投資を行う企業)を中心に,新製品開発や新技術開発のための多額の研究開発投資を可能とし,企業と産業の生産性をさらに引き上げる効果を持つことである[16].

以下,独占的競争貿易モデルに企業の異質性を組み込んだメリッツの貿易モデルを,企業の生産性格差と利潤の関係を示すグラフを使って分析する.

(2) 企業の生産性格差と利潤および市場参入意思決定

産業は独占的競争産業で,個々の企業は競合他社の財と密接ではあるが不完全な代替財を生産・販売する.消費者の効用は「多様性愛好 (love of veriety)」で,産業内のすべての財に対して対称的な選好を有すると仮定する.すなわち,消費者は価格が同じであれば,すべての財を同じ量だけ消費することにより効用を最大化する.

ある産業において差別化財を生産する企業が推測する,自社の財に対する需要曲線(残余需要曲線)は,次の式で表される[17].

$$q_i = S \cdot [(1/n) - b \cdot (P_i - \bar{P})] \tag{5.12}$$

q_i は企業 i の財に対する需要量,S は当該産業における需要量合計(産業の生産量と等しい),n は産業内の企業数,$\bar{P}$ は産業内の企業が設定する価格の平均値,P_i は企業 i が設定する価格である.b は定数で,自社の価格(P_i)が産業の平均価格($\bar{P}$)と乖離するときの,自社の財に対する残余需要

への影響を表す係数である（すなわち，残余需要の価格弾力性と解釈できる数値）．消費者の需要は対称的と仮定しているため，残余需要曲線の形状は各企業同じである．企業 i が設定する財の価格が産業の平均価格と同じであれば，企業 i の予測する残余需要は1企業あたりの平均的な需要量 (S/n) となる．企業 i の価格が産業の平均価格を上回ると，企業 i が予測する残余需要は平均的な需要量 (S/n) よりも少なくなる．逆に，企業 i が産業の平均価格を下回る価格を設定すると，残余需要は平均的な需要量よりも多くなる．

企業の費用の構造は，市場参入のための設備投資や研究開発投資などにかかる固定費用 f と，生産量水準にかかわらず一定額の限界費用 c_i とする．固定費用はすべての企業について同額で，限界費用は企業間の生産性の格差を反映して企業ごとに異なる金額である．限界費用（生産性）の水準は市場参入前では不確実であるが，固定費用を支出し市場に参入した後，企業ごとに確率的に決まる．企業 i の利潤 (π_i) は次式で表される．

$$\pi_i = (P_i - c_i) \cdot q_i - f \tag{5.13}$$

利潤の式の $(P_i - c_i) \cdot q_i$ は，総収入から可変費用を引いた金額で，「営業利潤 (operating profits)」である．また，生産量が増加すると平均費用 $(c_i + f/q_i)$ が逓減するため，企業の生産技術は規模に関して収穫逓増であることに注意したい．

図5-7の上のパネルは，生産性の異なる2社の利潤最大化生産量と価格の設定状況を表している．生産性の高い企業を h，生産性の低い企業を l とする．企業は自社が推測する残余需要曲線 D_0 をもとに，限界収入 MR_0 と限界費用 $MC_i (i=h, l)$ が等しくなる生産量を決定し，残余需要曲線上の価格で販売することにより利潤を最大化する．利潤最大化条件を，限界収入＝限界費用で表すと次式となる．

$$P_i \cdot [1 - 1/\varepsilon(q_i)] = c_i \tag{5.14}$$

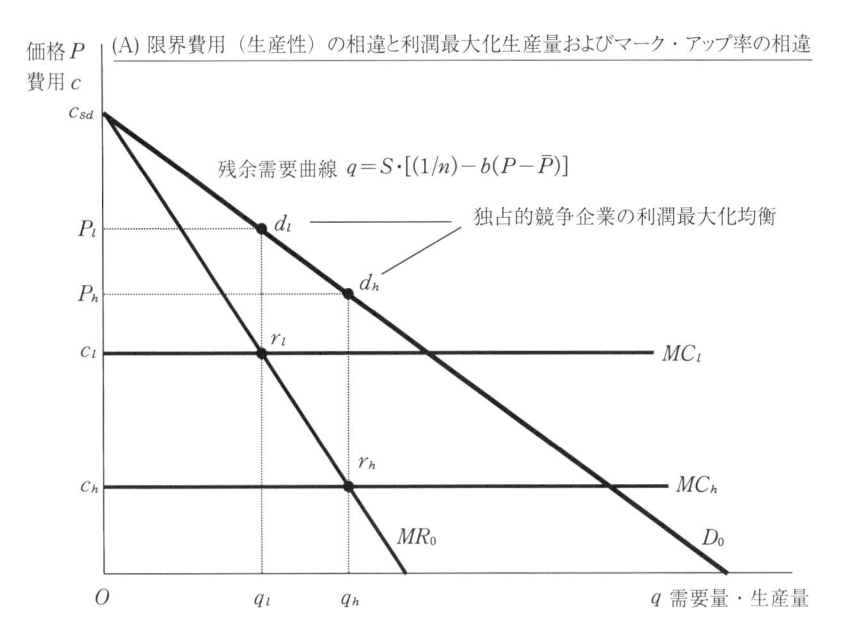

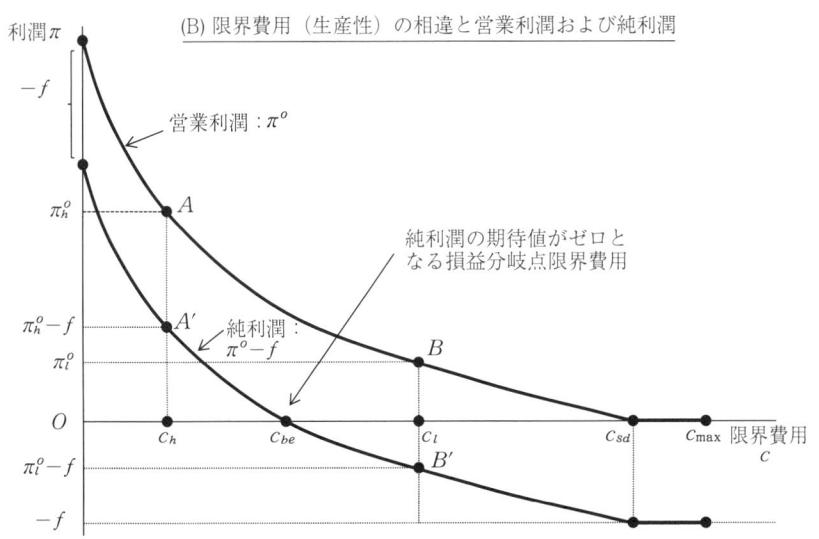

第 5 章　製品差別化，規模の経済性と国際貿易　　153

(A) 限界費用（生産性）の相違と利潤最大化生産量およびマーク・アップ率の相違

残余需要曲線 $q = S \cdot [(1/n) - b(P - \bar{P})]$

独占的競争企業の利潤最大化均衡

(B) 限界費用（生産性）の相違と営業利潤および純利潤

営業利潤：π^o

純利潤の期待値がゼロとなる損益分岐点限界費用

純利潤：$\pi^o - f$

出所：Melitz, Marc J., and Daniel, Trefler. 2012. "Gains from Trade when Firms Matter." *Journal of Economic Perspective* 26(2). の Figure 2 に加筆．

図 5-7　企業間の限界費用（生産性）の相違とマーク・アップ率および利潤

この式で，$\varepsilon(q_i) \equiv -(\Delta q_i/\Delta P_i)\cdot(P_i/q_i) > 0$ は企業 i の財への需要の価格弾力性で，供給量 (q_i) が増えると，小さくなると仮定する．また，図のような線形の需要曲線に直面する独占的競争企業は，需要の価格弾力性が 1 より大きい需要量の領域で利潤最大化生産量を決定する．(5.14)式を変形すると，限界費用と価格との乖離を示すマーク・アップ率が得られる．

$$P_i = [\varepsilon(q_i)/(\varepsilon(q_i)-1)]\cdot c_i \qquad (5.15)$$

括弧 [‥] の中の式がマーク・アップ率で，供給量 (q_i) が増加すると，需要の価格弾力性 $\varepsilon(q_i)$ が小さくなり，マーク・アップ率は大きな値となる ($\varepsilon(q_i) > 1$ であることに注意)．

企業の市場参入後，事後的に決定される生産性の格差は限界費用の水準に反映されると仮定しているため，生産性の高い企業は低い企業に比べ，生産 1 単位当たりの限界費用が小さい（$c_h < c_l$）．生産性の高い企業の利潤最大化均衡は残余需要曲線上の d_h 点で，生産量は q_h，販売価格は P_h となる．一方，生産性の低い企業の利潤最大化均衡は残余需要曲線上の d_l 点で，生産量は q_l，販売価格は P_l である．生産性の低い企業と比較して生産性の高い企業は，限界費用が小さいため，より低い価格で多くの数量を生産・供給し，さらに供給量が多くマーク・アップ率が大きいため 1 単位当たり利幅 ($P_h - c_h$) が大きく，より大きな営業利潤を獲得できる．図で営業利潤は，生産性の高い企業は長方形 $P_h c_h r_h d_h$ の面積相当額であるのに対し，生産性の低い企業は長方形 $P_l c_l r_l d_l$ の面積相当額であり，明らかに生産性の高い企業の営業利潤のほうが大きい．

図 5-7 の下のパネルは，横軸に生産性の水準すなわち限界費用を，縦軸に利潤を測り，営業利潤（＝総収入－可変費用）と純利潤（営業利潤－固定費用）を曲線で表している．上の曲線が営業利潤，下の曲線が純利潤で，縦軸方向での営業利潤 (π^o) と純利潤 ($\pi^o - f$) の差は，固定費用 f である．仮定条件のもとで，限界費用が上昇すると（生産性が低下すると），営業利潤は小さくなるため，営業利潤，純利潤ともに右下がりの曲線となっている．営

業利潤がゼロとなるのは，限界費用が残余需要曲線の縦軸の切片と等しい $c_{sd}(=\bar{P}+1/b\cdot n)$ となるときで，c_{sd} が企業が市場撤退を意思決定する限界費用の最大値である．

純利潤は限界費用が c_{be} のときゼロとなる．すなわち，限界費用 c_{be} は損益分岐点となる限界費用の水準である．固定費用に支出し市場に参入した後の企業の短期における意思決定では，自社の限界費用が c_{be} よりも高く純利潤が赤字になったとしても，市場撤退の最大値である c_{sd} より低い限りは，営業を継続することによりサンクコストである固定費用の一部を回収するため市場に留まる．図で，生産性の高い h 企業（限界費用 c_h）は営業利潤が大きく（π_h^o），純利潤（π_h^o-f）も黒字となっているが，生産性の低い l 企業（限界費用 c_l）は正の営業利潤（π_l^o）を得ているものの，純利潤（π_l^o-f）は赤字となっている．

営業利潤曲線および純利潤曲線の位置は，産業内における企業数によって決定される．企業数が多くなると企業の残余需要曲線は下方にシフトするため（章末注8と9を参照），所与の限界費用の下で営業利潤は少なくなり，営業利潤曲線は下方にシフトする．このため，純利潤曲線も下方シフトし，損益分岐点となる限界費用 c_{be} は小さくなる．また，市場から撤退する上限の限界費用 c_{sd} も小さくなる．

個々の企業にとって，生産性（限界費用）がどの水準に決まるかは市場参入意思決定前では不確実であり，所定の確率分布に基づく予測となる．ただし，企業数を所与として，個別の限界費用水準のもとで実現できる営業利潤および純利潤は事前に把握できるものとする．市場への参入後，実現する限界費用が損益分岐点である限界費用 c_{be} よりも低ければ正の純利潤を獲得できるが，c_{be} よりも高ければ純利潤はマイナスとなる．図の下のパネルで，限界費用（生産性）の取りうる値を O から c_{max} とすると，企業は参入後実現する限界費用の確率分布に基づく純利潤の期待値が正であれば市場に参入し，負であれば市場参入しない意思決定を行う．純利潤の期待値が正である限り新規企業の参入が継続するため，損益分岐点である限界費用 c_{be} は小さ

くなる．このような参入企業数による損益分岐点限界費用 c_{be} の変化も考慮に入れたうえでの，産業の長期の均衡においては，すべての潜在的な新規参入企業にとっての純利潤の期待値はゼロとなる．なお，注意しなければならない点は，長期均衡において新規参入企業にとっての純利潤の「期待値」はゼロであるが，市場参入後企業が"実際に獲得できる"純利潤は，所定の確率分布に従い実現する限界費用（生産性）によって決まることである．

(3) 自由貿易による市場統合の企業の利潤への影響

自国と外国が，一切の貿易障壁を設定しない自由貿易を開始したとしよう．さらに，論点を明確にする必要から，財貿易の国際輸送費も掛からないと仮定する．また，自国と外国の人口や生産要素の賦存量は同じで，産業の技術水準および企業ごとの実現する生産性（限界費用）の確率分布も2国で同じとする．消費者の消費選好パターンも同じとする．したがって，同じ規模と特質を持つ2つの市場が自由貿易により統合されることになる．これは企業の残余需要を表す(5.12)式で，産業の需要量が2国合計で S から $2S$ に2倍になることを意味する．

第1節でみた独占的競争貿易モデルと同様，自由貿易による市場統合により，一部の企業の市場からの撤退が生じるため産業内の企業数は減少するが，ここでは市場撤退前の状況で当該産業の企業数は2国合計で $2n$ とする．市場統合により市場規模が2倍となり企業数も2倍になると，個々の企業 i の残余需要曲線は次式で表される．

$$q_i = 2S \cdot [(1/2n) - b \cdot (P_i - \overline{P})] \tag{5.16}$$

図5-8の上のパネルで，閉鎖経済における企業の残余需要曲線（(5.12)式）D_0 は，市場統合後下方にシフトし，かつ勾配の緩やかな D_1 となる．これは，市場統合により産業内の企業数が増加するため，企業が予測する自社への残余需要が減少し残余需要曲線が下方へシフトする一方で，市場規模の拡大に伴い，価格引き下げによりこれまで以上の需要増加を予測するため需

(A) 市場統合により企業の残余需要曲線は下方シフトし，緩やかな勾配となる

閉鎖経済の残余需要曲線：$q = S \cdot [(1/n) - b(P - \bar{P})]$

自由貿易下の残余需要曲線：$q = 2S \cdot [(1/2n) - b(P - \bar{P})]$

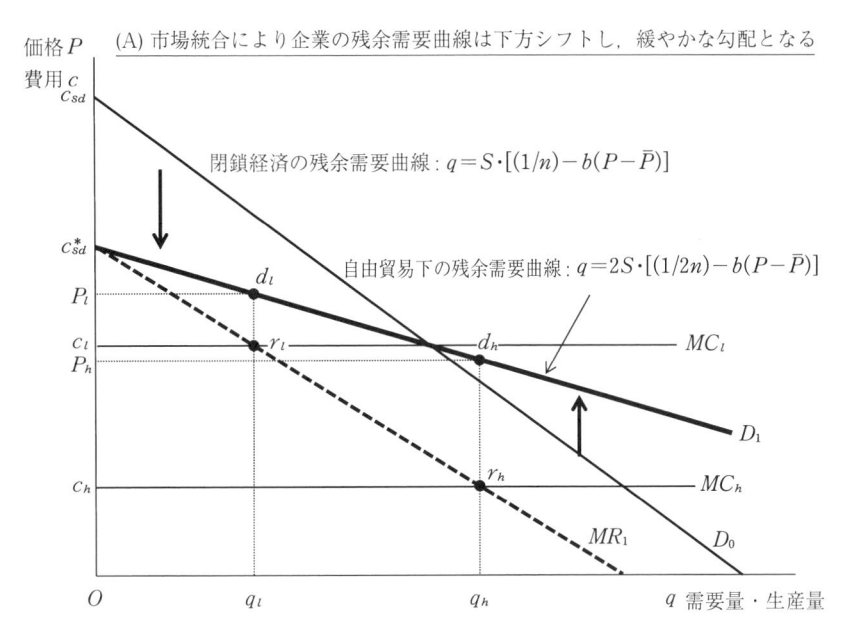

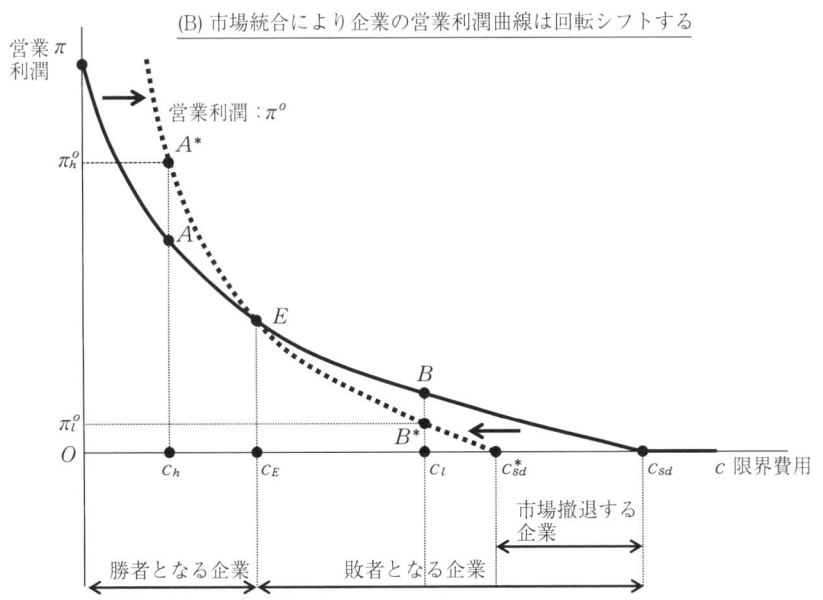

(B) 市場統合により企業の営業利潤曲線は回転シフトする

営業利潤：π^o

勝者となる企業　敗者となる企業　市場撤退する企業

出所：Melitz, Marc J., and Daniel, Trefler. 2012. "Gains from Trade when Firms Matter." *Journal of Economic Perspective* 26(2). の Figure 3 に加筆．

図 5-8　自由貿易下の市場統合による勝者と敗者

要の価格弾力性が大きくなると予測するからである．

残余需要曲線の式から計算すると，閉鎖経済における残余需要曲線の縦軸の切片（操業停止の限界費用 c_{sd}）は $\bar{P}+1/bn$ で，その勾配は $-1/bS$ であるが，市場統合後の残余需要曲線の縦軸の切片（操業停止の限界費用 c_{sd}^*）は $\bar{P}+1/2bn$，勾配は $-1/2bS$ となる．すなわち，閉鎖経済の残余需要曲線 D_0 に比べ，市場統合後の残余需要曲線 D_1 は下方に位置し，勾配は 1/2 で緩やかなものとなる．

市場統合による残余需要曲線の下方シフトと需要の価格弾力性の上昇（勾配が緩やかになること）によって，生産性の低い l 企業（限界費用 c_l）の利潤最大化価格は大きく下落し，そのマーク・アップ率と財1単位当たり利幅（P_l-c_l）は小さくなる．また，限界費用が大きく残余需要曲線上で，相対的に高い価格を設定するため，価格の大幅下落にも関わらず生産量は増加しない．このため，営業利潤（図の長方形 $P_l c_l r_l d_l$ 面積相当額）は大きく減少することになる．一方，低めの価格設定が可能な生産性の高い h 企業（限界費用 c_h）は，市場統合により残余需要曲線の価格弾力性が大きくなるため，価格を引き下げて需要量を拡大できる．マーク・アップ率は低下するが，十分な財1単位当たり利幅（P_h-c_h）と生産量拡大により，営業利潤（図の長方形 $P_h c_h r_h d_h$ 面積相当額）は閉鎖経済に比べ増加する．また，生産性の高い h 企業は生産量拡大により規模の経済が働き，平均費用の低下から純利潤も増加することになる．

このように自由貿易による市場統合は，生産量，マーク・アップ率，営業利潤等で，企業の生産性（限界費用）の差に応じた企業間の格差を生じさせることになる．生産性が相対的に高い（限界費用が低い）企業は生産量を拡大し営業利潤が増加する．また，生産量拡大により，規模の経済も実現できる．一方，生産性が相対的に低い（限界費用が高い）企業は，生産量は減少するか，その増加はわずかであり，価格の下落からマーク・アップ率は縮小し営業利潤は減少する．さらに，企業の残余需要曲線が下方にシフトすることから，企業が操業停止意思決定する限界費用の水準は，図の上のパネルの

c_{sd} から c_{sd}^* に低下する.

図5-8の下のパネルは自由貿易による市場統合により,異なる限界費用(生産性)の水準に対応する営業利潤曲線がどのように変化するかを示している.これまでの説明から明らかなように,限界費用の小さい(生産性の高い)企業ほど生産量の拡大から営業利潤は大きくなる一方,限界費用の大きい(生産性の低い)企業ほど価格の低下と生産量の減少から営業利潤は少なくなる.また,操業停止を意思決定する企業の限界費用水準は,c_{sd} から c_{sd}^* に低下する.したがって,営業利潤曲線は実線で示される曲線から点線で示される曲線へ,時計回りに回転シフトすることになる.2つの営業利潤曲線が交わる E 点での限界費用 c_E が,自由貿易による市場統合が企業の利潤に及ぼす影響の閾値(threshold),すなわち「自由貿易による勝者と敗者」を決定する生産性の境介値である.市場参入後実現する限界費用が c_E よりも低い企業は,自由貿易による市場拡大により営業利潤を増加させ「勝者」となり,限界費用が c_E よりも高い企業は,自由貿易による価格低下と生産量減少により営業利潤が減少し「敗者」となる.また,限界費用が大きく c_{sd}^* を上回る企業は自由貿易により市場からの撤退を余儀なくされることになる.

企業の異質性を前提としたうえで,貿易自由化による市場統合が自国の経済厚生にもたらす効果は,まず独占的競争貿易モデルと同様,企業の生産量増加に伴う規模の経済による財の価格の下落と,消費可能な財のバラエティ数の増加により,消費者の効用が増加する効果である.これに加えて,生産性の低い企業が淘汰あるいは生産量を縮小する一方,生産性の高い企業が生産量を拡大させることにより産業全体としての平均的な生産性が向上し,これが規模の経済の実現を促進させ,財の価格が一段と下落し消費者の効用が増加することである.

(4) 貿易費用,貿易自由化と生産性の異なる企業の輸出意思決定

これまでは,貿易の行われない閉鎖経済から,国際輸送費および貿易障壁等の貿易費用(trade costs)が一切存在しない自由貿易の状況での統合され

た市場に移行したときの,企業の利潤への影響および市場参入・退出の意思決定の問題を分析した．ここでは,貿易障壁が存在する状況で貿易を行っている自国が,外国との「自由貿易協定（free trade agreement: FTA）」締結により貿易自由化を行ったときの,企業の輸出販売・国内市場販売の意思決定および市場からの退出に及ぼす効果を分析する．貿易費用を導入すると,輸出に掛かる貿易費用込の限界費用が高くなるため,企業の生産性レベルに応じて,国内市場と輸出市場の双方で販売する企業と,国内市場だけで営業する企業との区分が生じる．この状況で,貿易自由化により貿易費用が低下したときの企業の輸出意思決定および市場からの撤退意思決定問題を分析する．

自国市場と外国市場が市場規模,消費者の選好等で対称的と仮定する．したがって,企業が自国の国内市場と外国の輸出市場で直面する残余需要曲線の形状は同じである．ただし,各国の市場で国内の企業と輸出企業が競争するため企業数が増加し,企業の残余需要曲線は図5-7に示されている曲線よりも下方に平行シフトした位置になる．自国の市場における自国の企業数を n,外国の（輸出）企業数を n^* とすると,企業が直面する残余需要曲線は企業数の増加を反映して次式で表される．

$$q_i = S \cdot [1/(n+n^*) - b \cdot (P_i - \bar{P})] \tag{5.17}$$

したがって,企業が操業停止意思決定する限界費用は図5-7の c_{sd} よりも小さい金額（$c_{sd} = \bar{P} + 1/b \cdot (n+n^*)$）となる．自国の企業が外国の市場で直面する残余需要曲線も上の式と同じである．

企業 i が国内市場での販売から得る営業利潤は次式となる．

$$\pi_i^d = P_i \cdot q_i - c_i \cdot q_i \tag{5.18}$$

貿易費用を財1単位あたり t_0 とすると,企業 i が輸出市場で獲得する営業利潤は次になる．

第 5 章 製品差別化，規模の経済性と国際貿易

$$\pi_i^x = P_i \cdot q_i - (c_i + t_0) \cdot q_i \tag{5.19}$$

このように，輸出では貿易費用分，可変費用が増加することになる．また，各市場からの営業利潤の合計から固定費用 f を差し引いた金額が，企業の純利潤となる．

自国の企業の国内市場・輸出市場別利潤最大化は，図 5-7 を援用して分析できる（ただし，新しい作図は行っていない）．国内市場向け販売では，限界収入と限界費用（c_i）が等しくなる利潤最大化生産量（q_i^d）を決定し，残余需要曲線上の価格（P_i^d）で販売する．輸出市場では，限界収入と財1単位当たり総費用（＝限界費用 c_i＋貿易費用 t_0）が等しくなる利潤最大化生産量（q_i^x）を決定し，残余需要曲線上の価格（P_i^x）で販売する[18]．国内市場向け販売に比べ，輸出市場向け販売では財1単位当たりコストが高いため，生産量は相対的に少なく（$q_i^x < q_i^d$），販売価格は相対的に高い（$P_i^x > P_i^d$）．また，輸出市場販売でのマーク・アップ率は相対的に小さく，財1単位当たり利幅は少ない（$P_i^x - c_i - t_0 < P_i^d - c_i$）．

自国の企業の営業利潤を，国内市場・輸出市場別に表すと図 5-9 の上のパネルのようになる．国内市場販売からの営業利潤（π^d）は，図 5-7 の下のパネルの営業利潤曲線を下方にシフトした形状である．したがって，国内市場からの撤退となる限界費用の最大値 c_{sd} は図 5-7 の値（c_{sd}）よりも左側に位置する[19]．限界費用が c_{sd} よりも大きい企業，すなわち残余需要曲線の縦軸との切片（c_{sd}）よりも大きい企業は国内市場から撤退を余儀なくされる．

輸出販売から獲得する営業利潤曲線（π^x）は，国内市場販売からの営業利潤曲線の下方に位置する．輸出市場から撤退する境界値となる限界費用は $c_{sd} - t_0$ である．生産性が高く限界費用が $c_{sd} - t_0$ より小さい企業は輸出販売から正の営業利潤を獲得することができるため，輸出企業となる．輸出企業は，国内市場での販売と輸出の双方を行う企業である．一方，生産性が低く限界費用が $c_{sd} - t_0$ より大きい企業は，貿易費用の存在から輸出では正の営業利潤を獲得できないため，国内市場でのみ販売する．

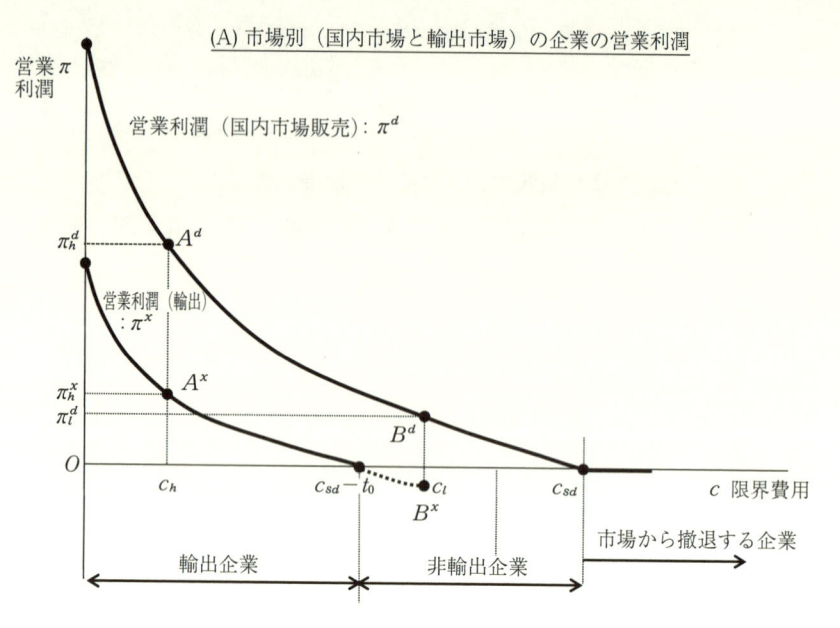

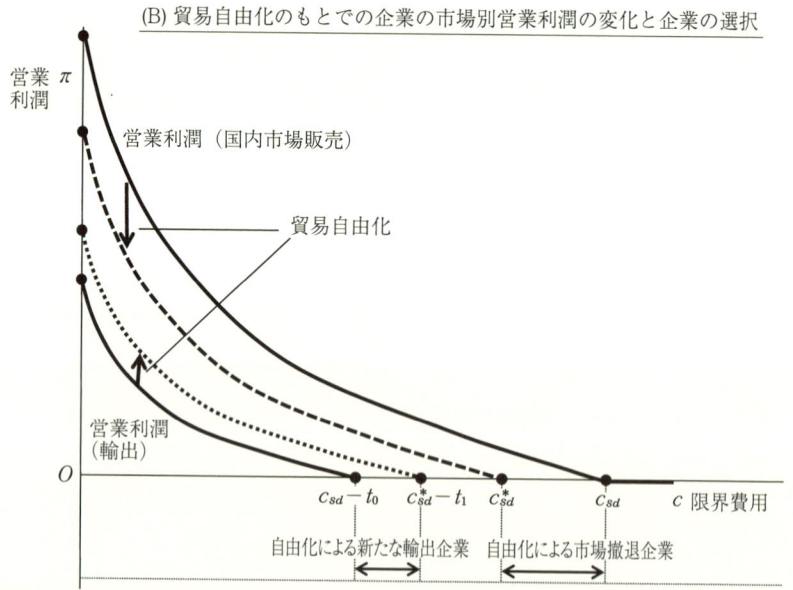

(A) 市場別（国内市場と輸出市場）の企業の営業利潤

営業利潤（国内市場販売）：π^d

営業利潤（輸出）：π^x

π_h^d, A^d, π_h^x, A^x, π_l^d, B^d, B^x

c_h, $c_{sd}-t_0$, c_l, c_{sd}

c 限界費用

輸出企業　　非輸出企業　　市場から撤退する企業

(B) 貿易自由化のもとでの企業の市場別営業利潤の変化と企業の選択

営業利潤（国内市場販売）

貿易自由化

営業利潤（輸出）

$c_{sd}-t_0$, $c_{sd}^*-t_1$, c_{sd}^*, c_{sd}

c 限界費用

自由化による新たな輸出企業　　自由化による市場撤退企業

出所：Melitz, Marc J., and Daniel, Trefler. 2012. "Gains from Trade when Firms Matter." *Journal of Economic Perspective* 26(2). の Figure 4 に加筆.

図 5-9　貿易自由化のもとでの輸出企業，非輸出企業および市場撤退企業

図の上のパネルで，生産性の高い h 企業と，生産性の低い l 企業の輸出意思決定を比較してある．生産性の高い企業（限界費用が c_h）は国内市場販売からの営業利潤（π_h^d）が大きく，輸出販売からの営業利潤（π_h^x）も黒字である．したがって，輸出企業となる．一方，生産性の低い企業（限界費用が c_l）は国内市場販売からの営業利潤（π_l^d）は黒字であるが，限界費用が $c_{sd}-t_0$ より大きいため輸出販売からの営業利潤は赤字となる．したがって，輸出は行わず，国内市場だけに販売する．

自由貿易協定締結により貿易自由化が実現したとする．ただし，国際輸送費がかかるため，輸出に伴う貿易費用はゼロとはならない．貿易自由化後の貿易費用を t_1 とする（$t_1 < t_0$）．自由貿易による貿易費用の削減により，輸出量が増加し輸出からの営業利潤は増加するため，輸出による営業利潤曲線は上方にシフトし，点線（……）で表される曲線となる（図 5-9 の下のパネル）．輸出採算が高まるため，国内市場専業企業の中で比較的生産性の高い企業は，新たに輸出市場に進出する．図では，輸出市場進出の境界値となる財 1 単位当たりコスト（限界費用－貿易費用）は，貿易自由化前の $c_{sd}-t_0$ から $c_{sd}^*-t_1$ へ上昇している．この輸出市場進出の境界コストが増加した範囲内の生産性を持つ企業が，新たに輸出市場に進出することになる．なお，市場撤退の境界値となる限界費用が c_{sd} から c_{sd}^* に低下するのは，次に説明するように，貿易自由化により市場で企業間の競争が激化するためである．

一方，国内の市場では外国から輸出する企業が増加するため国内市場に供給する総企業数が増加する．競争の激化により企業の残余需要曲線が下方にシフトするため，国内市場販売からの営業利潤曲線は下方にシフトし，破線（－－－）で表される曲線となる．所定の限界費用のもとでの営業利潤の減少から，操業を停止する境界値となる限界費用は c_{sd}^* で，貿易自由化前の c_{sd} より低くなる．したがって，限界費用（生産性）が $c_{sd}^* \sim c_{sd}$ の範囲に属する企業が，貿易自由化により新たに国内市場から撤退する企業となる．

以上のように，貿易自由化により貿易費用が低下するため輸出採算が向上し，既に輸出を行っている企業は輸出量を拡大し，また新たに輸出市場に進

出する比較的生産性の高い企業が増加する．一方，国内市場では外国からの輸出企業の進出から競争が激化し，新たに市場からの撤退を余儀なくされる生産性の低い企業も増加する．企業間の生産性格差を反映した国内市場からの撤退および輸出市場への進出は，産業全体としての平均的な生産性を高める効果を持つ．メリッツはこれを，貿易自由化に伴う産業内における「企業間での効率的な資源再配分効果（re-allocative efficiency of resources among firms）」という形の貿易利益であると定義している．すなわち，貿易自由化により，生産性の高い規模の大きい企業が輸出市場にも進出する一方，生産性の低い規模の小さい企業は外国企業の進出に伴う企業間競争の激化から市場撤退を余儀なくされるメカニズムを通じて，資本や労働などの生産要素が企業間でより効率的な方向で再配分され，国民の経済厚生が向上するという貿易利益である．

注

1) グルーベル＝ロイド指数は次の文献で公表された．Grubel, Herbert, and Peter Lloyd. 1975. *Intra-Industry Trade*. London: Macmillan.
2) Brühlhart, Marius. 2008. "An Account of Global Intra-industry Trade 1962-2006." Background Paper for World Development Report 2009, the World Bank.
3) 2006年時点での所得グループの分類基準は次のとおりである．1人あたり年間所得でみて，高所得国（米＄12,276以上），上位中所得国（米＄3,976 -＄12,275），低位中所得国（米＄1,006 -＄3,975），低所得国（米＄1,005以下）．
4) 限界収入の式を微分で求めると次のようになる．
$$MR(q)=d[P(q)\cdot q]/dq=P(q)\cdot(dq/dq)+q\cdot(dP(q)/dq)=P(q)+q\cdot(dP(q)/dq)$$
5) 独占的競争貿易モデルは1970年代後半から1980年代前半にかけて，クルグマン（Paul Krugman）やヘルプマン（Elhanan Helpman）などの国際貿易論の研究者によって開発されてきたもので，先駆的な研究業績としては次のクルグマンの論文などがある．Krugman, Paul R. 1979. "Increasing Returns, Monopolistic Competition, and International Trade." *Journal of International Economics* 9: 469-479. Krugman, Paul R.1980. "Scale Economies, Product Differentiation, and the Pattern of Trade." *American Economic Review* 70: 950-959.

また，ディキシットとスティグリッツの論文は次である．Dixit, Avinash, and Joseph Stiglitz. 1977. "Monopolistic Competition and Optimal Product Diver-

sity." *American Economic Review* 67: 297-308.
6) 独占的競争貿易モデルのグラフを用いた分析にあたり次の文献の第6章を参考にした．Feenstra, Robert C., and Alan M. Taylor. 2011. *International Trade; 2nd edition*. New York: Worth Publishers.
7) ランカスターの製品差別化理論を国際貿易に応用した研究として次がある．Lancaster, Kelvin.1980. "Intra-industry Trade under Perfectly Monopolistic Competition." *Journal of International Economics* 10: 151-175.
8) 第5章第2節の(2)「企業の生産性格差と利潤および市場参入意思決定」で定式化するように，独占的競争企業 i の残余需要曲線 (d_s) の1例を，$q_i = S \cdot [(1/n) - b \cdot (P_i - \bar{P})]$ と表すことが出来る．q_i は需要量，S は当該産業の市場規模，n は産業内の企業数，P_i は企業 i が設定する価格，$\bar{P}$ は産業内のすべての企業の平均価格である．係数 b は需要の価格弾力性に相当する値である．逆需要曲線で表すと，$P_i = (-1/bS) \cdot q_i + (\bar{P} + (1/bn))$ となり，縦軸の切片が $\bar{P} + (1/bn)$，勾配が $-1/bS$ の直線である．
9) 注8の残余需要曲線を使うと，独占的競争産業の長期均衡における企業数 (n) の増加により企業の残余需要曲線の縦軸の切片 ($\bar{P} + (1/bn)$) が低くなり，また消費者が価格に敏感になることは需要の価格弾力性 (b) の値が大きくなることであるから，需要曲線の勾配 ($-1/bS$) は緩やかになる．
10) 注9と同様，貿易開始により企業数 (n) が増加し，需要の価格弾力性 (b) の値が大きくなることに加え，市場規模が2倍 ($2S$) になるため，企業の残余需要曲線は閉鎖経済の長期均衡に比べ，より勾配の緩やかな直線となる．
11) 外国との貿易開始後の短期均衡で独占的競争企業が事後的に直面する需要曲線が閉鎖経済の長期均衡での D_l と同じになる理由は，貿易開始により全体の需要量は2倍になるが，企業数も2倍になるため，1企業当たりの需要量は閉鎖経済の長期均衡と同じになるからである．
12) Bernard, Andrew B., and Bradford Jensen J. 1995. "Exporters, Jobs and Wages in U.S. Manufacturing: 1976-1987." *Brookings Papers on Economic Activity, Microeconomics*: 67-112.
13) Melitz, Marc J., 2003. "The Impact of Trade on Intra-Industry Reallocations and Aggregate Industry Productivity." *Econometrica* 71(6): 1695-1725. Bernard, Andrew B., Jonathan Eaton, Bradford Jensen J, and Samuel Kortum.2003. "Plants and Productivity in International Trade." *American Economic Review* 93(4): 1268-90.
14) Melitz, Marc J., and Daniel Trefler. 2012. "Gains from Trade when Firms Matter." *Journal of Economic Perspectives*, 26(2): 91-118.メリッツとトレフラーのこの論文の中で，理論の部分は次の文献が参照されている．Melitz, Marc J., and Gianmarco Ottaviano. 2008. "Market Size, Trade, and Productivity." *Review of Economic Studies* 75(1): 295-316.

15) 例えば，市場への参入後，新生産技術の開発に成功する企業や，有能な技術者・労働者の採用に成功する企業は高い生産性を実現できるが，市場への参入時にはその成功確率は，一定の確率分布に従うことしか分からない状況である．
16) 第3の貿易利益の存在は，リリーバとトレフラーの次の論文で，理論的かつ実証的に解明された．Lileeva, Alla, and Daniel Trefler. 2010. "Improved Access to Foreign Markets Raises Plant-level Productivity... For SomePlants." *Quarterly Journal of Economics* 125(3): 1051-99.
17) この残余需要曲線は前節の図5-3，図5-4などで使った残余需要曲線と同じ特質を有する．
18) 生産量に関わらず限界費用は一定値と仮定しているため，国内市場と輸出市場における利潤最大化生産量と価格は，相互の市場への影響を考慮せず市場ごとに独自に決定できる．
19) 図5-9と図5-7で同じ記号 c_{sd} を使っているが，図5-9の c_{sd} のほうが左側に位置することに注意．

第6章
直接投資と多国籍企業

　本章では，国際間における資本移動の1つの形態である海外直接投資 (foreign direct investment：直接投資と略称) の理論的分析を行う．直接投資は企業が所有と経営を目的に，外国に現地法人（外国の子会社）を設立するか，外国の企業をクロス・ボーダー M&A (Merger & Acquisition：合併と買収) により取得する方法などにより，外国の市場に進出するための投資である．世界における直接投資は戦後一貫して拡大してきたが，とりわけ1990年代以降，急速に増加してきた．世界における直接投資の中心は先進工業国間における直接投資であるが，1990年代中葉以降は中国への直接投資を筆頭に，発展途上国への直接投資も増加してきている．

　先進工業国から他の先進工業国への直接投資は，進出先国の市場アクセスを目的とし，生産工程の全部あるいは大半を移管する直接投資が中心で，直接投資の形態別分類では「水平的直接投資」と呼ばれる．先進工業国から発展途上国への直接投資は，相対的に賃金水準が低く豊富な労働力を目的とした投資が中心であるが，そのなかで生産工程の一部を移管する場合は「垂直的直接投資」と呼ばれる．近年は電気・電子機器産業や自動車産業などを中心に，新製品や新技術の研究開発 (R&D)，設計・デザイン，部品・中間財生産，最終財組立，検査・梱包などの生産工程ごとに，最も低コストで効率的に生産できる発展途上国（および本国）で分担し，国際生産ネットワークを構築する垂直的直接投資が増えてきている．さらに，最終財を組立てる発展途上国を，先進工業国を始めとする第三国に輸出する輸出プラットフォームと位置づける直接投資も増加している．また，直接投資による外国の子会

社からの調達だけに限らず，部品や中間財を外国の専業企業から国際調達する動きも強まってきており，これらを総称して，「オフショアリング（offshoring）」または「国際外注（foreign outsourcing）」といい，モノやサービスの国際間移動のグローバリゼーションの1つの重要な特徴となっている．

以下では，第1節で直接投資の概念と直接投資の動機に関する有力な理論（「折衷理論」）を紹介し，第2節で先進工業国間での水平的直接投資について，「市場への近接性と規模の経済のトレード・オフ」理論を紹介した後，企業の異質性を考慮した輸出・直接投資の意思決定問題の分析を行い，第3節で垂直的直接投資について企業の異質性も考慮して，生産工程の企業内国際分業（生産工程のフラグメンテーション）の理論的分析を行う．

1. 直接投資の概念とダニングの折衷理論

「直接投資（Foreign Direct Investment：FDI）」とは，国家間における資本移動の1つの形態で，自国の企業が外国に現地法人（外国子会社）を新規に設立するケースや，外国の企業をクロス・ボーダーM&Aにより傘下に収めることなどにより外国で企業を所有し，外国の市場で生産と（輸出を含む）販売活動を行うことを目的とする資本移動のことである．国家間におけるもう1つの資本移動の形態は，自国の企業や消費者が外国の債券や株式に投資し，金融的な収益を獲得することを目的とする「間接投資」である．

直接投資は，外国で企業を所有し，生産・販売活動などの経営を行うための資本移動であるが，企業の所有形態として，自国の企業が100％出資の現地子会社を設立するケースのほか，クロス・ボーダーM&Aにより既存の外国企業に出資あるいは買収することにより経営権を取得するケース，外国企業との共同出資により新しい企業を設立し経営するケースなどがある．現地企業の株式の何割を取得するとき，直接投資としての現地法人（子会社）とするかについては厳密な定義はないが，通常，発行済み株式の10％以上の出資を行っているとき現地法人と見做している．

直接投資により外国で事業を展開する企業を,「多国籍企業 (multi-national enterprises)」という．企業データなどを使った分析の結果, 多国籍企業は国内市場のみで営業する"国内型企業"や国内市場販売と同時に輸出も行う"輸出型企業"と比較し, 企業の規模がかなり大きく, またその生産性も高いことが解明されている[1]．

(1) 直接投資の分類

直接投資は, 投資受入国への進出形態により,「水平的直接投資」と「垂直的直接投資」に分類されることが多い．マークセン (Markusen, 1995) の定義によれば,「水平的直接投資」は, 企業が自国の市場のために生産するものとほぼ同様な製品とサービスを, 主として投資受入国の市場で販売することを目的に, 投資受入国で生産する直接投資である[2]．水平的直接投資は, 一般的には, 先進工業国の多国籍企業が自社の差別化製品のマーケットとして, 他の先進工業国への市場アクセスのため, 自国の親会社からの輸出の代替的な市場進出方法として, 海外子会社の設立と工場建設あるいは外国企業のM&Aによる既存工場の取得により実施される．すなわち, 水平的直接投資は第5章で分析した「産業内貿易」に代替する外国市場への進出方法としての特徴を有する．また, 水平的直接投資では, 投資進出国の市場向け販売だけでなく, 域内関税がかからない「関税同盟 (customs union)」あるいは「地域自由貿易協定 (regional free trade agreement)」を締結している第三国市場に輸出するケースなどもある (例えば, ドイツに海外子会社を設立し, 同国で生産した財をEUの加盟国に輸出するケースなど)．

「垂直的直接投資」は新製品や新技術開発のためのR&D, 製品企画, 設計・デザイン制作, 部品・中間財の生産, 製品組立, 検査・梱包等の生産段階に応じて, 生産工程を自国と投資受入国とに分割する (フラグメンテーション：fragmentation) 直接投資である．垂直的直接投資では, 例えば, 自国の親会社でR&D, 製品企画, 設計・デザイン, 高度な技術や技能を要する部品や中間財の生産を行う一方, 投資受入国の現地子会社で高度な技術を

必要としない汎用的な部品や中間財の生産を行い，親会社から輸入された部品・中間財とともに，最終製品の組立および検査等を行う，生産工程の「企業内国際分業」が実施される．生産工程のフラグメンテーションでは，部品・中間財や最終製品の親会社・海外子会社間の輸送が生じるため，「企業内貿易」が発生する．

垂直的直接投資は，生産工程ごとに投資受入国の自国とは異なる比較優位の特徴（例えば，低廉な賃金，原材料等の資源の賦存状況等）を利用する形で海外子会社の設立を行うため，先進工業国から発展途上国への直接投資が中心となる．投資進出国において完成された財は，自国の市場向けの輸出，第三国への輸出および投資進出国市場における国内販売などの販売経路を有する．投資進出国が主要な販売市場でなく，第三国市場への輸出の基地になるときは，投資進出国は「輸出プラットフォーム（export platform）」として位置づけられる．

(2) 直接投資の動機に関するダニングの折衷理論

企業が外国に現地法人を設立し外国で生産・販売するとき，輸出による外国市場へのアクセスと比較し，株式取得費用，工場建設などの設備投資費用，現地従業員の雇用と労務管理にかかる費用，現地の部品供給メーカーとの取引に要する費用など，様々な追加的な費用が発生する．それでも企業が直接投資により外国に企業を設立・買収し多国籍企業となるのは，外国への輸出に比べ，現地法人の所有と経営が"固有の優位性"を有するからであることが，ダニング（Dunning, 1977, 1981）により提唱された．この直接投資の動機に関するダニングの理論を，「折衷理論（eclectic theory）」という[3]．

折衷理論によれば，多国籍企業となる企業は，①企業特殊資産を所有することによる優位性（ownership advantage），②立地上の優位性（location advantage），③内部化による優位性（internalization advantage）の3つの優位性を所有しているため，外国への市場アクセス方法として輸出でなく，直接投資を選択する．ダニングの折衷理論は，これら3つの優位性の頭文字を

とって直接投資を選択する条件の「OLI フレームワーク」とも呼ばれる．

　第1の「企業特殊資産を所有する優位性」における企業特殊資産とは，企業特有の「知識資本（knowledge capital）」ともいえるもので，例えば，他の企業が使用できない特許権で保護された技術や製造方法，商標権，著作権，社内の充実した研究開発体制，経営上のノウハウなどの企業秘密，ブランド名や製品品質などに対する市場での名声などである．これらの企業特殊資産を所有する企業は，外国の現地企業に対して，製品の機能，製品品質，コスト面，販売力等で優位性を有するため，外国で現地法人を設立することに伴う不利益を補って余りあるだけの売上と利潤の獲得が可能となる．また，このような企業特有の知識資本は，社内における公共財的な特質を有しており，自国の本社の研究開発投資（R&D）により開発された新技術は外国の子会社で比較的低コストで応用できるため，直接投資による海外事業展開が比較的容易になると考えられる．とりわけ複数の国に直接投資を行っている大企業は，本社の研究開発投資の成果を複数の現地子会社で利用できるため，本社の知識資本への投資による規模の経済性を活用できるという優位性がある．

　第2の「立地上の優位性」は，直接投資による投資国の市場が，本国からの輸出に比べ，現地に立地したほうが生産，販売および利潤獲得面で優位性を持っているとき，企業は直接投資による市場アクセスを選択するということである．現地に工場や事業所を設立する立地面での優位性とは，例えば，低賃金労働力の存在，原材料などの天然資源の賦存，減・免税等が適用される経済特区の存在，輸出の場合の輸入関税や輸入割当など貿易障壁の存在，本国からの輸送費の大小，法制度の整備状況などのほか，現地消費者の嗜好やニーズの敏速な把握などマーケティング面での戦略なども含まれる．

　第3の「内部化による優位性」は，企業固有の特殊資産の成果を市場取引のメカニズムにより外国の企業に販売するよりは，自社で海外現地法人を設立し企業内部で活用したほうが，企業の生産と利潤を増加できるとする考え方である．例えば，特許権を取得した新技術の特許権使用契約（ライセンス契約）を外国の企業と締結し獲得する特許権使用料が，特許技術を使って自

社で生産し外国に輸出したときの利潤と同額であるとする．この場合，企業にとっては市場取引による特許権のライセンス契約と，特許技術の自社内部による利用は同等の価値を生み出す．しかし，技術供与を受けた外国企業がその特許技術を，技術供与した企業に無断で他の企業に使わせる可能性を否定できない．すなわち，技術のような知識資本は，市場取引を行うとモラルハザードなどの市場の失敗を引き起こす可能性がある．したがって，知識資本的な特質を有する企業特殊資産は，開発元である本社と直接投資による外国の現地子会社との間での内部取引で活用したほうが良いとする考えが，「内部化による優位性」に基づく直接投資の動機である．

2. 水平的直接投資：企業の異質性と輸出・直接投資の意思決定

(1) 市場への近接性と規模の経済のトレード・オフ

　水平的直接投資は，企業が自国市場で販売するものとほぼ同様な製品とサービスを，主として投資受入国の市場で販売することを目的に投資受入国で生産する直接投資であるが，産業別の技術水準や生産要素の賦存状況が比較的似通った先進工業国間での直接投資が典型的な例である．先進工業国の企業が他の先進工業国の市場にアクセスする方法としては差別化製品の輸出による「産業内貿易」があるが，輸出によらず直接投資による現地生産・販売を選択する理由としては，ダニングの折衷理論のほかに，「市場への近接性と規模の経済のトレード・オフ（proximity-concentration trade-off）」という理論がある．これは，ブライナード（Brainard, 1997）やマークセンとベナブレス（Markusen and Venables, 1998）などが理論化と実証分析による確認を行ったもので，以下のように要約される[4]．

　先進工業国間での水平的直接投資に関連した重要な要因は次の3つである．第1に，研究開発投資（R&D）などの知識資本（企業特殊資産）への企業の本社での投資額（企業レベルでの規模の経済性），第2に生産工場レベルでの規模の経済性の程度（工場規模と平均費用の逓減の程度），第3に輸出

にかかる輸送費，輸送保険に関税，輸入割当等の貿易障壁費用を加えた「貿易費用（trade costs)」の水準である．

これら3つの要因の相対的な重要度を考慮し，企業は外国市場にアクセスする方法として，輸出でなく直接投資を選択し多国籍企業となる．とりわけ，工場レベルでの規模の経済（すなわち，現地工場への投資額）に比べ，企業の本社でのR&Dなど知識資本への投資額が大きく（すなわち企業レベルでの規模の経済性が大きい），かつ貿易費用が大きいケースでは，企業は輸出でなく，外国に現地工場を設立し市場アクセスを行う．本社レベルでR&Dなどの知識資本への投資額が大きいことは企業が固有の特殊資産を多く保有することを意味し，これらは企業内の公共財として外国における現地子会社でも活用できるため，海外子会社での新製品や技術の開発コスト等を節約でき，さらに現地市場での競争力の強化につながる．したがって，本社レベルでの知識資本（企業特殊資産）への投資額が大きい企業（それらは，規模の大きい企業でもある）は，外国に現地子会社を設立し事業展開する誘因を持つことになる．

海外子会社の工場規模と貿易費用の関連は，「市場への近接性と規模の経済のトレード・オフ」理論を理解する際，重要である．企業は直接投資により節約できる貿易費用が，投資進出国での工場建設等により発生する固定費用を上回る場合は，輸出よりは直接投資を選択する．直接投資により外国子会社を設立し現地生産することは，"市場に近接した"事業展開を行うことにより貿易費用を節約できる．一方，生産に大型の工場や設備が必要で，小規模な工場で分散して生産すると"規模の経済の利益"を得られない場合には，自国の本社工場に生産集中させ輸出したほうが，コストが低くなるから直接投資は行われない．このことは，工場レベルで規模の経済性（平均費用の逓減）を実現するために大型の工場と機械設備が必要となる産業，例えば溶鉱炉を使う鉄鋼産業，などは進出する外国の市場規模にもよるが，直接投資よりは輸出を選択する可能性が高いということを意味する．

「市場への近接性と規模の経済のトレード・オフ」理論によれば，自国，

外国とも市場規模が大きいとき，さらに，国家間の生産要素の賦存状況が比較的似通っているときには，本社でのR&Dなど知識資本への投資とその規模の経済の実現，工場レベルでの比較的小さい規模の経済（工場への投資規模が比較的小さい），および大きな貿易費用の組み合わせとの相乗効果により，企業は輸出よりも直接投資により多国籍企業となる可能性が高いことが解明されている．すなわち，これらの条件が満たされるとき，市場規模の大きい先進工業国間では相互の水平的直接投資が盛んになることが予測されている．

　外国子会社の工場規模（工場レベルでの規模の経済）と貿易費用との相対的関係で，企業が市場アクセス方法として直接投資，輸出のどちらを選択するかについて，その概念を図6-1で示した．図では，横軸に工場レベルでの規模の経済を測り，縦軸に貿易費用を測っている．工場レベルの規模の経済が小さい企業は大型の工場・設備を必要としないため，自国の本社工場に生産集約する必要がなく，直接投資により海外の現地工場で生産する（生産分散の選択）．一方，工場レベルの規模の経済が大きい企業は大型の工場・設備が必要であるため，海外に現地工場を建設するより本社工場に生産集約し，輸出するほうがコストは安くなる（生産集約の選択）．貿易費用が大きい外国への市場アクセスについては，輸出よりも直接投資のほうがコスト面で安くなる．一方，貿易費用の小さい外国への市場アクセスは直接投資に比べ，輸出のほうがコストは安くなる．

　図は，外国の市場へアクセスする手段として直接投資によるか輸出によるかの企業の選択は，工場レベルの規模の経済性と貿易費用の相対的な強弱の組み合わせに依存して行われることを表している．便宜上，横軸（工場レベルの規模の経済）の中間点で縦の点線の直線を描き，縦軸（貿易費用）の中間点で横の点線の直線を描いてある．それぞれの直線の交点を E とし，この点を基点として4つの象限に分割してある．また，原点 O から45°線を引いている．

　E 点を基点として第2象限に引いた太い矢印は，工場レベルでの規模の

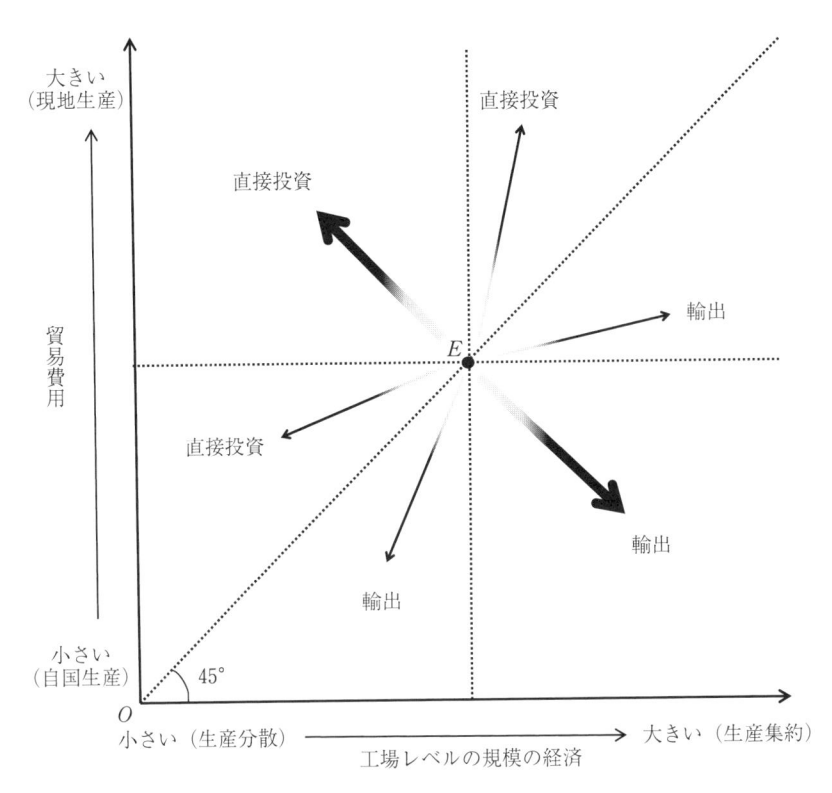

第 6 章　直接投資と多国籍企業　　175

図 6-1　「市場への近接性と規模の経済のトレードオフ」と外国市場へのアクセスの方法（概念図）

経済が比較的小さく貿易費用が比較的大きい組み合わせで，企業は直接投資を選択することを示している．一方，E 点を基点として第 4 象限に引いた太い矢印は，工場レベルでの規模の経済が比較的大きく貿易費用が比較的小さい組み合わせで，企業は輸出を選択することを表す．

　第 1 象限と第 3 象限に引いた細い矢印は，45°線を境界線として，企業が相対的に直接投資を選択する組み合わせ（45°線の上方に引いた細い矢印）と，相対的に輸出を選択する組み合わせ（45°線の下方に引いた細い矢印）を表している．第 1 象限と第 3 象限については，直接投資，輸出選択のグレ

イゾーンとなるが，市場規模が十分大きい外国への市場アクセスについては，図に示されるパターンが実現する可能性が高いと考えられる．一方，市場規模が小さい外国への市場アクセスは，図のパターンに比べ，直接投資よりも輸出を選択する企業が多くなると予想される．

(2) 企業の生産性格差と海外進出モード(水平的直接投資，輸出)の決定

ここでは，生産性の相違という異質性（firm heterogeneity）を有する先進工業国の企業が，他の先進工業国市場へのアクセスの方法として，輸出によるか，水平的直接投資によるかの選択の基準を，ヘルプマン，メリッツおよびイープル（Helpman, Melitz and Yeaple, 2004）のモデルに沿って考察する[5]．先進工業国の企業は，同じ先進工業国である外国の市場にアクセスするとき，輸出にかかる固定費用および輸送費等の貿易費用の総コストが，直接投資にかかる固定費用よりも大きいとき，水平的直接投資による現地生産と販売を行う誘因を持つが，すべての企業が直接投資による現地生産を選択するのではない．外国の市場規模が大きいとき，生産性の高い企業は多額の直接投資の固定費用を回収できるだけの営業利潤の獲得が可能であり直接投資を選択するが，生産性の低い企業は多額の直接投資の固定費用を負担するより，貿易費用を負担して輸出することにより利潤が大きくなるため輸出を選択する．すなわち，企業が外国の市場にアクセスするとき自国からの輸出によるか，直接投資によるかは，輸出，直接投資それぞれの固定費用の相対的な規模，輸出にかかる貿易費用の額および限界費用を決定する企業ごとの生産性の水準に依存して決まる．

この節での分析は，第5章第2節の「企業の異質性と国際貿易」で考察したメリッツ（Melitz, 2003）のモデルを，輸出と直接投資の選択問題に応用・拡充したモデルである．ただし，企業の生産性格差に応じた輸出，直接投資の選択に限定せず，生産性が低いため国内市場での販売に専業する企業の分析も含めている．

①独占的競争企業の利潤最大化と生産性格差の影響：モデルによる分析

まず，基本的な分析ツールとして，企業の生産性および固定費用と利潤との関係を表す数字モデルを導入する．このモデルは，第5章第2節の「企業の異質性と国際貿易」で，グラフを使った分析の背後にある数字モデルと同じものである．

企業が使用する生産要素は労働者が供給する労働サービスのみとする．差別化財を生産する企業 i の生産量を q_i で表すと，生産に必要な労働量（総労働者数）L_i は次式となる．

$$L_i = f + (\nu/\theta_i) \cdot q_i \tag{6.1}$$

右辺の f は，工場建設に必要な労働者数および製品差別化に必要な研究開発や生産工程管理および流通・サービス体制の構築などに必要な技術・技能労働者の数で，生産量にかかわらず固定的ですべての企業について同数と仮定する．一方，$(\nu/\theta_i) \cdot q_i$ は生産活動に従事する労働者数で，生産量に比例して変化する．ν/θ_i は生産1単位に必要な労働者数（単位生産必要労働量）で，分母の θ_i は生産性を表す．生産性が高い企業（θ_i が大きい企業）は，生産1単位に必要な労働者数 ν/θ_i が少なくて済み，所定の生産量 q_i を少ない労働量で実現できる．生産性が低い企業（θ_i が小さい企業）は，所定の生産 q_i を行うとき多くの労働量を必要とする．

労働者1人当たり賃金を w とすると，企業の総費用は次式で表される．

$$C(q_i) \equiv wL_i = w \cdot f + w \cdot (\nu/\theta_i) \cdot q_i \tag{6.2}$$

右辺の $w \cdot f$ は固定費用，$w \cdot (\nu/\theta_i)$ は限界費用である．限界費用は労働市場で決定される均衡賃金 w を所与として，生産性の高い企業は少ない額，生産性の低い企業は多い額となる．なお，この限界費用は第5章第2節の「企業の異質性と国際貿易」で使った企業の限界費用 c_i と同じである．

平均費用は総費用を生産量で割って

$$AC_i \equiv C(q_i)/q_i = w \cdot f/q_i + w \cdot (v/\theta_i) \tag{6.3}$$

である．第5章の独占的競争貿易モデルと同様，各企業の差別化財は，生産量が拡大するとともに平均費用が逓減する規模に関して収穫逓増の技術で生産されると仮定してある．

企業の利潤 (π_i) は次式で表される．

$$\pi_i \equiv P_i(q_i) \cdot q_i - C(q_i) = [P_i(q_i) - w \cdot (v/\theta_i)] \cdot q_i - w \cdot f \tag{6.4}$$

$P_i(q_i)$ は企業 i の差別化財の価格である．利潤最大化条件は，限界収入＝限界費用となる生産量を選択し，自社の残余需要曲線上の価格で販売することである．限界収入＝限界費用は，第5章の(5.9)式と同じ方法で求められ，次式で表される．

$$P_i(q_i) \cdot [1 - 1/\varepsilon(q_i)] = w \cdot (v/\theta_i) \tag{6.5}$$

左辺は限界収入，右辺は限界費用である．
[・・] 内の $\varepsilon(q_i) \equiv -(\Delta q_i/\Delta P_i) \cdot (P_i/q_i) > 0$ は企業 i の財に対する（残余）需要曲線の需要の価格弾力性で，生産量にかかわらず一定値で，すべての企業の財について同じ値（ただし，$\varepsilon(q_i) > 1$）であると仮定する．したがって，$\varepsilon(q_i)$ に替えて ε と表しておく．(6.5)式を変形し，企業 i の財の価格を限界費用とマークアップ率の関係で表すと次式となる．

$$P_i = [\varepsilon/(\varepsilon-1)] \cdot w \cdot (v/\theta_i) \tag{6.6}$$

消費者の差別化財に対する選好は，独占的競争貿易モデルと同様，「多様性愛好 (love of variety)」とし，企業 i の財に対する需要関数は次式で表されるとする[6]．

$$q_i = S/P_i^{\varepsilon} \tag{6.7}$$

q_i は需要量，S は国内の消費者の総支出額をすべての財の平均的な価格で

基準化した市場規模を表す数値である．第5章の第2節「企業の異質性と国際貿易」で使った企業 i の残余需要曲線［(5.12)式］の S と同じ特徴を持っている．企業 i の財の価格 P_i のべき乗 ε は上で定義した（各企業共通の）需要の価格弾力性で，(6.7)式の需要関数から需要の価格弾力性を計算すると，ε となることが容易に確認できる．

利潤最大化価格［(6.6)式］を需要関数［(6.7)式］に代入し利潤最大化生産量を求め，さらに利潤最大化価格と生産量を利潤の(6.4)式に代入し整理すると，次の最大化された利潤が得られる．

$$\pi_i = S \cdot A \cdot (w \cdot v)^{1-\varepsilon} \theta_i^{\varepsilon-1} - w \cdot f \tag{6.8}$$

ただし，$A \equiv (\varepsilon-1)^{\varepsilon-1}/\varepsilon^\varepsilon$ は定数，$w \cdot v$ は生産性水準を考慮しない（各企業共通の）限界費用，$\theta_i^{\varepsilon-1}$ は企業 i の生産性指標である．

以下の分析上の便宜から，$B \equiv A \cdot (w \cdot v)^{1-\varepsilon}$，$\Omega_i \equiv \theta_i^{\varepsilon-1}$ で表し（ただし，$\varepsilon > 1$），さらに賃金を標準化し $w=1$ とすると，(6.8)式は次式となる．

$$\pi_i = S \cdot B \cdot \Omega_i - f \tag{6.9}$$

賃金水準が固定されているため B の値は一定値であり，企業 i の利潤はその生産性指標 Ω_i の大小，固定費用 f の水準および市場の規模 S に応じて決まることがわかる．固定費用と市場規模を所与として，生産性 θ_i の高い企業は生産性指標 $\Omega_i \equiv \theta_i^{\varepsilon-1}$ も高いため，利潤は大きい．一方，生産性の低い企業では利潤は少ない．

②企業の生産性格差と海外進出モード（水平的直接投資，輸出）の決定

企業の生産性格差，固定費用および利潤の関係を表す(6.9)式を用いて，国内市場だけに販売する"国内企業"，国内市場販売と同時に輸出も行う"輸出企業"，国内市場販売と同時に（水平的）直接投資も行う"多国籍企業"の分類を行う．

自国を h，外国を k の記号で表す．外国は多数の国からなり，全体で K

国存在する（$k=1,2,\cdots,K$）．なお，以下では分析の簡素化のため，自国と外国の賃金水準は同水準と仮定する（$w^h=w^k\equiv w$）．メリッツのオリジナルの論文（Melitz, 2003）と同様，ある独占的競争産業に企業 i が参入するためには，参入固定費用として各企業共通の $w \cdot f_E$ を要する．参入固定費用は工場建設費や研究開発投資費用，生産管理システムの設計と機材調達，市場調査費などの固定費用である．企業 i は市場参入した後，自社の生産性水準 θ_i が，所定の生産性の確率分布のなかのどの水準であるかを把握できると仮定する．

市場参入後明らかになる自社の生産性指標 $\Omega_i\equiv\theta_i^{\varepsilon-1}$ が，後に示す操業による純利潤がマイナスとなる境界値（cutoff level）以下の企業は，操業を開始せず市場から撤退する．生産性指標が境界値を上回る企業は，国内市場販売のための追加的な固定費用 $w \cdot f_D$ を支出して生産・販売を開始する．この国内市場販売に伴う追加的な固定費用は，例えば，生産管理・経営管理に必要な間接的固定経費，国内における流通・サービス網構築のための投資などである．

国内市場での販売に加え外国 k に輸出を行う企業は，国内市場販売のための追加的な固定費用 $w \cdot f_D$ の他に，外国市場における流通・サービス体制の確立，外国の市場調査費用等の追加的な"輸出固定費用" $w \cdot f_X$ の支出を要する．輸出固定費用 $w \cdot f_X$ は，国内販売にかかる固定費用 $w \cdot f_D$ よりも大きいと仮定する．また，輸出の場合は，国際輸送費，輸送保険，通関費用および関税等貿易障壁等の「貿易費用」が発生する．貿易費用は"溶解する氷塊型輸送費用（melting iceberg transport cost）" $\tau^{h,k}>1$ で表す．自国（h）から外国（k）に財1単位を輸出するとき，輸送中に一部が溶けて消失するため，$\tau^{h,k}(>1)$ 単位の財を輸出しなければならないという概念で，輸送費用をモデルの中に取り入れる手法である．なお，以下では添え字 h,k は省略する．

外国市場へのアクセス方法として輸出でなく，直接投資を選択する企業は，国内市場販売のための固定費用 $w \cdot f_D$ の他に，外国での現地工場等の建設，

生産管理システムの構築，流通・サービス体制の確立，外国の市場調査費用等の"直接投資固定費用"$w \cdot f_I$ の支出が必要となる．直接投資固定費用 $w \cdot f_I$ は，輸出固定費用 $w \cdot f_X$ より多額であると仮定する．

国内市場向け生産・販売から得られる利潤は次式で表される．なお，市場規模 S につけた添え字 h は自国，k は外国を表す．

$$\pi_D(\Omega_i) = S^h \cdot B \cdot \Omega_i - w \cdot f_D \tag{6.10}$$

ここで，$B \equiv A \cdot (w \cdot v)^{1-\varepsilon}$，$A \equiv (\varepsilon-1)^{\varepsilon-1}/\varepsilon^\varepsilon$，$\Omega_i \equiv \theta_i^{\varepsilon-1}$：$\varepsilon > 1$ である．

k 国への輸出販売から得られる利潤は次である．

$$\begin{aligned}\pi_X^k(\Omega_i) &= S^k \cdot A \cdot (\tau \cdot w \cdot v)^{1-\varepsilon} \theta_i^{\varepsilon-1} - w \cdot f_X \\ &= \tau^{1-\varepsilon} \cdot S^k \cdot B \cdot \Omega_i - w \cdot f_X\end{aligned} \tag{6.11}$$

輸出向け販売の限界費用は，国内市場向け販売の $w \cdot (v/\theta_i)$ から $\tau w \cdot (v/\theta_i)$ へ上昇することに注意したい．

k 国への直接投資から得られる利潤は次式となる．

$$\pi_I^k(\Omega_i) = S^k \cdot B \cdot \Omega_i - w \cdot f_I \tag{6.12}$$

外国 k の市場規模は自国と同規模と仮定し（$S^h = S^k \equiv S$），また賃金水準を 1 に基準化して（$w=1$），(6.10)式，(6.11)式，および(6.12)式で示される利潤を企業の生産性指標 Ω_i との関係で図示すると，図6-2の右上がりの直線になる．図の縦軸は原点 O から上方が企業の純利潤（π）を表し，原点より下方が販売市場別・進出形態別の固定費用を表している．横軸は生産性指標 Ω_i である．なお，産業への新規参入に必要な参入固定費用（f_E）はサンク・コスト（埋没費用）であり，市場別進出形態に関わらず同額であるため，除外して作図してある．

国内市場だけに販売する企業を"国内企業"，国内販売に加えて輸出も行う企業を"輸出企業"，国内販売に加えて直接投資も行う企業を"多国籍企業"と呼ぶことにする．それぞれの市場への進出形態に要する（追加的）固

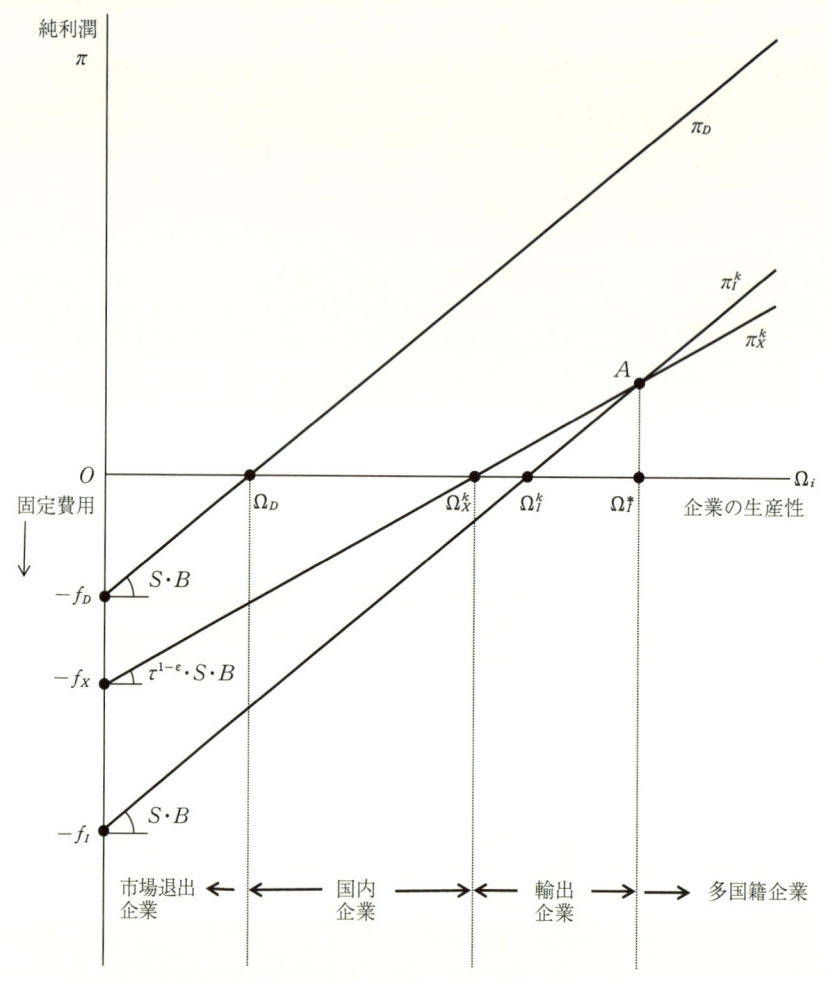

注：自国と外国（k 国）の市場規模（$S^h=S^k\equiv S$）および賃金水準（$w^h=w^k=1$）は同じと仮定した．このため π_I^k は π_D と同じ勾配である．
出所：Helpman, Elhanan, Marc J. Melitz, and Stephen R. Yeaple. 2004. "Export versus FDI with Heterogeneous Firms." *American Economic Review* 94(1): 300-316. の Figure 1 に加筆．

図 6-2 企業の生産性格差と多国籍企業（水平的直接投資企業），輸出企業，国内企業

第6章 直接投資と多国籍企業

定費用は，直接投資固定費用 (f_I) が最も大きく，ついで輸出固定費用 (f_X) が大きく，国内販売固定費用 (f_D) が最も小さいと考えられるが，厳密には次の大小関係を仮定する．

$$f_I > (1/\tau^{1-\varepsilon}) \cdot f_X > f_D \tag{6.13}$$

(6.13)式は次のように求められる．

国内市場販売からの純利潤がゼロとなる生産性指標の境界値（cutoff level）を Ω_D とすると，それは(6.10)式から次のように計算される．

$$\Omega_D = f_D/S \cdot B \tag{6.14}$$

k 国への輸出販売からの純利潤がゼロとなる生産性指標の境界値を Ω_X^k とすると，(6.11)式から次になる．

$$\Omega_X^k = (1/\tau^{1-\varepsilon}) \cdot f_X/S \cdot B \tag{6.15}$$

同様に，k 国への直接投資からの純利潤がゼロとなる生産性指標の境界値を Ω_I^k とすると，(6.12)式から次になる．

$$\Omega_I^k = f_I/S \cdot B \tag{6.16}$$

それぞれの市場への進出態様にかかる生産性指標の境介値の大小関係を $\Omega_I^k > \Omega_X^k > \Omega_D$ とすれば（図参照），(6.14)式，(6.15)式および(6.15)式から，(6.13)式の固定費の大小関係が導かれる．

市場別・進出形態別の固定費用の大小関係から，利潤直線の相対的な位置関係が図のように描かれる．自国と外国 k は市場規模と賃金水準が同じと仮定しているため，国内販売からの利潤直線 π_D と直接投資からの利潤直線 π_I^k は同じ勾配 ($S \cdot B$) である．一方，輸出販売からの利潤直線 π_X^k は貿易費用 $\tau(>1)$ により，勾配 ($\tau^{1-\varepsilon} \cdot S \cdot B$) は緩やかになっている．

生産性指標が Ω_D を下回る企業は市場参入後，操業を行わず市場から撤退する．生産性が Ω_D より高い企業だけが，国内販売のための追加的な固定費

用 (f_D) を支出し,操業する.生産性指標が $\Omega_D \sim \Omega_X^k$ の企業は輸出や直接投資では正の利潤を獲得できないため,国内市場販売だけに専業する"国内企業"となる.生産性指標が $\Omega_X^k \sim \Omega_I^*$ の企業は,国内販売とともに輸出も行う"輸出企業"となる.なお,Ω_I^* は,k 国への輸出による利潤と直接投資による利潤が同額となる生産性指標の境介値である.輸出企業は外国で直接投資により現地生産・販売するときの利潤が輸出販売による利潤よりも少ないため,直接投資は行わない.

生産性指標が Ω_I^* よりも高い企業は国内販売に加え,外国に直接投資を行う"多国籍企業"となる.多国籍企業は生産性が十分高いため,外国に現地工場を建設するとともに流通・サービス網確立のための設備投資等を行っても,輸出販売を上回る利潤の獲得が可能であるため直接投資を選択する.輸出販売と直接投資の境介値となる生産性指標の水準 Ω_I^* は,(6.11)式と(6.12)式を使い,利潤が同じ額になる条件 $\pi_I^k(\Omega_i) = \pi_X^k(\Omega_i)$ から次になる.

$$\Omega_I^* = (f_I - f_X)/(1 - \tau^{1-\varepsilon}) \cdot S \cdot B \tag{6.17}$$

以上のように,輸出または(水平的)直接投資により外国の市場に進出するためには,国内市場販売に要する固定費用を上回る固定費用が必要になるため,生産性の高い企業だけが外国市場での販売が可能であることが明らかにされた.さらに,輸出販売によるか,直接投資による現地生産・販売によるかの選択についても,より生産性の高い企業だけが直接投資を選択することが解明された.第5章第2節の「企業の異質性と国際貿易」の節でも明らかにしたように,独占的競争貿易モデルの枠組みで,生産性の高い企業(限界費用の低い企業)は生産量が大きい企業であるから,輸出企業は国内企業よりも規模が大きく,直接投資企業は輸出企業よりも規模が大きいという,現実の企業データで確認されている事実が理論的に解明されたことになる[7].

外国の市場が自国の市場よりも規模が大きい場合 ($S^k > S^h$) は,輸出販売による利潤直線 π_X^k,直接投資による利潤直線 π_I^k ともに勾配が急となるため,輸出企業となる生産性指標の境介値 (Ω_X^k) および輸出企業と多国籍企業を区

分する生産性指標の境介値（Ω_i^*）の水準が低くなる．このことは，生産性水準の所定の確率分布のもとで，より多くの企業が輸出企業あるいは直接投資企業となることを意味する．これは，現に日本から米国やEUなど市場規模の大きい国（地域）に対して，多くの企業が輸出あるいは直接投資を行っている事実と合致している．

　貿易の自由化による貿易費用の低下は，市場別進出形態にどのような影響を及ぼすであろうか．貿易費用の低下により，輸出販売による利潤直線 π_X^d の勾配は急になる．このため，これまで生産性が相対的に低く輸出できなかった企業も輸出市場に進出するようになる．一方，輸出企業と多国籍企業の境界値となる生産性水準 Ω_i^* も上昇するため，外国の市場規模を一定とすると，直接投資よりも輸出販売を選択する企業が増加することも考えられる．

3. 垂直的直接投資とオフショアリング

(1) 垂直的直接投資とオフショアリング，生産工程のフラグメンテーション

　垂直的直接投資は，製品企画，R&D活動，製品・デザイン設計，部品・中間財の生産，製品組立，検査・梱包等の生産段階に応じて，生産工程を自国と投資受入国とに分割する（「フラグメンテーション：fragmentation」）直接投資である．垂直的直接投資は，生産工程ごとに投資受入国の比較優位の特徴（例えば，低廉な賃金，熟練労働者の雇用の容易さ，原材料等資源の賦存，関連部品産業の発展状況等）を利用する形で海外子会社の設立と工場建設を行うため，先進工業国から発展途上国への直接投資が中心となる．

　垂直的直接投資では，例えば，自国の親会社で製品企画，R&D，製品・デザイン設計，高度な技術を要する部品や中間財の生産を行い，投資受入国の現地子会社で高度な技術を必要としない汎用的な部品や中間財の生産と，最終製品の組立および検査等を行う，生産工程の「企業内・国際間分業」が実施される．自国の本社工場で開発・設計・生産された基幹部品や中間財が，

直接投資先の発展途上国の現地工場に輸送され，現地工場で生産された汎用的な部品・中間財とともに最終財に加工・組立されて，自国あるいは第三国へ輸出するか，投資受入国の国内市場で販売することになる．このように，垂直的直接投資では，部品・中間財と最終財が自国の本社工場と投資先の現地工場の間で国境を越えて移動するため，「企業内貿易」を創出することになる．なお，発展途上国への直接投資であっても，生産工程の大半を投資進出国の子会社で行い，かつ主要な市場が投資進出国である場合は，水平的直接投資に分類される．

部品や中間財の生産は，自国と複数の外国に分散するケースも少なくない．多国籍企業が複数の発展途上国に直接投資により現地工場を設立し，それぞれの国の技術水準，生産性，賃金水準の相違や産業インフラ，サポーティング・インダストリー（関連部品産業）の発展度合などの比較優位構造の相違を利用して，部品，中間財および組立・検査工程の企業内国際間分業を行うこともある．また，米国のアップルはiPhoneやiPadなどを米国のカリフォルニアで設計・デザインし，部品を米国内だけでなく日本，中国，台湾，韓国，マレーシア，シンガポール，タイなどのEMS企業から購入し，中国で最終製品に組立て，世界各国に輸出するという国際分業戦略を採用している[8]．

部品や中間財の生産および最終製品への加工・組立を企業の外国現地法人で行う生産工程の「フラグメンテーション」のケースや，外国の部品・中間財専業の外注先企業（例えば，EMS企業）から調達する国際的な分業生産行動を総じて，「オフショアリング」または「国際外注（foreign outsourcing）」という．オフショアリングは，企業の部品や中間財生産を工程別にフラグメンテーションする場合は，「企業内貿易」の形態をとる．部品・中間財が国際間で移動すると，輸送費や通信費が嵩むが，IT技術の発達により，これらのコストが低下したこと，地域自由貿易協定の締結などにより地域内の貿易費用が低下してきたことなどが，オフショアリングを活発化させてきた一因と考えられる．

(2) 企業の生産性格差と生産工程のフラグメンテーション

垂直的直接投資では，生産工程の企業内国際分業（フラグメンテーション）が行われることが多い．自国の本社工場がどの生産工程を分担し，直接投資国の現地子会社がどの生産工程を分担するかは，自国の本社工場で全生産工程を行う場合の総コストと，海外の現地工場に一部の生産工程を移管するときの，生産工程別直接投資にかかる固定費用（設備投資費用等）および現地工場での生産に要する可変的生産コストも考慮した全生産工程の総生産コストの大小比較によって決定される．本章第2節の水平的直接投資でも分析したように，生産性が高い企業は限界費用（平均可変費用）が小さく利潤最大化生産量が大きくなるため，利潤は大きくなる．したがって，生産工程の企業内国際分業のパターンは生産性の低い企業とは異なるものとなる．ここでは，企業の生産性の相違が，生産工程のフラグメンテーションのパターンにどのような影響を及ぼすかを，グロスマン，ヘルプマンおよびスザイドル（Grossman, Helpman and Szeidl, 2006）のモデルに沿って理論的に検討する[9]．

先進工業国が2か国，発展途上国が1か国からなる世界経済を考える．自国は先進工業国で H の記号で表し，他の先進工業国を N，発展途上国を L で表す．産業は独占的競争産業で，企業が生産する差別化財は2段階の生産工程を経て生産される．1つは，中間財生産であり，もう1つは中間財を使った最終財の組立工程である．生産工程別の生産は自国（H）あるいは発展途上国（L）で行い，他の先進工業国 N は最終財の輸出先国である．販売先市場は，自国 H，他の先進工業国 N，および発展途上国 L の3か国である．

企業の単位生産量当たりの可変的生産費用を $c(w_m^k, w_a^l)$ で表す．w_m^k は中間財（m）を k 国（H 国または L 国）で生産するときの単位労働コスト（賃金）で，w_a^l は最終財組立作業（a）を l 国（H 国または L 国）で行うときの単位労働コスト（賃金）である．中間財生産と最終財組立作業を同じ国で行うときは，中間財生産労働者の賃金 w_m^k は最終財組立労働者の賃金 w_a^l と等しい．なお，発展途上国の賃金（w^L）は，先進工業国である自国の賃金

表 6-1　生産工程の分担国と費用構造

生産工程の分担国		固定費用	単位生産可変費用
中間財生産	最終財組立		
H（自国）	H（自国）	0	$c(w_m^H, w_a^H)/\theta_i$
H（自国）	L（発展途上国）	f_a	$c(w_m^H, w_a^L)/\theta_i$
L（発展途上国）	H（自国）	f_m	$c(w_m^L, w_a^H)/\theta_i$
L（発展途上国）	L（発展途上国）	f_a+f_m	$c(w_m^L, w_a^L)/\theta_i$

注：θ_i は企業 i の生産性水準
出所：Grossman, Gene, M. Elhanan Helpman, and Adam Szeidl. 2006. "Optimal Integration Strategies for the Multinational Firm." *Journal of International Economics* 70: 216-238 (Table 1).

(w^H) よりも低いと仮定する．

　企業は自国に本社機能を置き，生産は国内または発展途上国で行う．中間財生産を発展途上国で行うとき，本社で生産する場合に比べ追加的な固定費用 f_m が発生し，最終財組立を発展途上国で行うときは本社で組立作業を行う場合に比べ追加的な固定費用 f_a が発生する．ただし，いずれの生産工程も自国内で行うときの固定費用は基準化し，ゼロとしておく．生産工程の国際分業のパターンと，それぞれの組み合わせにおける費用の構造を表 6-1 に示してある．（中間財生産国，最終財組立国）の組み合わせで 4 通りのパターンがある．

　(H, H) すなわち，中間財生産，最終財組立ともに自国で行うケースでは，固定費用はゼロ，単位生産可変費用は $c(w_m^H, w_a^H)/\theta_i$ である．なお，θ_i は企業の生産性である．パターン (H, L) すなわち，自国で中間財を生産し，発展途上国で最終財に組立てるケースでは，直接投資による最終財組立のための追加的な固定費用 f_a を要し，単位生産可変費用は $c(w_m^H, w_a^L)/\theta_i$ である．最終財組立は発展途上国で行うため，最終財組立工程の単位労働コスト（賃金）は発展途上国の市場賃金 w_a^L となっている点に注意したい．パターン (L, H) すなわち，発展途上国で中間財を生産し，自国で最終財に組立てるケースでは，直接投資による中間財生産のための追加的な固定費用 f_m を要し，単位生産可変費用は $c(w_m^L, w_a^H)/\theta_i$ である．パターン (L, L) すなわち，中間

財生産，最終財組立工程の両方を発展途上国で実施するケースでは，直接投資による追加的な固定費用 f_a+f_m を要し，単位生産可変費用は $c(w_m^L, w_a^L)/\theta_i$ となる．

生産工程分業パターンごとの単位生産可変費用の大小比較は

$$c(w_m^H, w_a^H)/\theta_i > c(w_m^H, w_a^L)/\theta_i = c(w_m^L, w_a^H)/\theta_i > c(w_m^L, w_a^L)/\theta_i$$

である．なお，ここでは作図上の簡略化のため，(H,L) と (L,H) で単位生産可変費用は同額と仮定している．また，以下の分析では，直接投資に要する固定費用と単位生産可変費用の相対的な大小で，生産工程のフラグメンテーション戦略が決まるというキーポイントを理解するため，最も簡単なモデルとして中間財や最終財の輸出の際の輸送費等の貿易費用は掛からないと仮定する．

前節の水平的直接投資の分析で導入した方法と同じ方法により，独占的競争企業の最大化された利潤を求めると次式となる．

$$\pi = \bar{S} \cdot A \cdot (c(w_m^k, w_a^l))^{1-\varepsilon} \Omega_i - z \tag{6.18}$$

$\bar{S}(=S_H+S_N+S_L)$ は世界の市場規模を表す．$A \equiv (\varepsilon-1)^{\varepsilon-1}/\varepsilon^\varepsilon$ は定数で，$\Omega_i \equiv \theta_i^{\varepsilon-1}(\varepsilon>1)$ は企業 i の生産性指標である．また，z は生産工程別の直接投資による固定費用を表す．

生産工程の国別組み合わせパターン別に最大化された利潤を定式化すると以下のようになる．なお，括弧 (•,•) 内の第 1 項は中間財の生産国，第 2 項は最終財の組立国である．

ケース 1：中間財，最終財組立ともに自国で生産；(H,H)

$$\pi_{H,H} = \bar{S} \cdot A \cdot (c(w_m^H, w_a^H))^{1-\varepsilon} \Omega_i \tag{6.19}$$

ケース 2：中間財，最終財組立ともに発展途上国で生産；(L,L)

$$\pi_{L,L} = \bar{S} \cdot A \cdot (c(w_m^L, w_a^L))^{1-\varepsilon} \Omega_i - (f_a+f_m) \tag{6.20}$$

ケース3：中間財を自国で生産，最終財組立は発展途上国で行う；(H, L)

$$\pi_{H,L} = \bar{S} \cdot A \cdot (c(w_m^H, w_a^L))^{1-\varepsilon}\Omega_i - f_a \tag{6.21}$$

ケース4：中間財を発展途上国で生産，最終財組立は自国で行う；(L, H)

$$\pi_{L,H} = \bar{S} \cdot A \cdot (c(w_m^L, w_a^H))^{1-\varepsilon}\Omega_i - f_m \tag{6.22}$$

上記4つのケースの利潤を企業の生産性指標 Ω_i との関連で図示すると，図6-3にみられる右上がりの直線となる．縦軸は原点 O から上方が企業の純利潤 (π) を表し，原点より下方が直接投資による固定費用を表している．図にみられるように，(L, L) のケース，すなわち中間財生産，最終財組立ともに発展途上国で行う場合の利潤の直線 ($\pi_{L,L}$) が縦軸の切片が最も下方で，勾配は最も急勾配である．すなわち，このケースは直接投資の固定費用が最も大きいが，財1単位当たりの（可変的）生産費用は最も低い組み合わせとなる．一方，(H, H) のケース，すなわち中間財生産，最終財組立ともに自国で行う場合の利潤の直線 ($\pi_{H,H}$) は直接投資の固定費用がかからないため（さらに，自国内の工場等の固定費用は基準化しゼロとしているため），原点 O から発し，勾配は最も緩やかである．すなわち，このケースは固定費用を要しないが，財1単位当たりの（可変的）生産費用は最も高い組み合わせとなる．中間財を自国で生産し，最終財組立を発展途上国で行うときの利潤直線 $\pi_{H,L}$ の勾配と，発展途上国で中間財を生産し自国で最終財に組み立てるときの利潤直線 $\pi_{L,H}$ の勾配は，単位生産可変費用が同じであるという仮定条件により，同じである．

図6-3は，直接投資により中間財を発展途上国で生産する場合の固定費用 f_m は，最終財組立のための直接投資固定費用 f_a よりも多額であると仮定して描かれている．一般的には，直接投資により部品・中間財を発展途上国で生産する場合は，組立作業を行う直接投資に比べ，工場，機械設備等への投資や生産・品質管理のための固定費が大きくなるケースが多いと考えられるが，両者の大小関係は産業によっても異なる．したがって，図6-3は1つの

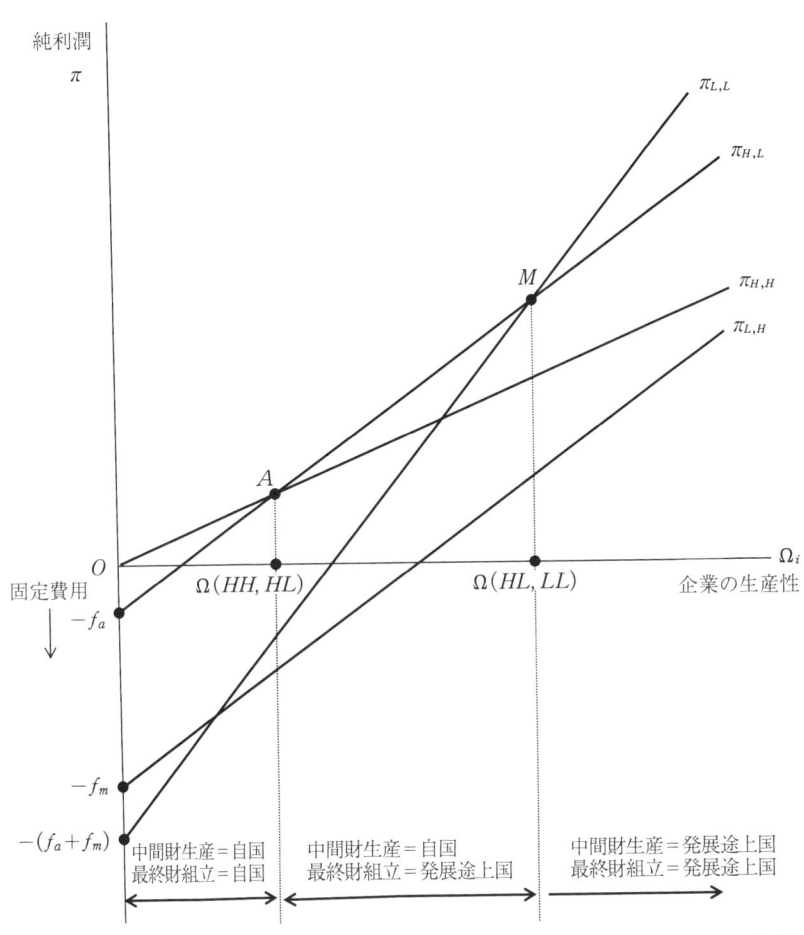

注：利潤の記号 (π) の添え字は，(中間財生産国，最終財組立国) のペアで，(H, H) は (自国，自国)，(H, L) は (自国，発展途上国)，(L, H) は (発展途上国，自国)，(L, L) は (発展途上国，発展途上国) である．ただし，自国は先進工業国とする．

出所：Grossman, Gene M., Elhanan Helpman, and Adam Szeidl. 2006. "Optimal Integration Strategies for the Multinational Firm." *Journal of International Economics* 70: 216-238. の Figure 2 に加筆．

図 6-3　企業の生産性格差と垂直的直接投資，フラグメンテーションの態様

例として，作図してある．

　生産性指標の軸で，$\Omega(HH, HL)$，$\Omega(HL, LL)$ で表される点は，（中間財生産国，最終財組立国）の組み合わせを示す利潤直線が交差する生産性指標で，生産工程のフラグメンテーションが発生する境界値となる生産性指標である．すなわち，$\Omega(HH, HL)$ は $\pi_{H,H}$ と $\pi_{H,L}$ が交差する生産性指標で，$\Omega(HL, LL)$ は $\pi_{H,L}$ と $\pi_{L,L}$ が交差する生産性指標である．境界値生産性指標と生産工程のフラグメンテーションの分類をみると，第1に生産性指標が $\Omega(HH, HL)$ 以下の企業は，直接投資にかかる固定費を負担できるだけの十分な純利潤（直接投資固定費用控除後の利潤）を獲得できないため，中間財生産，最終財組立ともに自国の工場で行い，3か国の市場で販売する．第2に，生産性指標が $\Omega(HH, HL) \sim \Omega(HL, LL)$ の企業は，自国で生産した中間財を発展途上国に輸出し，現地子会社で最終財に組立て，自国および他の先進工業国 N に輸出する（発展途上国内でも販売）．このケースでは，企業内貿易が発生する．第3に生産性が相当高く $\Omega(HL, LL)$ 上の企業は，単位生産可変費用が十分低いため利潤最大化生産量は大きく，中間財生産，最終財組立ともに，直接投資により発展途上国で行い，最終財を自国および他の先進工業国 N に輸出する（発展途上国内でも販売）．このケースでは，自国には本社機能だけが残り，発展途上国の子会社は「輸出プラットホーム（export platform）」となる．

　図のケースのように，中間財生産のための直接投資固定費用 f_m が大きいときは，生産性の低い企業は（自国で中間財生産，自国で最終財組立）の生産戦略を選択し，生産性が中程度の企業は（自国で中間財生産，発展途上国で最終財組立）の戦略を，生産性が高い企業は（発展途上国で中間財生産，発展途上国で最終財組立）の戦略を採用する．しかし，生産工程フラグメンテーションの戦略は，最終財組立のための直接投資固定費用 f_a と比較した中間財生産のための直接投資固定費用 f_m の大小関係，および自国と発展途上国の賃金水準の格差等の要因にも依存することに注意しなければならない．

　図 6-4 は所与の相対賃金と所与の最終財組立のための直接投資固定費用

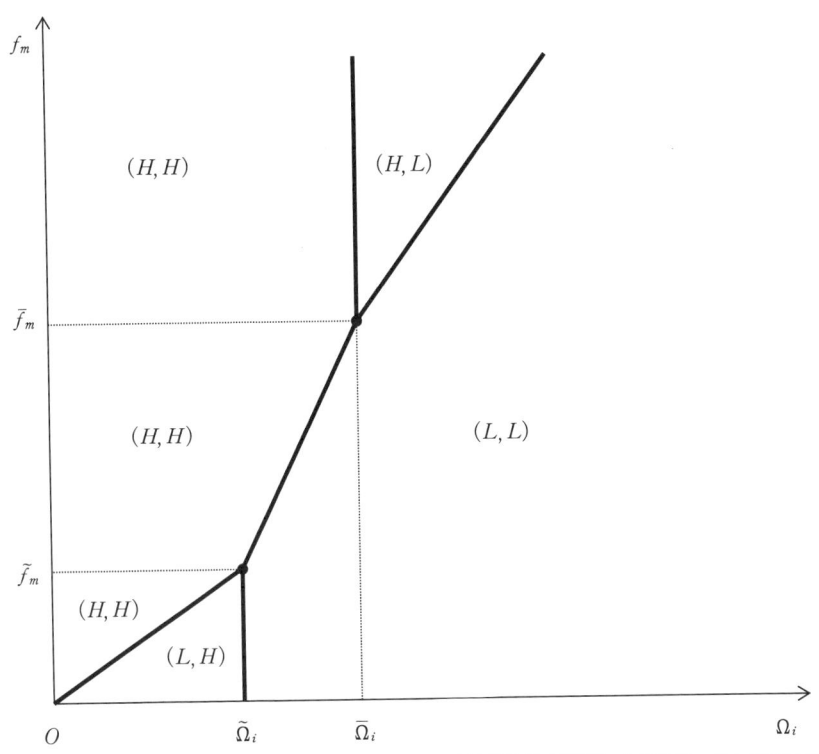

第6章 直接投資と多国籍企業   193

[図: 縦軸 f_m、横軸 Ω_i の座標平面。領域 (H,H), (H,L), (L,L), (L,H) が示され、$\bar{f}_m$, $\tilde{f}_m$, $\tilde{\Omega}_i$, $\bar{\Omega}_i$ がプロットされている。]

注：1) このグラフは所与のf_a（最終財組立のための直接投資固定費用）を前提に，描かれている．
　　2) （中間財生産国，最終財組立国）のペアで，(H,H)は（自国，自国），(H,L)は（自国，発展途上国），(L,H)は（発展途上国，自国），(L,L)は（発展途上国，発展途上国）の組み合わせである．
出所：Grossman, Gene, Elhanan Helpman, and Adam Szeidl. 2006. "Optimal Integration Strategies for the Multinational Firm." *Journal of International Economics* 70: 216-238 (Figure 3).

図 6-4　企業の生産性格差，中間財生産直接投資の固定費用と垂直的直接投資の態様

f_aのもとで，中間財生産のための直接投資固定費用f_mの水準と，企業の生産性指標の組み合わせにより，最適な生産工程フラグメンテーションの組み合わせがどうなるかを表している[10]．図6-3でみたケースは，中間財生産の直接投資固定費用が大きく，$\bar{f}_m$以上の規模のとき実現する．中間財の直接投資固定費用が中規模で$\tilde{f}_m$〜$\bar{f}_m$の範囲内のときは，生産性が比較的低い企

業は中間財,最終財組立ともに自国で行い $\{(H, H), \pi_{H,H}\}$, 生産性が高くなると中間財生産,最終財組立ともに発展途上国で実施するようになる $\{(L, L), \pi_{L,L}\}$. 中間財の直接投資固定費用が小さく $\tilde{f}_m$ 以下のときは,生産性が極めて低い企業は全ての工程を自国で行い $\{(H, H), \pi_{H,H}\}$, 生産性がやや高くなると,中間財生産を発展途上国で,最終財組立を自国で行うフラグメンテーションが最適となる $\{(L, H), \pi_{L,H}\}$. しかし,生産性指標が比較的低い $\tilde{\Omega}_i$ を上回る企業は,直接投資による固定費の負担が小さいこともあり,中間財生産,最終財組立ともに発展途上国に移管する $\{(L, L), \pi_{L,L}\}$ ことが最適なフラグメンテーション戦略となる.

注

1) 近年,国際貿易および直接投資に企業の異質性(firm heterogeneity)を取り込んだ理論研究および実証研究が盛んに行われてきている.概説書として次が有益である.E. ヘルプマン/本田・井尻・前野・羽田訳(2012)『グローバル貿易の針路をよむ』文眞堂.また,サーベイ論文として,例えば以下のようなものがある.Bernard, Andrew B., Bradford Jensen, J. Stephen Redding, J. and Peter K. Schott. 2007. "Firms in International Trade." *Journal of Economic Perspectives* 21(3): 105-130. Greenaway, David, and Richard Kneller. 2007. "Firm Heterogeneity, Exporting and Foreign Direct Investment." *The Economic Journal* 117 (February): 134-161.

2) Markusen, James R. 1995."The Boundaries of Multinational Enterprises and the Theory of International Trade." *Journal of Economic Perspectives* 9(2): 169-189.

3) Dunning, John H. 1977."Trade, Location of Economic Activity and MNE: a Search for an Eclectic Approach." *In Ohlin, B., P.O. Hesselborn, and P.K. Wijkman, eds., The International Allocation of Economic Activity*. London: Macmillan: 39-418. Dunning, John H. 1981. *International Production and the Multinational Enterprise*. London: George Allen and Unwin.

4) Brainard, Lael. S. 1997. "An Empirical Assessment of the Proximity-Concentration Trade-off between Multinational Sales and Trade." *American Economic Review* 87: 520-544. Markusen, James. R., and Anthony. J. Venables. 1998. "Multinational Firms and the New Trade Theory." *Journal of International Economics* 46: 183-203. 日本の多国籍企業の企業データを使った,「市場への近接性と規模の経済のトレード・オフと直接投資」に関する実証研究として次

がある．Kasajima, Shuji, 1997. "Industrial Linkages, R&D Spillovers, Home Market Effects, and Multinational's Plant Location Decisions in Regionally Integrated Economies." Chapter 2 of *Externalities, Increasing Return to Scale, Factor Proportions and Foreign Direct Investment*, Ph.D. Dissertation, University of Wisconsin at Madison.

5) Helpman, Elhanan, Marc J. Melitz, and Stephen R. Yeaple. 2004. "Export versus FDI with Heterogeneous Firms." *American Economic Review* 94(1): 300-316. 関連した論文として，次も参照した．Helpman, Elhanan. 2006. "Trade, FDI, and the Organization of Firms." *Journal of Economic Literature*, vol. XLIV: 589-630.

6) この簡略化された需要関数は，「多様性愛好」の消費選好を有する消費者の「代替弾力性が一定の効用関数」から導出される需要関数で，S は消費者の各財に対する平均的な消費支出額とも解釈できる．

7) 日本の企業データを用い，企業の生産性格差と，"国内企業", "輸出企業", "多国籍企業"の態様の関係を検証した実証分析の論文として例えば次がある．Head, Keith and John Ries. 2003. "Heterogeneity and the FDI versus Export Decision of Japanese Manufacturers." *Journal of the Japanese and International Economies*, 17: 448-467.

8) EMS (electronics manufacturing service) は電子機器部品の受託生産サービスおよび受託生産を行う企業のことをいう．1990年代から発達した業態で，電子機器生産における国際外注 (foreign outsourcing) の担い手企業でもある．

9) 本節の分析で，参照した文献は次である．Grossman, Gene, M., Elhanan Helpman, and Adam Szeidl. 2006. "Optimal Integration Strategies for the Multinational Firm." *Journal of International Economics* 70: 216-238. Helpman, Elhanan. 2006. "Trade, FDI, and the Organization of Firms." *Journal of Economics Literature*, vol. XLIV: 589-630. また，日本の企業データを用い，企業の生産性格差と，"国内企業", "輸出企業"および"(垂直的直接投資) 多国籍企業"とオフショアリングの関係を検証した論文として例えば次がある．Tomiura, Eiichi. 2007. "Foreign Outsourcing, Exporting, and FDI: A Productivity Comparison at the Firm Level." *Journal of International Economics*, 72: 113-127.

10) 出所は，Grossman, Gene M., Elhanan Helpman. and Adam Szeidl 2006: "Optimal Integration Strategies for the Multinational Firm." *Journal of International Economics* 70: 216-238.

第7章
貿易政策の基礎理論

　この章では，政府が実施する貿易政策が産業の生産量，消費量および経済厚生に及ぼす効果に関する標準的な理論を紹介する．貿易政策には，輸入関税，輸入数量割当，輸出自主規制など輸入量を制限する政策と，輸出補助金，輸出税など輸出量を促進・抑制する政策がある．個別の貿易政策が生産量，消費量，貿易量および国民の経済厚生に及ぼす効果は異なるが，それらの効果は貿易政策の実施国が「小国」であるか，「大国」であるかによっても異なる．「小国」および「大国」は主に国際経済理論で用いられる概念で，国際貿易論の枠組みで定義すれば，「小国」とは国の経済規模が世界経済全体に比べれば小さいため，その貿易量の大小が輸出財や輸入財の国際価格に影響を与えることが出来ない国のことをいう．一方，「大国」は経済規模が大きいため，その貿易量の変化が財の国際価格に影響を及ぼすことができる国である．

　さらに，輸入財や輸出財に対する貿易政策の効果を分析する際，財の市場が「完全競争市場」であるか「不完全競争市場」であるかにより，貿易政策実施後の財の市場価格，生産量，需要量，貿易量および経済厚生に及ぼす効果は異なる場合があることにも注意しなければならない．

　また，貿易政策の経済効果を分析する手法として，「部分均衡分析」と「一般均衡分析」がある．「一般均衡分析」は，第2章および第3章で使用した生産可能性フロンティアや社会的無差別曲線などの分析道具を使用して，貿易政策の実施が当該財の貿易量の変化だけでなく，他の財の貿易量の変化も同時に分析し，さらにそれらの背後にある財の相対価格の変化，産業間で

の資源配分の変化および消費者の財の最適消費選択の変化等も分析する手法である．「部分均衡分析」は，特定の輸入財あるいは輸出財だけを取り上げ，個別の貿易政策がその財の価格，生産量，消費量，貿易量および経済厚生にどのような影響を及ぼすかを分析する手法である．とりわけ，部分均衡分析では貿易取引に関わる経済主体を消費者，企業（生産者）および政府部門の3者に区分し，貿易政策の実施がそれぞれの経済主体の経済厚生にいかなる効果を及ぼすかを，需要曲線と供給曲線を使って分析する．分析手法は一般均衡分析に比べれば簡易で，かつ分析結果は直感的に理解できるという利点がある．

　本章では，財の市場は完全競争市場であると仮定し，主として部分均衡分析の手法により輸入関税，輸入数量割当，輸出自主規制および輸出補助金の経済厚生効果の分析を行うが，輸入関税については一般均衡分析も同時に行う．また，企業の輸出を促進し，利潤（生産者余剰）を増加させる目的で実施される輸出補助金について，生産補助金などの代替的な国内政策を用いれば経済厚生の悪化を少なくすることができる点も検討する．なお，財の市場が不完全競争市場の場合の主要な貿易政策の市場効果および経済厚生効果に関する分析は第8章で行う．

1. 輸入関税

(1) 自由貿易からの利益

　外国との貿易を行っていない国が貿易を開始すると，国民の経済厚生が向上することは，前章までの諸貿易理論によって明らかにされた．貿易を開始することによって獲得できる国民の経済厚生の増加のことを，「貿易利益」あるいは「自由貿易からの利益」というが，この貿易利益は，「静態的な貿易利益」と「動態的な貿易利益」に区分することができる．

　「静態的な貿易利益」とは，1国における労働力や資本ストックなどの生産資源の賦存量や産業の技術水準は変化しないと仮定して，貿易による財の

相対価格の変化に誘導されて，産業間での資源の効率的な再配分や消費者の消費選択の変化が実現し，国民の経済厚生が向上することをいう．静態的な貿易利益は，第2章の図2-12（67ページ）で分析したように，「消費面の利益（交換の利益）」と「生産面の利益（生産特化の利益）」に分解できる．閉鎖経済の均衡から自由貿易経済に移行するとき発生する消費面の利益は，産業別の生産量は固定したまま2財の国内相対価格が国際相対価格（交易条件）に変化するとき生じるもので，希少生産要素を集約的に用いて生産される財（輸入財）の価格が相対的に安くなることにとって消費者が獲得できる効用水準の増加を意味する．図2-12では，閉鎖経済均衡での社会的無差別曲線 U_A 上の A 点から U_E 上の E 点への効用水準の増加によって表される．生産面の利益は，国際相対価格のもとで，比較優位を有する財（輸出財）の生産が拡大するように産業間での資源の効率的な再配分が実現し，国民所得（GDP）が増加することによって生じる効用水準の増加で，図では E 点から社会的無差別曲線 U_T 上の C 点への動きで示される．

「動態的な貿易利益」は，外国との貿易が自国の経済成長を促進させることによって実現する経済厚生水準の向上である．経済成長は労働力の増加，資本ストックの蓄積，産業の技術水準の向上などで実現するが，外国との貿易により誘発された経済成長により生産可能性フロンティアが外側に拡大し，国民の消費の拡大により国民の経済効用水準は上昇するのである．

静態的な貿易利益を，需要曲線と供給曲線を用いた部分均衡分析の手法で分析する際，消費者余剰，生産者余剰および政府の余剰それぞれの変化から経済全体としての総余剰（経済厚生）の変化を計測する．図7-1は閉鎖経済から貿易を開始したときの経済厚生の変化を，輸入財の市場分析（左のパネル）と輸出財の市場分析（右のパネル）に分けて示している．まず自由貿易のもとでの外国からの財の輸入によって獲得できる経済厚生の増加を確認しよう．

輸入財の国内市場で，貿易開始前の市場均衡は需要曲線 D と供給曲線 S が交差する A 点で，市場均衡価格は P_A，均衡取引量は Q_A である．閉鎖経

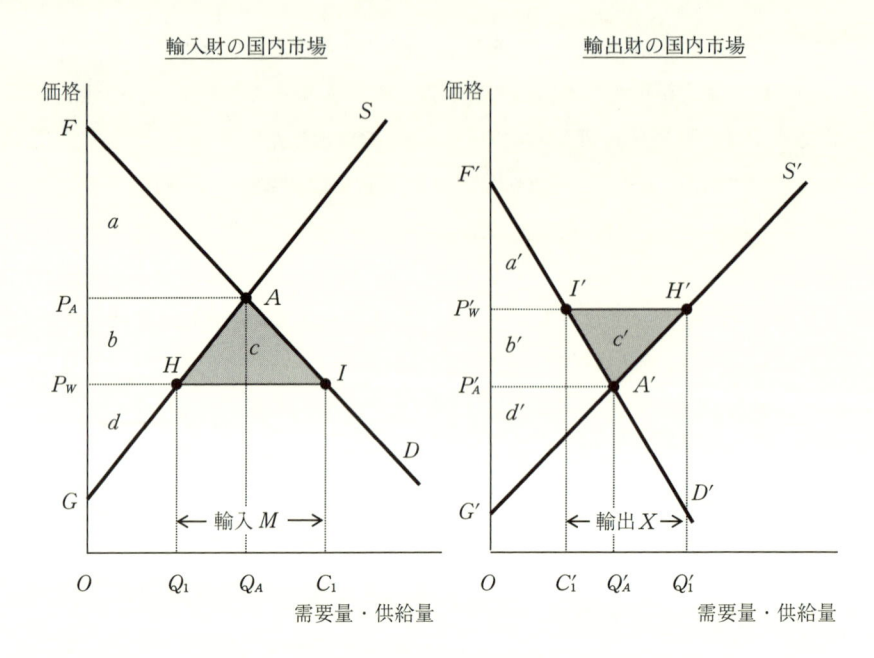

図7-1 自由貿易の経済厚生効果：部分均衡分析

　済均衡における経済厚生は消費者余剰と生産者余剰の合計となる．「消費者余剰」は，財の需要曲線と市場価格線（P_A での水平な直線）とで囲まれた三角形の面積に相当する金額で，図の左のパネルの三角形 a である．消費者余剰は消費者が財の消費によって得る総効用（総余剰）から財への支出金額を差し引いたネットの効用（余剰）と解釈する．

　「生産者余剰」は，市場価格線と財の供給曲線とで囲まれた逆三角形の面積に相当する金額で，図の面積 b と d を合計した三角形の面積相当の金額となる．完全競争企業の財の供給曲線は限界費用曲線であるから，生産者余剰は企業の総収入から利潤最大化生産量までの限界費用を合計した可変費用を差し引いた金額となる．資本と労働の2つの生産要素を使う生産技術では，短期の生産活動において労働への報酬（賃金）を可変費用，資本への報酬（資本のレンタル価格）を固定費用と分類するため，生産者余剰は資本への

報酬総額と利潤の合計と解釈できる[1]．

　自国は「小国」とし，外国との貿易を開始すると，輸入財は国内の市場均衡価格よりも安い国際価格 P_W で輸入される．企業は輸入される財と同じ価格で生産・販売しなければならないため生産量は Q_A から Q_1 に減少する．一方，消費者は安い価格で購入できるため需要量を Q_A から C_1 に増やす．輸入量は需要量と生産量の差の M である．輸入により，消費者余剰は三角形 FIP_W 相当の額になる．すなわち，閉鎖経済の均衡に比べ，面積 b と網をかけた三角形の面積 c 相当額の消費者余剰が増加する．一方，価格が低下し生産量も減少させるため，企業の生産者余剰は面積 b 相当額が失われ，面積 d 相当額に減少する．消費者余剰の増加と生産者余剰の減少を加算すると，三角形 c の面積相当額の経済厚生の増加が実現することになる．すなわち，外国との貿易により，安価な財の輸入により消費者が利益を得ることにより経済全体としての厚生水準が高まるのである．

　財の輸出が経済厚生の変化に及ぼす効果は，図の右のパネルで分析できる．閉鎖経済における市場均衡は A' 点で，均衡価格は P'_A，均衡取引量は Q'_A である．この財の国際価格 P'_W は国内の市場均衡価格よりも高いため，この財は国際価格 P'_W で外国へ輸出される．輸出により市場価格が上昇するため消費者は需要量を Q'_A から C'_1 に減少する．一方，企業は価格の上昇をみて生産量を Q'_A から Q'_1 に増加する．この結果，生産量と需要量の差である X が外国に輸出される．市場価格の上昇と需要量の減少により，消費者余剰は面積 b'（台形 $P'_W I' A' P'_A$）相当額が減少する．一方，企業は価格上昇により生産量を増やすため，生産者余剰は面積 b' と網をかけた逆三角形の面積 c' 相当額が増加する．生産者余剰の増加と消費者余剰の減少を加算すると，経済全体では逆三角形 c' の面積相当額の経済厚生の増加が実現する．すなわち，外国との貿易により，閉鎖経済での価格よりも高い国際価格で輸出できるため，生産者余剰が拡大し経済全体としての厚生水準が高まるのである．

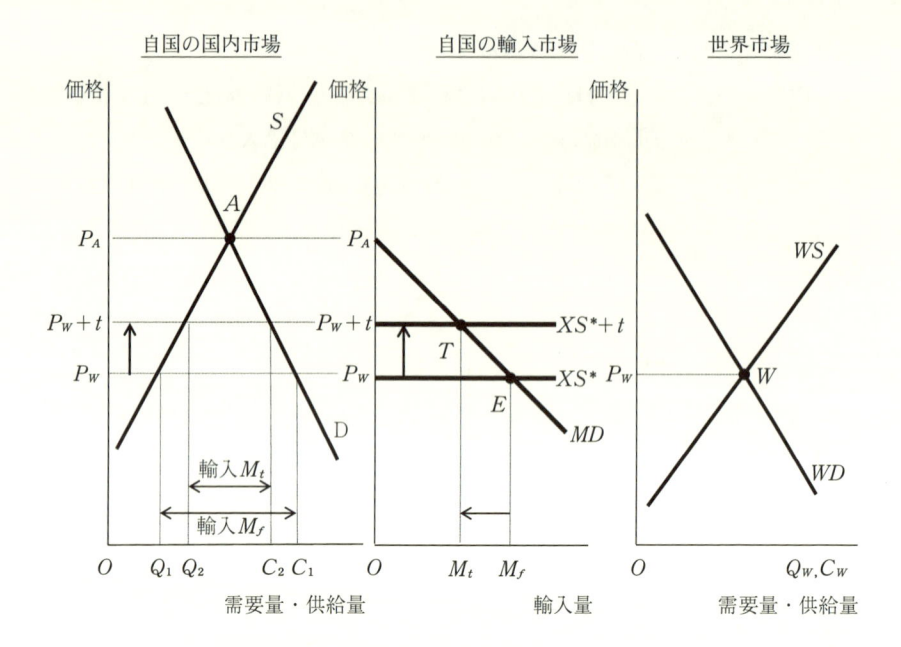

図7-2　輸入関税の部分均衡分析：小国のケース

(2) 輸入関税の経済厚生効果：小国の部分均衡分析

　自由貿易を行っていた自国の政府が，企業を外国からの競争から保護するために輸入関税を賦課したとしよう．この節では自国を「小国」と仮定し，部分均衡分析で輸入関税の経済厚生効果を分析する．

　「輸入関税（以下，関税と略記）」は外国からの輸入品に賦課される税金で，輸入国の需要者が関税込みの国内価格の上昇という形で負担することになる．輸入国の政府が関税を賦課する目的は，国内の輸入競争産業の保護や政府の税収確保などであるが，先進工業国では前者の目的で課税される．一部の発展途上国では，所得税や法人税など直接税の徴税機能が弱いため，関税収入を税収の需要な手段として利用している国もある．

　図7-2は小国である自国の政府が，外国からの輸入財に従量関税 t（円）を賦課した場合の生産量，需要量および輸入量に与える効果を分析している．

第7章　貿易政策の基礎理論

なお,「従量関税」とは, 輸入財1単位あたり定額の関税である. 自由貿易下で, 自国は世界市場 (右のパネル) で決まる国際価格 P_W で輸入する. 左のパネルで, 国内価格は国際価格 P_W と同水準になるため, 生産量は Q_1, 需要量は C_1 で, 輸入量は M_f である. 中央のパネルは, 小国である自国の輸入市場を表している. 輸入需要曲線 MD は, 所与の価格における自国の需要曲線 D と供給曲線 S の差を表す右下がりの直線で, 縦軸 (価格軸) との切片は閉鎖経済均衡における均衡価格 P_A である. 横軸に水平な直線 XS^* は外国からの輸出供給曲線で, 自国は小国であるため外国は国際価格 P_W で自国に輸出できる状況を表している. この財の貿易均衡は輸入需要曲線 MD と輸出供給曲線 XS^* が交差する E 点で, 自由貿易下での輸入量は M_f である.

政府が輸入財1単位当たり t 円の従量関税を賦課すると, 輸入財の国内価格は P_W+t となる. これは外国からの輸出供給曲線が t 円分上方にシフトし XS^*+t となることを意味する. 輸入市場における均衡は輸入需要曲線 MD と輸出供給曲線 XS^*+t が交差する T 点で, 関税賦課後の輸入量は M_t である. このように, 関税賦課により輸入量は減少する.

関税賦課による輸入量の減少を企業と消費者の最適化行動の面から分析すると (左のパネル), 国内価格が従量関税相当上昇し P_W+t となるため, 消費者は需要量を自由貿易下の C_1 から C_2 へ減少させる. 一方, 企業は国内価格上昇により生産量を Q_1 から Q_2 に拡大する. 生産量の増加と消費量の減少により, 輸入量は自由貿易下の M_f から M_t に減少する.

小国の場合の関税賦課による経済厚生への効果は, 図7-3に示してある. 関税賦課後の国内価格の上昇により需要量は減少し, 消費者余剰は面積 $a+b+c+d$ 相当額が減少する. 一方, 企業は価格上昇により生産量を拡大するため生産者余剰は面積 a 相当額増加する. 関税の賦課は輸入競争財産業の労働雇用を増やすとともに, 資本への報酬額と利潤を増加させる効果がある. 生産者余剰の増加と消費者余剰の減少を加算すると, 面積 $b+c+d$ 相当額の総余剰の損失が発生するが, 需要者が負担する関税は政府の税収とな

自国の国内市場

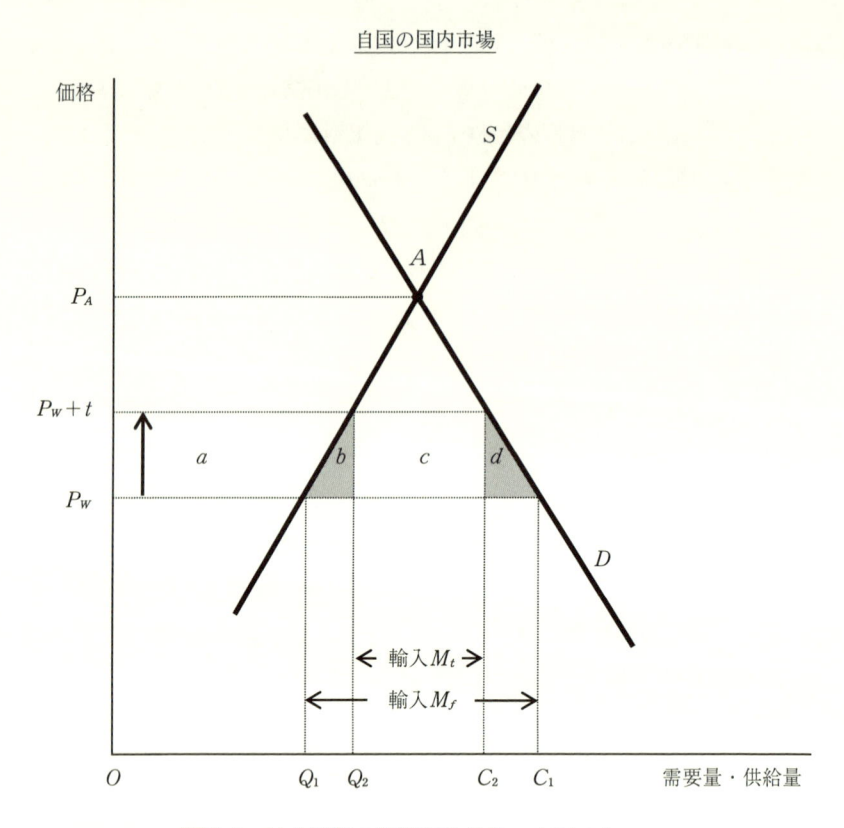

図7-3 輸入関税の経済厚生効果：小国のケース

るため，面積 c 相当額の政府の余剰が発生する．したがって，消費者，企業，政府の3つの経済主体の余剰の変化を合計すると，経済全体では面積 $b+d$ 相当の経済厚生の損失が発生することになる．

関税賦課による経済厚生の損失 $b+d$ を，関税による「経済厚生の死荷重」という．関税による経済厚生の死荷重は2つの要因から構成されている．1つは面積 b の部分で，これは関税による国内価格の上昇に伴い（本来，自由貿易下の国際価格のもとでは行われなかった）非効率な生産が実施されることに関連した経済厚生の損失で，「生産面の効率性損失」である．関税賦

課により，生産量が Q_1 から Q_2 に拡大すると，右上がりの供給曲線上で追加生産の限界費用が上昇することになり，自由貿易下よりも高い生産コストでより多くの生産を行うことにより発生する生産効率面の損失である．2つ目は面積 d の部分で，これは価格上昇に伴い消費者が消費量を減らすことによる効用の減少に相当するもので，「消費面の効率性損失」と呼ばれる．

(3) 輸入関税の経済厚生効果：小国の一般均衡分析

小国における関税賦課の部分均衡分析では，関税は輸入財の国内価格の上昇と，国内生産量の増加および消費量の減少により，消費面の効率性損失と生産面の効率性損失を生じさせ，経済全体の厚生水準が低下することが解明された．しかし，輸入財に限った部分均衡分析では，関税賦課により引き起こされる国民所得の変化や，財の相対価格変化に伴う輸出財の生産・消費に及ぼす影響などは明らかにすることはできない．この節では小国における輸入関税の効果の一般均衡分析を行い，関税が所得の変化や輸出財の生産・消費・輸出に及ぼす効果も合わせて検討する．

関税の一般均衡分析を表す図7-4で，自国は比較優位財である X 財（電子機器）を輸出し，Y 財（織物）を輸入しているとする．自国は「小国」であるから，国際市場で決定される価格（X 財は P_x^w，Y 財は P_y^w）で外国と貿易を行い，その貿易量が国際価格に影響を及ぼすことはない．2財の国際相対価格（国際交易条件）を $p^w \equiv P_x^w/P_y^w$ で表す．自国の政府は Y 財輸入に t％の「従価関税」を賦課すると，関税賦課後，国内の産業（企業）および消費者が直面する Y 財の国内価格（P_y^t）は P_y^w から $P_y^t=(1+t)P_y^w$ へ上昇する[2]．一方，X 財は国際価格 P_x^w で輸出され，国内でも同じ価格で販売される（国内価格を P_x^t とすると，$P_x^t=P_x^w$）．したがって，関税賦課後の2財の国内相対価格は $p^t \equiv P_x^w/(1+t)P_y^w = p^w/(1+t)$ となり，これは2財の国際相対価格 p^w よりも小さい．産業および消費者は自由貿易均衡では傾きが p^w の国際相対価格線（GDP線）のもとで，産業間の最適資源配分と2財の最適消費選択を行っていたが，関税賦課後は緩やかな傾き p^t の国内相対価

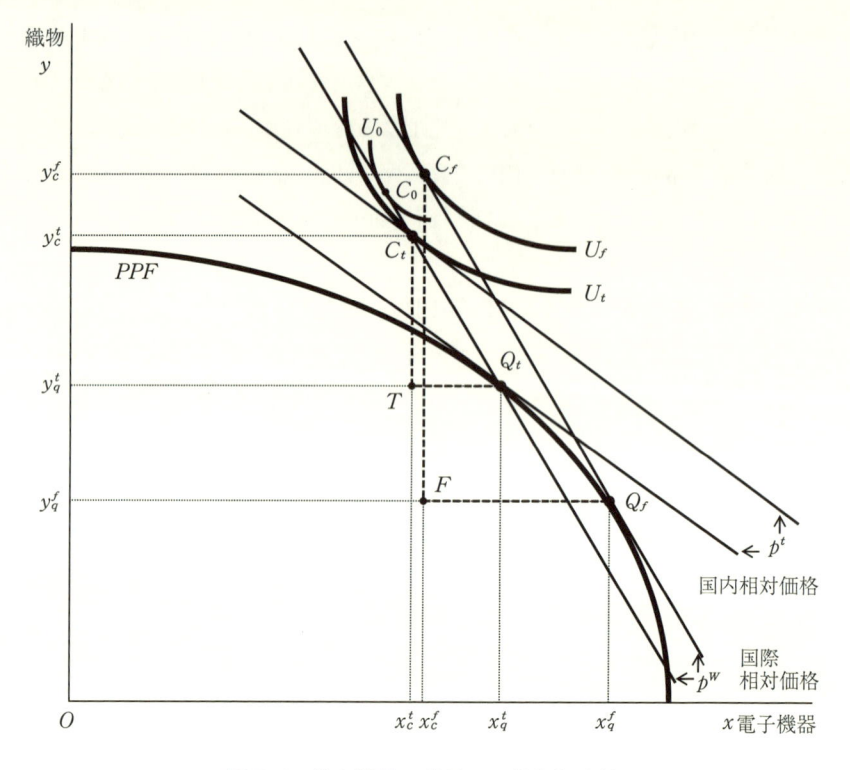

図7-4 輸入関税の効果:一般均衡分析

格線のもとで,最適化行動を行うことになる.

関税賦課前の自由貿易均衡では,生産均衡が生産可能性フロンティア (PPF) 上の Q_f 点で,電子機器の生産量は x_q^f,織物の生産量は y_q^f であった.一方,消費均衡は社会的無差別曲線 U_f 上の C_f 点で,電子機器の国内消費量は x_c^f,織物の国内消費量は y_c^f であった.外国との自由貿易は国際相対価格(国際交易条件) $p^w(\equiv P_x^w/P_y^w)$ のもとで行い,電子機器の輸出量は $x_q^f - x_c^f$,織物の輸入量は $y_c^f - y_q^f$ である.生産均衡 Q_f 点と消費均衡 C_f 点は,傾きが国際相対価格 p^w である共通の直線(GDP線)が,それぞれ PPF と社会的無差別曲線 U_f と接している点である.

織物に $t\%$ の従価関税を賦課すると2財の国内相対価格は $p^t = p^w/(1+t)$

となり，産業はこの相対価格のもとで利潤最大化行動を行うことになるため，生産面の均衡は PPF 上を Q_f から Q_t に移動する．すなわち，相対的に価格が安くなった電子機器の生産量が x_q^f から x_q^t に縮小する一方，相対的に価格が高くなった織物の生産量が y_q^f から y_q^t に拡大する．PPF 上の Q_t を通る傾きが p^w の国際相対価格線が，国際価格（X 財は P_x^w，Y 財は P_y^w）で評価した関税賦課後の GDP を表す線となる．消費者はこの所得制約と，関税賦課後の 2 財の国内相対価格 p^t のもとで最適消費選択を行うことになるが，図では，社会的無差別曲線 U_t 上の C_t が社会的効用最大化点で，そこでは電子機器の消費量は x_c^t，織物の消費量は y_c^t である．社会的無差別曲線 U_t 上の C_t 点で，関税賦課後の国内相対価格線 p^t が，U_t と接していることに注意したい．

関税賦課後の生産と消費の一般均衡および外国との貿易均衡では次の条件が成立している．

生産と消費の一般均衡条件：$MRS_{y,x} = p^t (\equiv P_x^w/(1+t)P_y^w) = MRT$ (7.1)

貿易収支均衡条件：$P_x^w \cdot (x_q^t - x_c^t) = P_y^w \cdot (y_c^t - y_q^t)$ (7.2)

(7.1) 式は消費均衡 C_t では，p^t の勾配を持つ関税賦課後の国内相対価格線が社会的無差別曲線 U_t と接し社会的効用を最大化していること（織物で測った電子機器の限界代替率＝織物に対する電子機器の国内相対価格，の実現），また生産均衡 Q_t では，p^t の勾配を持つ国内相対価格線と生産可能性フロンティアが接して産業間での資源の最適配分を実現していること（限界変形率（MRT）＝織物に対する電子機器の国内相対価格，の実現）を示している．

(7.2) 式の貿易収支均衡は，左辺が国際価格で表示した電子機器の輸出額で，右辺は国際価格で表示した織物の輸入額である．同式を変形すると次が得られる．

$$P_x^w \cdot x_q^t + P_y^w \cdot y_q^t = P_x^w \cdot x_c^t + P_y^w \cdot y_c^t = P_x^t \cdot x_c^t + P_y^t \cdot y_c^t/(1+t) \quad (7.3)$$

最左辺の式は国際価格で表示した総生産額（GDP），真ん中の式は国際価格で表示した総消費額，最右辺の式は関税賦課後の国内価格で表示した総消費額である（$P_x^w = P_x^t, P_y^w = P_y^t/(1+t)$）．消費者は国際価格で表示した総生産額を所得とし，それを原資として最適消費選択を行う[3]．すなわち，図では傾きが国際相対価格 p^w の直線が関税賦課後の最適生産点 Q_t を通り，更に社会的無差別曲線 U_t 上の最適消費点 C_t における消費を可能にしているのである．最右辺の式は，関税賦課により輸入財である織物の国内価格が上昇することに伴う生産面および消費面での効率性低下を表現している．

　関税賦課後の均衡と自由貿易均衡を比較すると，関税による輸入制限政策がもたらす次の諸問題点を指摘できる．第1に，関税賦課は社会的無差別曲線で表現される国民の経済厚生水準を U_f から U_t に低下させる．これは，関税賦課により発生する（自由貿易下での国際相対価格と比較した）国内の相対価格の歪みのもとで，産業（企業），消費者ともに最適な選択ができないことに起因している．まず産業では，輸入財である織物の国内価格が上昇することにより，比較劣位財である織物の生産量が増加する一方，比較優位を有する電子機器の生産量が減少する．すなわち，自由貿易下での比較優位の構造を反映した産業間の最適な資源配分が歪められ，国際競争力を持たない産業の生産が拡大する一方，国際競争力を有する産業の生産が縮小する．消費者は関税賦課による輸入財の国内価格の上昇により，輸入財の消費量を減少させる一方，輸出財の消費に相対的な重点を移す．すなわち，歪みを伴った国内相対価格のもとで，消費者の最適消費選択も効用水準の低下という形で悪い影響を受ける．

　このように関税賦課の経済厚生悪化効果は，生産面での効率性低下と消費面での効率性低下の2つの要因からなっている．図7-4では，生産面での効率性低下による経済厚生水準の悪化は，社会的無差別曲線 U_f から同 U_0 への社会的効用水準の低下で示される．ここで社会的無差別曲線 U_0 は，関税賦課後の生産均衡 Q_t 点を通る傾きが国際相対価格 p^w の GDP 線が接する社会的無差別曲線で，消費均衡点の C_f から C_0 への移動は，財の相対価格を

国際相対価格に維持した上で，関税に起因する産業間での非効率的な資源配分による実質所得（GDP）の減少により引き起こされる社会的効用水準の悪化を示す．次に，社会的無差別曲線 U_0 上の C_0 から同 U_t 上の C_t への均衡の移動は，消費者が所与の所得制約（関税賦課後の GDP）のもとで，財の相対価格が関税込の歪んだ水準になることに起因する社会的効用水準の悪化を示し，消費面での効率性低下による経済厚生の悪化を表す．

第2に，関税賦課は2財の国内相対価格の国際相対価格からの乖離により，国民の実質所得（GDP）の減少を引き起こすことである．図では，実質所得の減少は，関税賦課後の生産均衡 Q_t 点を通る傾きが p^w の GDP 線が，自由貿易の生産均衡 Q_f を通る同じ傾きの GDP 線よりも左側に位置していることにより確認できる．総生産額（実質所得額）の式で表すと，

$$P_x^w \cdot x_q^t + P_y^w \cdot y_q^t < P_x^w \cdot x_q^f + P_y^w \cdot y_q^f \tag{7.4}$$

である．左辺が国際価格で評価した関税賦課後の実質所得額，右辺が自由貿易での実質所得額である．関税賦課による実質所得の減少は，関税賦課による国内相対価格の歪みにより，関税賦課国の比較優位の構造と異なる産業間の資源配分が実現することにより発生する．

また，関税賦課により生産要素所有者間での所得分配も影響を受けることに注意しなければならない．ヘクシャー＝オリーン・モデルのストルパー＝サミュエルソン定理によれば，閉鎖経済から自由貿易経済への移行によって，輸出財の相対価格が上昇すると，輸出財生産に集約的に用いられる（国に豊富に存在する）生産要素の実質報酬は上昇し，輸入財生産に集約的に用いられる（希少な）生産要素の実質報酬は低下することになる．国が輸入財に関税を賦課すると，自由貿易下での国際相対価格に比べ輸入財の国内相対価格は上昇する．産業（企業）は国内の相対価格をみて産業間での資源移動と利潤最大化生産量を決定するため，ストルパー＝サミュエルソン定理によれば，自由貿易と比較し，輸入財生産に集約的に用いられる（希少な）生産要素の実質報酬が上昇し，輸出財生産に集約的に用いられる（豊富な）生産要素の

実質報酬が低下することになる．すなわち，関税賦課により，国民の実質所得は減少するが，所得分配面からみると，輸入財生産に集約的に使用される生産要素の実質所得は増加する可能性があるのである．もちろん，輸出財生産に集約的に用いられる生産要素の実質所得は低下する．

第3に，輸入関税の賦課は輸入量を減らすだけでなく，輸出財の輸出量も減少させる効果を持つことである．図7-4には自由貿易での貿易三角形 Q_fFC_f と，関税賦課後の貿易三角形 Q_tTC_t を描きいれてある．輸入財である織物の輸入量は大きく減少する（$C_fF \to C_tT$）と同時に，輸出財である電子機器の輸出量も Q_fF から Q_tT に減少している．電子機器の輸出量の減少は，関税により産業間の資源配分が歪められ電子機器の生産量が大きく減少する一方，電子機器の消費量は，実質所得は減少したものの電子機器の国内相対価格が安くなったため大きな影響を受けなかったという事情によるものである．

(4) 輸入関税の経済厚生効果：大国の部分均衡分析

自国の経済規模が大きく，その貿易量は世界の貿易量の中で比較的大きなシェアを持つとしよう．すなわち，自国は「大国」で，輸入財の国際市場で市場支配力を有する．例えば，自国の輸入量の減少は国際市場で輸入需要の比較的大きな減少を引き起こし，輸入財の国際価格が下落する効果を及ぼす．大国のケースで輸入関税賦課の国際価格への影響，輸入量への影響，経済厚生への効果等について図を使って分析するため，輸入財を供給（輸出）するのは，同じく大国の「外国」であるとする．

図7-5は，自国が輸入国，外国が輸出国である財の，それぞれの国内市場と国際市場を表している．左のパネルは自国の国内市場，右のパネルは外国の国内市場を表すが，自国では閉鎖経済の市場均衡価格 P_A が外国の閉鎖経済の均衡価格 P_A^* よりも高いため，自国はこの財を輸入し，外国は輸出する．中央のパネルは自国の国内市場における需要曲線と供給曲線から導出される「輸入需要曲線」MD と，外国の国内市場における需要曲線と供給曲線から

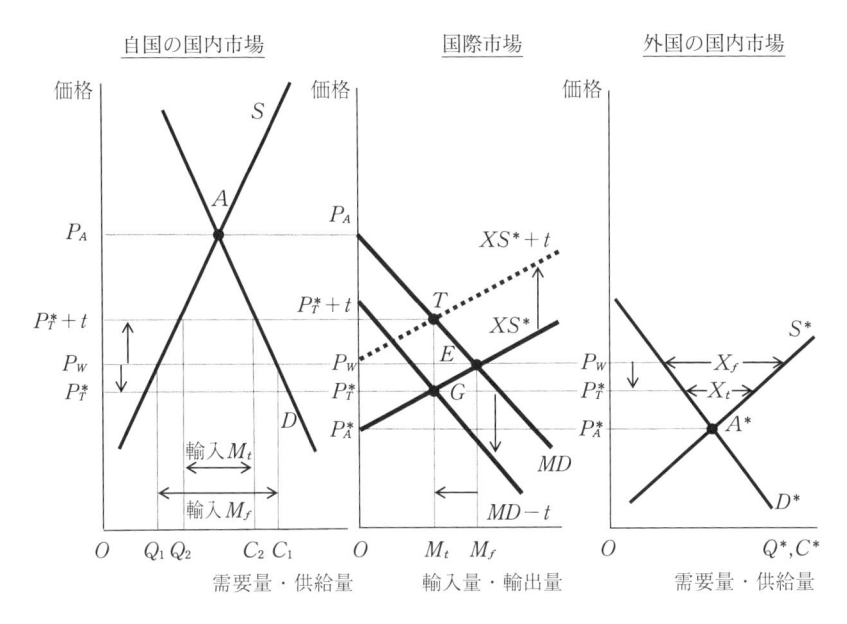

第7章 貿易政策の基礎理論　211

図7-5 輸入関税の部分均衡分析：大国のケース

導出される「輸出供給曲線」XS^* から構成される国際市場である．「小国」のケースとの重要な相違点は，小国では世界からの輸出供給曲線が国際価格の水準で水平な直線となっている（図7-2参照）のに対し，「大国」のケースでは外国の輸出供給曲線が価格軸に対して右上がりの直線となっていることである．自国の輸入需要曲線 MD は，縦軸との切片が閉鎖経済における市場均衡価格 P_A で，価格が下落すると国内需要量が国内供給量を上回るため輸入需要が増加し，右下がりの直線となる．外国の輸出供給曲線 XS^* は縦軸との切片が閉鎖経済における市場均衡価格 P_A^* で，価格が上昇すると国内供給量が国内需要量を上回るため輸出供給が増加し，右上がりの直線となる．

自由貿易均衡は，国際市場で輸入需要曲線 MD と輸出供給曲線 XS^* が交差する E 点で，この財の国際価格は P_W に決まる．左のパネルから自国の需要量は C_1，供給量は Q_1 であるから，輸入量は $M_f = C_1 - Q_1$ である．右

のパネルから自由貿易下での外国の輸出量は $X_f(=M_f)$ である．

　自国政府が輸入財1単位あたり t の従量関税を賦課したとする．国際市場を表すパネルで，従量関税の賦課は輸入量の減少から輸入需要曲線 MD を t 相当額下方へ平行シフトさせることになる（図では，$MD-t$ 直線となる）．「大国」のケースでは，自国からの輸入量の減少に対応して外国は輸出量を減らすことになるから，外国の輸出供給曲線 XS^* 上で，輸出量の減少と国際価格の下落が生じる．この結果，関税賦課後の国際市場の均衡は G 点となり，国際均衡価格は P_w から P_t^* へ下落する．自国の消費者および企業が消費と生産の意思決定に際し直面する国内価格は新しい国際価格に関税 t を加えた P_t^*+t となる．関税込の価格のもとで，需要量は C_1 から C_2 に減少する一方，生産量は Q_1 から Q_2 に増加する．この結果，輸入量は M_f から M_t に減少する（右のパネルで外国の輸出量は，X_f から X_t に減少する）．

　同じ額の従量関税が賦課される「小国」のケースと比較すると，「大国」のケースでは関税込の国内価格の上昇幅が小さいため輸入量の減少も少なくなる．これは，大国のケースでは，関税が経済厚生に与える負の効果が少なくなることを意味する．反面，外国は国際価格の下落から輸出価格が低下し，図7-1 を援用して考察すると，輸出による経済厚生の一部が失われることになる．

　図7-5 の国際市場のパネルでは，自国政府が従量関税 t を輸入財に賦課することにより，外国の輸出供給曲線 XS^* が t 相当額上方へ平行シフトし，XS^*+t となることも示している．これは外国の輸出業者に関税 t が課税されると解釈するもので，この場合関税込みの均衡は，輸入需要曲線 MD と輸出供給曲線 XS^*+t が交差する T 点で，関税込みで自国の消費者および企業が直面する価格は P_t^*+t，自国政府への関税支払い後，外国の輸出業者が受け取るネットの価格は関税後の国際価格である P_t^* である．すなわち，自国の輸入業者が関税込みで消費者に販売する価格と，外国の輸出業者が関税込みで自国の消費者に販売する価格は P_t^*+t で同じ価格である．また，

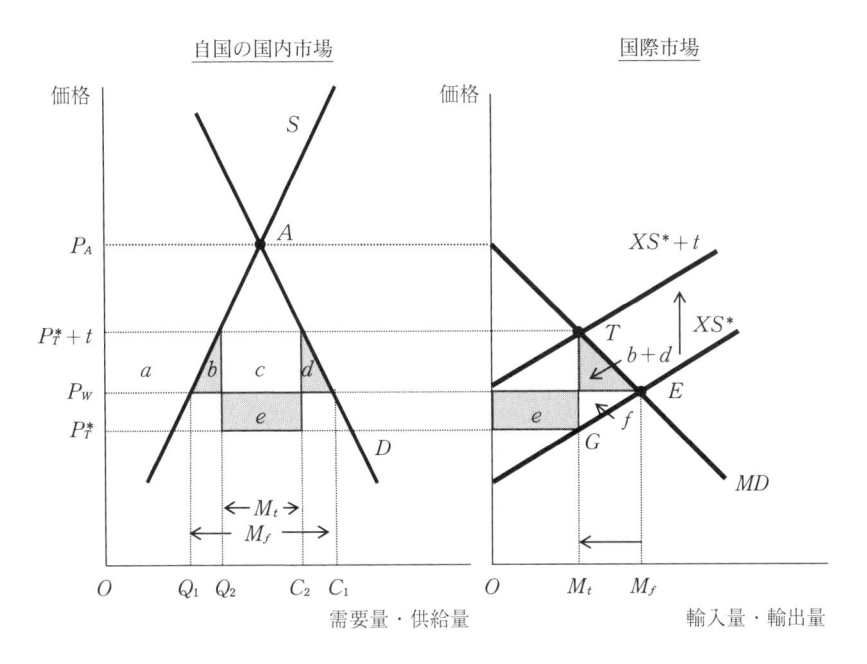

第7章 貿易政策の基礎理論　　213

図7-6　輸入関税の経済厚生効果：大国のケース

外国の輸出業者が受け取るネットの販売価格も P_T^* で同じ価格である．このように，関税が輸入業者に賦課されるケースと輸出業者に賦課されるケースは，輸入国における関税込みの国内均衡価格，輸出国の実質輸出価格および均衡の輸入量（輸出量）のいずれについても全く同じ水準である．このことから，以下で大国における関税の経済厚生効果を分析する際，関税が輸出業者に賦課されるとする（図7-6）．

図7-6の左のパネル（自国の国内市場）で関税賦課後，国内価格が自由貿易均衡の P_W から P_T^*+t に上昇することにより，需要量は減少する．これによる消費者余剰の減少は，面積 $a+b+c+d$ 相当額となる．一方，国内価格上昇に伴い企業は生産を増加するため，生産者余剰は面積 a 相当額が増加する．政府の関税収入は，面積 $c+e$ 相当額である．それぞれの経済厚生の変化を加算すると，経済全体では面積 $e-(b+d)$ 相当額の経済厚生の

変化となる．このネットの経済厚生の変化は，負の値であることも，正の値であることもある．経済厚生の損失である b と d は，小国のケースと同様，関税賦課に伴う経済厚生の死荷重で，生産面の効率性損失と消費面の効率性損失を表す．一方，経済厚生の利得である面積 e は，「大国」である自国の輸入減少により輸入財の国際価格が下落することにより獲得できる利得で，自国にとっての交易条件改善による経済厚生の増加と解釈できる．これを，大国における関税賦課が経済厚生を増加させる「交易条件効果」という．経済厚生の死荷重が，交易条件改善による経済厚生の増加を上回れば，経済全体の厚生水準は関税により低下する．反対に，交易条件改善による経済厚生の増加が，関税による経済厚生の死荷重よりも大きければ，経済全体の厚生水準は増加する．

大国における関税賦課の経済厚生効果を，国際市場における輸入需要曲線と輸出供給曲線を使い，自国における経済厚生と外国の経済厚生の変化で検討しよう．図7-6の右パネルの面積 $b+d$ は自国の経済厚生の死荷重，面積 e は自国からみれば交易条件改善による経済厚生の増加，外国にとっては交易条件悪化による経済厚生の損失，また三角形の面積 f は外国の企業の生産者余剰の減少である．自国の経済厚生と外国の経済厚生を合計した世界の経済厚生の変化をみると，自国の経済厚生の死荷重である $b+d$ と，外国の生産者余剰の減少である f の合計相当額の経済厚生の損失が発生することになる．

■ 最適関税率

上でみたように，大国の場合は輸入関税賦課により輸入財の国際価格を引き下げることにより，交易条件を自国に有利に誘導できる可能性がある．関税賦課は生産面の効率損失と消費面の効率損失からなる関税による経済厚生の死荷重（図中の面積 $b+d$）を生み出すが，交易条件改善による経済厚生の増加（図の面積 e）が経済厚生の死荷重より大きければ，自国の政府は関税賦課により国内の輸入競争産業の保護と同時に，国民の経済厚生の増加を

達成することが出来る．これは，「最適関税論」という理論で解明されていることで，世界貿易で大きなシェアを持つ大国が輸入財に関税を賦課すると，交易条件の改善効果により自由貿易下での経済厚生と比較し経済厚生水準は高まり，あまり高い関税率でない水準で大国の経済厚生水準が最大となる関税率が存在する．この経済厚生が最大となる関税を「最適関税率」という．ただし，最適関税率を超えて関税率を引き上げると，経済厚生の死荷重部分が大きくなるため経済厚生水準は次第に小さくなる．

　最適関税率の水準は，外国の（自国の輸入財の）輸出供給曲線の価格弾力性の逆数と等しくなることが理論的に解明されている．図 7-6 の右のパネルで，外国の輸出供給曲線 XS^* の価格弾力性が小さいと，すなわち輸出供給曲線の勾配が急であると，自国の経済厚生の死荷重である面積 $b+d$ が相対的に小さくなる一方，自国の交易条件改善による経済厚生の増加である面積が相対的に大きくなるので，自由貿易と比較した経済厚生の増加は大きくなる．一方，外国にとっては輸出供給の価格弾力性が小さいと，交易条件悪化による経済厚生の損失（面積 e）と生産者余剰の減少（面積 f）が大きくなるため，経済厚生は大きく悪化する可能性がある．

　大国による輸入関税の最適関税率への引き上げは，外国からの反発を招き，自国からの輸出財に対する報復的な関税率の引き上げなどの「関税競争」を引き起こし，世界の貿易量が縮小する可能性がある．しかし，現実の世界の貿易では，多くの国が多くの財を貿易取引しているため，特定の国が特定の財に大きな世界市場シェアを持ち最適関税率を設定できるような状況は希であることに加え，GATT/WTO の多角的貿易自由化交渉のなかで関税率の引き下げが進展してきているため，最適関税率を現実に適用する可能性は低いと考えても良いであろう[4]．

2. 輸入数量割当とその他の非関税貿易障壁

外国からの財の輸入量を制限する政策として輸入関税が最も一般的に用い

られるが，他に輸入数量自体を制限する「輸入数量割当」や，自国の産業の保護のため外国に輸出数量を自主的に制限するよう要請する「輸出自主規制」などもある．また，輸出を促進する目的で供与される「輸出補助金」や輸出量を制限する目的の「輸出税」なども，実施されてきた．輸入関税を使った輸入制限政策を「関税障壁」といい，その他の貿易制限・管理政策を一括して「非関税貿易障壁」という．この節では，非関税貿易障壁のなかで，輸入数量割当，輸出自主規制および輸出補助金の各政策について，部分均衡分析を用い経済厚生への影響の観点から分析する．なお，分析の前提とする財の市場構造は完全競争市場である．

(1) 輸入数量割当

「輸入数量割当 (Quota：クオータ)」は，国内の産業を保護する目的や経常収支悪化対策などの目的で，政府が財の輸入数量や輸入金額に上限の許可枠を設けることにより輸入を制限する貿易政策である．輸入数量割当は関税と同様，自由貿易に比べ輸入量が減少するため輸入財の国内価格が上昇し，輸入競争財産業の企業および労働者は生産量の増加と利潤の増加，雇用の拡大により恩恵を受けるが，消費者は価格の上昇により負の影響を被る．また，一般均衡分析の観点から見ると，関税のケースと同様，比較優位を持つ輸出財の生産量が減少し輸入財の国内生産量が拡大するため，産業間での資源の非効率的な配分と消費者の最適消費選択への歪みが発生し，自由貿易に比べると国民の経済厚生は低下する．

輸入数量割当は，主に農産物や繊維製品などの輸入に対して米国，ヨーロッパなどの先進工業国により実施されてきた．また，輸入代替工業化政策を採用する発展途上国による工業製品に対する輸入数量割当政策なども行われてきた．なかでも，1960年代初頭から米国，EEC（ヨーロッパ経済共同体，EUの前身）など先進工業国と，発展途上国の間で締結・実施されてきた多国間繊維取り決め（Multifiber Arrangement：MFA）は，発展途上国からの繊維製品の輸入数量を制限する重要かつ長期にわたる輸入数量割当政策であ

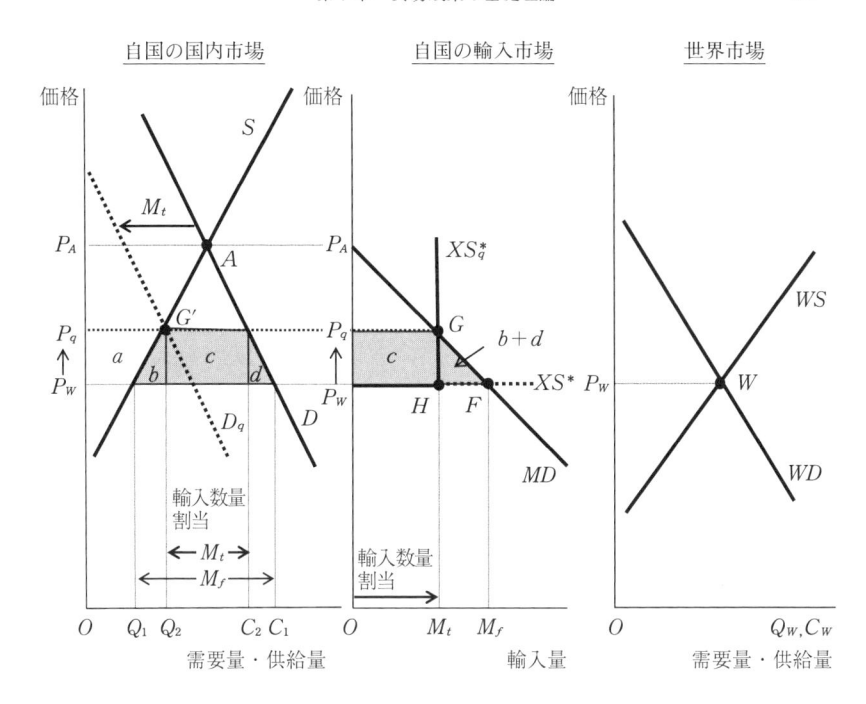

図7-7 輸入数量割当の経済厚生効果：小国のケース

ったが，1994年のGATT（関税および貿易に関する一般協定）ウルグアイ・ラウンドの合意により2005年までに段階的に繊維製品の輸入数量割当を撤廃し，関税に置き換えることになった．また，GATTウルグアイ・ラウンドでは，輸入数量割当や輸出補助金などの「非関税貿易障壁」が，市場における価格変動メカニズムに直接関連した関税に比べ，貿易制限政策が恣意的になりやすいことなどの理由から，繊維製品に限定せず製造工業品については，関税に置き換える「貿易政策手段の関税化」が決定された．

輸入数量割当の市場価格，国内生産量と需要量および経済厚生に及ぼす効果を図7-7により検討しよう．図の左のパネルで，小国である自国は自由貿易下では世界市場で決定される国際価格 P_w で数量 M_f（＝需要量 C_1 －国内生産量 Q_1）を輸入する．輸入市場（中央のパネル）において，自国の輸入

需要曲線は右下がりの直線 MD, 自国が直面する外国からの輸出供給曲線は国際価格 P_W で水平な直線 XS^* で, 自由貿易下では2つの曲線が交差する F 点での数量 M_f が均衡の輸入数量である. 自国政府は, 図7-2で示した関税賦課により実現する輸入量と同量の輸入量 M_t となるよう輸入数量割当を実施したとしよう. 自国の国内市場 (図7-7の左のパネル) では総需要量から輸入割当数量を差し引いた数量が国内生産品に対する需要となるから, 需要曲線 D は輸入割当数量 M_t 分, 左方へ平行移動し D_q となる. 輸入数量割当後の国内市場均衡は, 需要曲線 D_q と供給曲線 S が交差する G' 点で, 国内均衡価格は P_q へ上昇し, 国内生産量は Q_2 へ増加, 需要量は国内生産量に輸入割当数量 M_t を加えた C_2 となる. 中央のパネルの輸入市場をみると, 輸入量が割当数量 M_t に決定されると, 外国からの輸出供給曲線は, M_t (図の H 点) までは水平な直線, M_t で垂直になる XS_q^* となる. 輸入市場における均衡は輸入需要曲線 MD と輸出供給曲線 XS_q^* が交差する G 点で, 輸入財の均衡国内価格は P_q である.

関税を輸入財1単位当たり t とすると, 国内市場では関税込の市場価格が P_W+t に上昇し輸入量は M_t となるが (図7-2), 政府が輸入数量上限を同量の M_t に割り当てると, 国内市場価格は P_q でこれは関税込の市場価格 P_W+t と同水準である. また, 国内の生産量 (Q_2) と需要量 (C_2) も, 輸入数量割当と輸入関税で同じ数量となる.

このように, 財の市場が完全競争市場であれば, 国内市場価格の上昇および国内生産量と需要量の変化など市場成果への影響という点で, 輸入数量割当は輸入関税と同じ効果を及ぼし, これを「関税と輸入数量割当の同等性」という. 所定の輸入割当数量を実現する関税率 (同等の関税率) が存在し, 逆に, 所定の関税率と同じ市場効果をもたらす輸入割当数量 (同等のクオータ) が存在するということである. 関税の場合は, 政府が国際輸入価格に関税を賦課した価格を決定することにより, 市場の供給量と需要量の変化による輸入量の変化を目標水準に誘導する政策手段であるが, 輸入数量割当は逆に輸入数量を制限することにより市場価格に影響を与え, 目標とする国内生

産量と需要量を誘導する政策手段であり，2つの輸入制限政策手段で市場価格の変化および国内の供給量と需要量に及ぼす効果は全く同じである．

しかし経済厚生への効果については，これら2つの輸入制限貿易政策は全く同じではない．輸入数量割当政策の経済厚生効果を図7-7で見てみよう．輸入数量割当により輸入財の国内市場価格が $P_q(=P_w+t)$ に上昇することにより，自由貿易に比べ消費者余剰は面積 $a+b+c+d$ 相当額減少する一方，国内生産量の増加により生産者余剰は面積 a 相当額増加する．消費者余剰の減少と生産者余剰の増加は，輸入数量が同量となる関税賦課のケースと同額である（図7-3参照）．一方，関税賦課の場合の政府の関税収入は，図で面積 c 相当額であった．数量割当を受けた輸入の許可を得るのは通常は輸入業者あるいは国内の流通企業である．これらの企業は国際価格 P_w で輸入し国内市場価格 P_q で販売するから，財1単位当たり P_q-P_w のマージンを得る．輸入割当数量は M_t であるから，輸入業者等が獲得する利益は $(P_q-P_w)\cdot M_t$ である（図の面積 c の部分）．この金額を，「輸入数量割当レント（クオータ・レント）」というが，これは関税賦課により政府が徴収する関税額と同額である．

全体の経済厚生の変化を計算すると，左のパネルで三角形 b（生産面の効率損失）と d（消費面の効率損失）の合計が，輸入数量割当による経済厚生の死荷重となる．輸入市場でみると（中央のパネル），経済厚生の死荷重 $b+d$ は三角形 GFH の面積相当額であり，クオータ・レントは面積 c で表される．なお，輸入国が大国の場合は，輸入関税のケースと同様，国際市場で輸入数量の減少により輸入国にとっての交易条件の改善が実現し，経済全体の厚生水準が自由貿易にくらべ増加する可能性もある．

輸入数量割当と関税の経済厚生への効果を比較すると，消費者余剰の減少と生産者余剰の増加は同額であるが，関税の場合は政府が関税収入を得るのに対し，輸入数量割当の場合は輸入業者等の企業がクオータ・レントを獲得できることである．このため，政府は輸入許可権をオークション（競売）にかけ，輸入許可希望企業にクオータ・レント相当額で落札させることで，政

府の収入とする方法も行われる．しかし，オークション実施に際しての管理・運営費用等が掛かることや，輸入数量割当レントを巡って輸入企業等による「レント・シーキング」活動などが生じる可能性などもあり，関税に比べると輸入制限政策としての実質的な経済厚生への負の効果は大きくなる可能性もある．

(2) 輸出自主規制

　輸入数量割当の場合，クオータ・レントは輸入企業等の国内企業か，輸入許可権のオークション手続き等を経て輸入国政府が獲得するが，外国の輸出企業が輸出量を輸入割当数量に自主的に制限することにより，クオータ・レント相当額の利潤を獲得することもある．これは，「輸出自主規制（Voluntary Export Restraint：VER)」という輸入国政府と輸出国政府あるいは輸出企業との国際通商上の取り決めで，通常は輸入国政府がGATT/WTOの多角的貿易自由化交渉の進展のなかで輸入数量割当政策を実施し難い状況で，国内の産業を保護するために，輸出国の政府あるいは輸出企業に働きかけて，輸出量を自主的に規制してもらうよう要請する．

　輸出自主規制では図7-7の中央のパネルで，輸出国の企業が輸出量を（輸入割当数量である）M_t に自主的に制限するため，輸出供給曲線が輸入量 M_t で垂直な XS_q^* になり，輸入財の国内市場価格は P_q に上昇する．輸出企業の販売価格は P_q であるから自由貿易のケースに比べ，輸出企業は $(P_q - P_w) \cdot M_t$ の利潤を得ることになる．すなわち，輸入数量割当の場合，輸入国の企業あるいは輸入国政府が得るクオータ・レントは，輸出自主規制のもとでは輸出国の企業が獲得できることになる．したがって，輸入国の経済厚生の観点からは，輸出自主規制は輸入数量割当に比べ，クオータ・レント相当額の損失を生じることになる．

　輸出自主規制は主に先進工業国間で鉄鋼製品，自動車などの製品について実施されてきた．有名な事例は，1980年代に米国政府からの要請で日本の自動車業界が実施した輸出自主規制である．燃費効率の良い日本車の対米輸

出が急増したことと，米国の貿易収支が大幅な赤字になったことなどを背景に，1981年5月に日本からの自動車の輸出自主規制が実施された．日本製自動車の輸出自主規制枠は最大で年間2.51百万台までに規制されたが，その後主要な自動車メーカーが米国内に工場を設立し米国内で生産を開始したことなどにより，輸出自主規制は1980年代後半には停止された．なお，輸出自主規制はGATTの制限条項対象外であったが，1994年に合意締結されたウルグアイ・ラウンドにおいて禁止された．

(3) 輸出補助金

輸出補助金は国内の企業の輸出を促進し利潤（生産者余剰）を増加させることを目的に政府が輸出企業に供与する補助金で，企業に対する輸出財1単位当りの直接的な補助金支給の他，輸出金額に応じた減税措置，輸出事業にかかる政府の低金利融資など様々な形態をとる．輸出補助金は輸入数量割当と同様，製造工業品についてはGATTウルグアイ・ラウンドにより禁止されている．農産物への輸出補助金は，1995年に発足したWTOの農業協定において中期的な削減目標が決定され，WTOドーハ・ラウンドの香港閣僚会議（2005年）で2013年を期限に輸出補助金撤廃が合意されたが，モダリティ（詳細な取り決め条項）で調整が続いておりいまだ全面的な禁止には至っていない．ここでは，小国および大国それぞれのケースで部分均衡分析の手法により，輸出財1単位当たりsの補助金支給が国内の価格，生産量，需要量および輸出量に及ぼす影響と経済厚生に及ぼす効果を分析する．

① 小国のケース

自国が小国の場合の，輸出補助金の効果は図7-8に示されている．自国は小国であるから，国際市場で決まる国際価格P_wで輸出する．図の左のパネルで，自由貿易では国際価格のもと国内生産量はQ_1，需要量はC_1で，輸出量は$X_f(=Q_1-C_1)$である．国際市場を表す右のパネルで，外国の輸入需要曲線は国際価格P_wで水平な直線MD^*で，自国の輸出供給曲線は国内の生

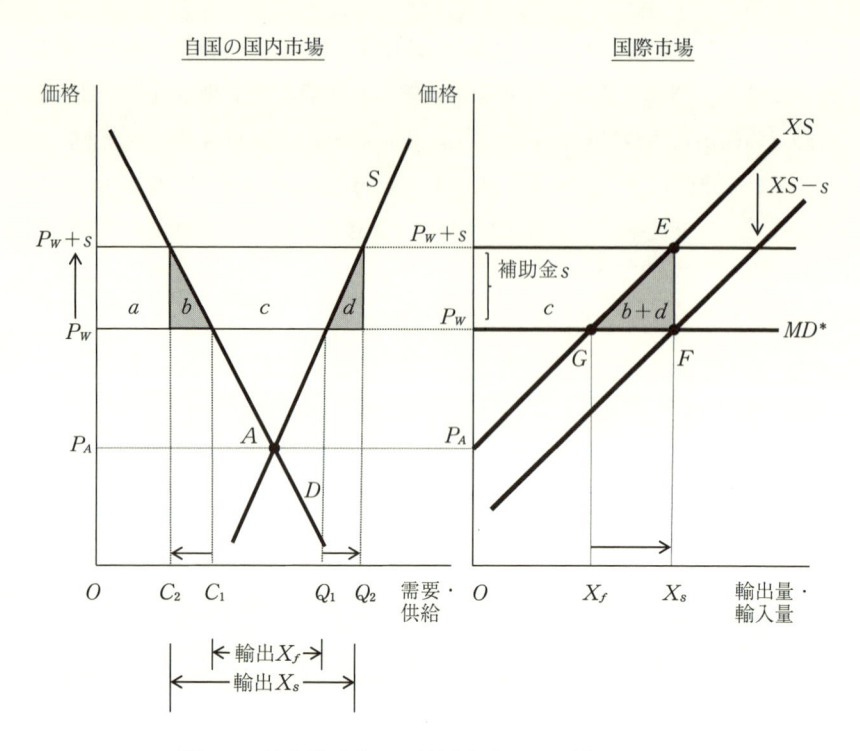

図7-8 輸出補助金の経済厚生効果：小国のケース

産量と需要量の差であるから右上がりの直線 XS で表される．国際価格のもとで自国は国内の生産量と需要量の差を輸出し均衡輸出量は $X_f(=Q_1-C_1)$ である．

自国の政府が輸出企業に対し輸出量1単位当たり s の輸出補助金を供与すると，企業は補助金込みの実質価格 P_w+s で輸出できるため生産量を Q_2 に拡大する．ただし，自国は小国であるから，輸出価格自体は国際価格 P_w である．一方，国内の消費者価格も P_w+s に上昇することに注意しなければならない．なぜならば，消費者価格が P_w+s 未満であれば，輸出企業は国内の消費者向けには販売せず，すべてを輸出に向け，輸出1単位当たり s の輸出補助金を獲得しようとするからである．消費者価格の上昇により需要

量は C_2 に減少する．生産量の拡大と国内需要量の減少により，輸出量は $X_s(=Q_2-C_2)$ に増加する．右のパネルの国際市場をみると，輸出1単位当たり補助金の供与により，輸出企業にとっては輸出にかかるコストが s 相当額低下したと評価するため，輸出供給曲線は下方へ s だけ平行シフトし $XS-s$ となる．この結果，国際価格 P_W のもとで自国の輸出量は，輸出補助金込の輸出供給曲線 $XS-s$ と外国の輸入需要曲線 MD^* が交差する X_s になる．すなわち，輸出補助金の供与により，輸出量は自由貿易の X_f から X_s に増加する．

自国の消費者は輸出企業に対する補助金支給により国内価格が P_W+s に上昇するため，外国から国際価格 P_W で輸入する選択を行うことも可能である．しかし，ここでは自国政府が，輸出産業の保護・育成の目的で補助金支給による輸出促進を優先させるため，輸入品に対しては輸出補助金と同額あるいはそれ以上の輸入関税を賦課し，輸入を禁止する政策をとるものとする．

小国における輸出補助金供与の経済厚生効果を確認しよう．輸出財の国内価格が国際価格 P_W から補助金 s 分上昇するため，需要量が減少し消費者余剰は面積 $a+b$ が減少する．輸出企業の生産者余剰は価格と生産量の増加により，面積 $a+b+c$ 増加する．一方，自国の政府は輸出補助金支給額 $s \cdot X_s$，すなわち面積 $b+c+d$ の財政支出が必要で，これは経済厚生から見てマイナスとなる．消費者余剰の減少，生産者余剰の増加および政府の余剰の減少を足し合わせると，面積 $b+d$ 相当額の経済厚生の損失，すなわち「経済厚生の死荷重」が発生する．図の左のパネルで，面積 b は消費面の効率損失で，面積 d は生産面の効率損失である．その解釈は，小国における関税賦課の経済厚生の死荷重のケースと同じで，消費面の効率損失は輸出補助金供与により国内価格が上昇したことにより消費者の最適消費選択が歪められること，生産面の効率損失は輸出補助金込の価格の上昇により輸出財の生産が拡大し，生産要素の産業間での最適配分が歪められることにより発生している[5]．

自国政府の輸出補助金支給が，国際市場における経済厚生に及ぼす効果は図の右のパネルで確認できる．自国は小国であるから輸出補助金支給による

輸出量拡大が, 財の国際価格を変化させることはない. したがって, 外国では経済厚生の変化は生じず, 経済厚生の変化は自国の経済厚生の死荷重 $b+d$ (三角形 EGF の面積) のみである. 輸出供給曲線は国内市場の供給曲線と需要曲線から導出され, また経済厚生の死荷重 b と d は, 国内価格上昇により増加した輸出量 $X_s - X_f$ に対応する消費面の効率損失と生産面の効率損失の合計であるから, 右のパネルの輸出供給曲線 XS の下の三角形 $b+d$ が経済厚生の死荷重となる. また, 国際価格 P_w と輸出補助金込の価格 $P_w + s$, および輸出補助金支給前の輸出供給曲線 XS で囲まれる台形の面積 (c) は, 図の左のパネルの生産者余剰増加の一部 c と同額である.

② 大国のケース

自国が輸出市場で大きな供給シェアを持つ「大国」における輸出補助金の供与が, 生産量, 国内需要量, 輸出量, 国際価格および経済厚生に及ぼす効果は図7-9に示してある. 小国のケースとの大きな相違点は, 国際市場において自国の輸出財の輸入需要曲線が水平ではなく, 右下がりの MD^* 曲線となることである. すなわち, 自国は国際市場における主要な供給国であるため, 輸出を増加させるとその国際価格は下落する. したがって, 政府が輸出企業に輸出補助金を支給し国際市場に対する輸出量を増加させると, 輸出財の国際価格が下落するため, 輸出国 (自国) にとっては交易条件の悪化という経済厚生の損失を生じさせることになる.

輸出補助金支給前の国際均衡は, 図の右のパネルで, 自国の輸出供給曲線 XS が輸入需要曲線 MD^* と交差する E 点で, 国際価格 P_w のもとで自国は X_f を輸出していた. 自国の国内市場で (左のパネル), 国際価格 P_w のもと生産量は Q_1, 需要量は C_1, 輸出量は $X_f (=Q_1 - C_1)$ である.

自国政府が輸出企業に輸出1単位当たり s の補助金を支給するとする. 輸出補助金支給により自国の輸出供給曲線 XS は輸出1単位当たり s だけ下方にシフトし $XS - s$ となる. したがって国際均衡は F 点に移り, 国際均衡価格は P_s^* に下落する. 自国の国内市場では, 消費者価格は国際価格に輸

第 7 章 貿易政策の基礎理論

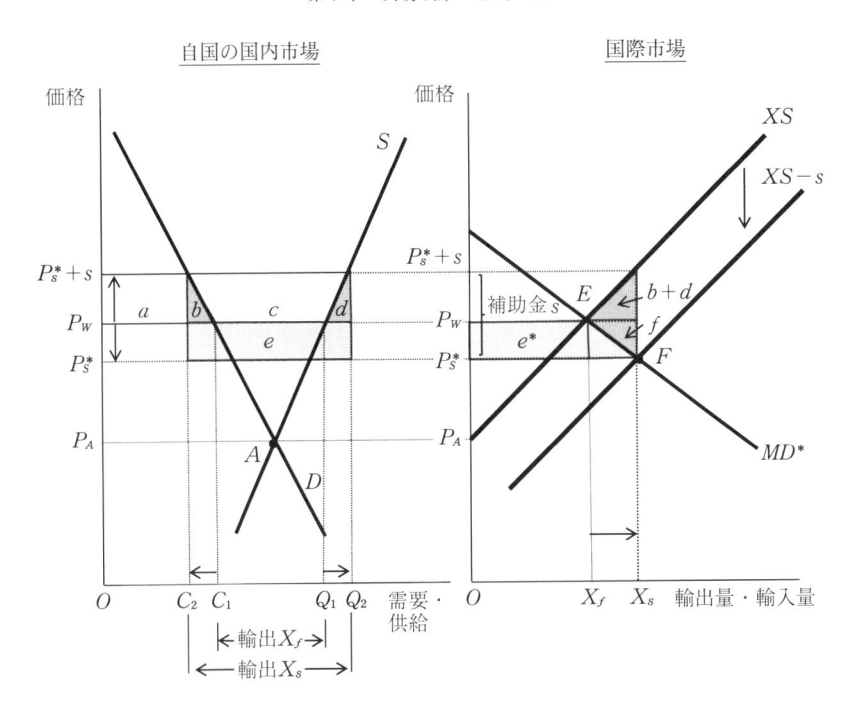

図 7-9 輸出補助金の経済厚生効果：大国のケース

出補助金を加えた P_s^*+s に上昇する．輸出企業は国内市場では価格 P_s^*+s で販売し，国際市場では国際価格 P_s^* で輸出し，政府から輸出 1 単位あたり s の補助金支給を受ける．生産量は Q_1 から Q_2 へ増加する一方，国内需要量は C_1 から C_2 へ減少し，輸出量は X_f から $X_s(=Q_2-C_2)$ に増加する．

　小国のケースと比べると，国際市場で価格が下落するため，自国の消費者価格の上昇幅は小さくなる．これは消費者余剰の減少が少なくなること，および経済厚生の死荷重が少なくなることを意味している．しかし，輸出補助金を供与する自国にとっては，輸出価格の低下から交易条件が悪化するため，経済厚生は小国のケースに比べ悪化する．一方，外国は交易条件の改善から，経済厚生は向上する．これらの点を，詳しく見てみよう．

　自国の国内市場で消費者価格が上昇することによる消費者余剰の減少は左

のパネルで，長方形の面積 a と三角形の面積 b の合計である．企業の生産者余剰の増加は，$a+b$ に逆台形の面積 c を加えた $a+b+c$ である．政府の輸出補助金支給総額は，輸出量 X_s に輸出 1 単位補助金 s を乗じた $s \cdot X_s$ であるから，三角形 b と d および逆台形 c に網をかけた長方形 e を加えた長方形 $b+c+d+e$ の面積相当額となる．この輸出補助金額は政府の財政支出で，経済厚生の損失となる．消費者，企業及び政府の経済厚生の変化を合計すると，$b+d+e$ の面積相当額が輸出補助金支給による経済厚生のネットの損失となる．小国のケースと比較すると，国際価格の下落により消費者価格の上昇幅が比較的小さいため，経済厚生の死荷重部分 $b+d$ は比較的小さくなるが，反面，交易条件悪化による経済厚生の損失 e が重くのしかかることになる．

国際市場における経済厚生の変化をみると，自国の経済厚生の死荷重 $b+d$ は，輸出補助金支給前の輸出供給曲線 XS の下の三角形 $b+d$ である．自国の交易条件悪化による経済厚生の損失（左のパネルの e）は，国際市場の図では台形 e^* と三角形 f の面積の合計である．一方，交易条件改善により外国が得る経済厚生の増加は，台形 e^* の面積相当額だけである．したがって，自国政府の輸出補助金支給が，国際市場全体での経済厚生に及ぼす影響は，自国の経済厚生の死荷重 $b+d$ と三角形 f の面積合計額の損失となる．三角形 f は，自国の交易条件悪化による経済厚生の損失のうち，外国の交易条件改善による経済厚生の改善によってカバーできない部分を表している．

以上のように，輸出量を拡大させ，輸出企業の利潤（生産者余剰）を増加させる目的で支給される輸出補助金は，国内の消費者価格の上昇を引き起こし，消費面および生産面での効率性の損失を生じさせるだけでなく，自国が大国の場合は交易条件の悪化から自国の経済厚生は大きく減少する可能性がある．大国の関税賦課のケースでは，輸入財の国際価格が低下し，輸入国である自国にとっては交易条件の改善からネットの経済厚生が改善する可能性があるが，大国の輸出補助金のケースでは，輸出国の経済厚生は確実に悪化するのである．

(4) 輸出補助金対生産補助金

　輸出補助金は輸出企業に補助金を支給し，生産量と輸出量の拡大を通じた生産者余剰の増加（生産者への支援）を意図するものであるが，輸出国における市場価格が上昇するため，生産面での効率性損失に加えて，消費者余剰が減少するという経済厚生上の問題を生じさせる．また，国際市場における輸出量の拡大により，他の輸出国に及ぼす影響も考慮する必要がある．さらに，大国のケースでは，輸出国の交易条件が悪化するという，追加的な経済厚生の損失も発生する．輸出企業を支援し，その生産者余剰を増加させることが目的であれば，国内価格の上昇という形で消費者にも悪影響を及ぼす輸出補助金よりは，輸出企業に生産1単位当たりの「生産補助金」を支給するほうが，全体としての経済厚生の損失は少なくなる．

　ここでは図を用いた分析は行わないが，ある財の輸出を行っている小国のケースで，政府が企業に生産1単位当たりの生産補助金を支給すると，企業は補助金相当額，限界費用が低下したと解釈し，生産量を拡大させる．生産補助金は輸出向け生産および国内市場向け生産の双方の生産量に対して支給されるため，国内の市場価格は輸出市場における国際価格と同水準で変化しない．したがって，消費者は生産補助金支給前と同水準の数量を需要する．一方，企業は生産補助金支給により増加した生産量を，輸出量の拡大に向けることができる．

　経済厚生への影響をみると，生産補助金支給額の政府の財政支出の増加により，政府の余剰の減少が生じる．一方，生産補助金支給による生産量の増加から生産者余剰の増加が実現するため，ネットでみると補助金支給により生産面での効率的な資源配分が歪められることに伴って発生する生産面の効率性損失が，経済全体での経済厚生の損失となる．財の国内価格は変化しないため，消費者の最適選択は影響を受けず，消費者余剰の減少は生じない．

　大国のケースでは，生産補助金支給による生産量拡大分を輸出に向けるため国際市場における輸出供給が増加し，輸出国の交易条件が悪化する．しかし，輸出補助金のケースと比べると，国内価格上昇による国内需要の減少が

生じないため，生産補助金支給に伴う輸出量の拡大は比較的少なくなる．よって，交易条件の悪化も比較的，軽微なものとなり，経済厚生への負の影響も少なくなる．

以上のように，補助金支給による企業の支援（生産者余剰の増加）が直接の目的であれば，国内価格の上昇を引き起こし消費者の厚生にも影響を及ぼす輸出補助金よりは，生産者補助金の方が望ましい政策となる．

注
1) ただし，費用を固定費用と可変費用に分類するのは，短期における生産活動の場合である．完全競争産業の長期均衡では，すべての生産要素が可変的生産要素となり，いずれの企業も市場均衡価格が最小の長期平均費用と等しくなる水準の生産量と生産要素投入量を選択する．したがって，産業の長期均衡では，企業の利潤はゼロとなり，生産者余剰は資本に対する報酬総額と等しくなる．
2) 従価関税とは，輸入財1単位の c.i.f. 価格に対して課される輸入関税である．例えば，円貨表示で輸入品1単位の価格が 10,000 円とし，従価関税率を t%＝10% とすると，関税込の国内価格は $10,000 \cdot (1+t) = 11,000$ 円で，関税額は 1,000 円である．輸入品の c.i.f. 価格が高くなると，関税額は大きくなる．
3) 国際価格で表示した総生産額が国民の総所得となる理由は，第1に輸出財である電子機器の価格は国際価格と国内価格が一致しているため，国際価格で表示した電子機器の生産額が電子機器産業で創出される所得になること．第2に輸入財である織物については，輸入関税は消費者が負担するが，同時に政府から消費者に同額の税還付を受けると解釈すれば，結局，所得計算に際し関税部分は考慮せず，国際価格と関税後増加した織物の国内生産量の積で計算される織物産業の生産額が同産業で創出される所得と解釈できることによる．
4) GATT (General Agreement on Tariff and Trade：関税および貿易に関する一般協定) は 1947 年，世界における貿易取引の自由化を促進するために制定された多国間の協定で，これまで9回のラウンド交渉が行われてきた．1994 年に合意終結したウルグアイ・ラウンド（第8回目のラウンド）で，GATT は WTO (World Trade Organization) として機関化し，その権限も拡充された．現在進行中の GATT/WTO ラウンドは第9回目のドーハ・ラウンド (2001 年～) である．
5) 消費面の効率損失は，輸出補助金支給による価格の上昇により国際価格での最適消費に比べ，需要量減少を余儀なくされることと解釈でき，生産面の効率損失は価格上昇により生産を拡大し，国際価格に相当する限界費用を上回る限界費用を実現すること，などと解釈できる．

第8章
不完全競争市場と貿易政策

　この章では，市場構造が不完全競争市場の場合，政府による輸入制限政策あるいは輸出促進政策等が，財の生産量，消費量，価格および経済厚生にどのような影響をもたらすかについて分析する．不完全競争市場は独占市場や寡占市場にように産業における企業数が少ない市場構造や，独占的競争産業のように企業数が多くとも各企業の財が差別化されている市場構造であるが，企業は右下がりの需要曲線に直面し，限界費用を上回る価格設定が可能である．すなわち，市場における競争形態に応じて程度の差はあるが，企業は市場支配力を有する．

　第1節では，ある財は国際市場では完全競争市場であるが，自国では独占企業が市場支配しているケースで，貿易自由化が行われたときの独占企業の生産量と価格設定の対応，および政府が関税賦課と輸入数量割当政策を採用する場合の生産量，価格および経済厚生に与える異なる効果を検討する．不完全競争市場のケースでは，第7章で分析した「輸入関税と輸入数量割当の同等性」の原則は成立しないことを明らかにする．第2節では，独占企業の市場別価格設定行動の結果として生じるダンピングの問題を検討する．第3節では，国際寡占市場競争を行っている自国企業に，市場競争での優位性を持たせるため，政府が戦略的に輸出補助金の支給や輸出税の賦課を行う，いわゆる「戦略的貿易政策（strategic trade policy）」の手段と効果を検討する．

1. 国内独占企業と輸入制限政策

(1) 国内独占企業と輸入関税

自国では，ある財は独占企業によって供給されているとする．ただし，この財は国際市場では同質財で，完全競争市場のメカニズムが働いている．すなわち，国際市場ではいずれの企業もプライス・テーカーとして市場で決定される国際価格で販売し，利潤の最大化を行う．自国が外国との貿易を行わない閉鎖経済の場合は，第5章で説明したように独占企業は市場需要曲線から導出される限界収入曲線と限界費用曲線が交差する生産量を選択し，需要曲線上の価格で販売することにより，利潤を最大化する．図8-1の左のパネルで，独占企業の利潤最大化均衡は市場需要曲線 D 上の M 点で，利潤最大化生産量は Q_m，独占価格は P_m である．

自国が貿易自由化により国内市場を外国企業に開放したとする．国際市場で成立しているこの財の価格を P_w とすると，自国の消費者は価格 P_w で輸入し消費できる．この財は同質財であるから，独占企業は輸入財の価格よりも高い価格を設定することはできない．輸入財よりも高い価格を設定すると，消費者は，輸入財だけを購入するからである．図の左のパネルで，国際価格 P_w で水平な直線 XS^* が外国企業による自国市場への輸出供給曲線となる．また，貿易自由化のもと消費者は，輸入財，自国財にかかわらず，国際価格 P_w でのみ購入するから，直線 XS^* は国内独占企業が直面する需要曲線と解釈できる．これは，完全競争産業で個々の企業が市場で直面する需要曲線は，市場で決定される均衡価格の水準で平行な直線となることと，同じ解釈である．

外国からの輸出供給曲線 XS^* は国際均衡価格 P_w で水平な直線であるため，この直線は貿易自由化のもとでの独占企業の限界収入曲線でもある．なぜなら，独占企業は1単位多く販売すると，価格 P_w 分の限界収入を得るからである．貿易自由化のもとでの独占企業の利潤最大化均衡は，独占企業に

第 8 章 不完全競争市場と貿易政策　　231

国内独占企業と自由貿易

国内独占企業と輸入関税の賦課

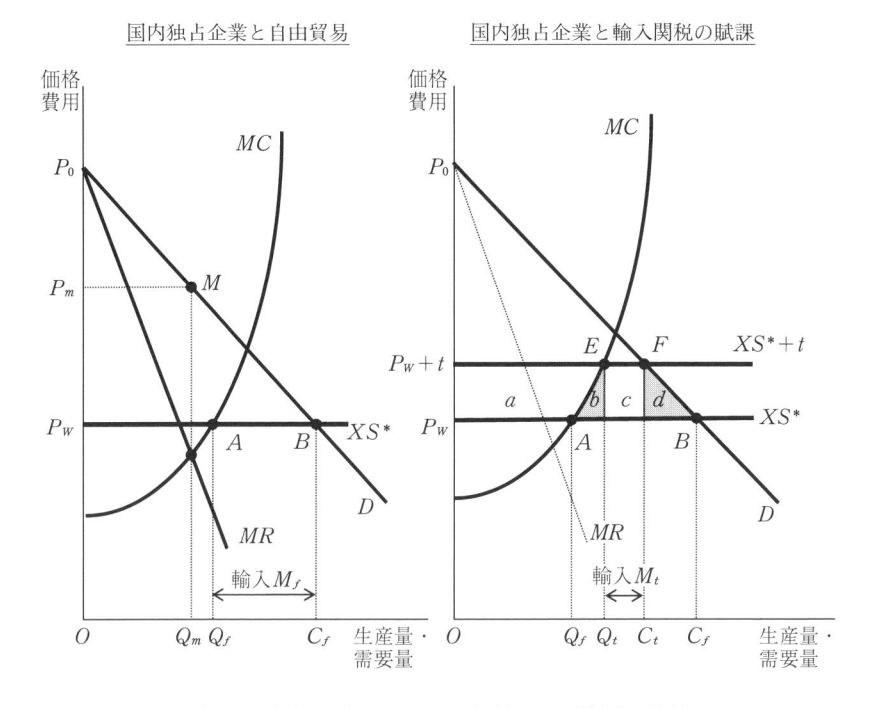

図 8-1　国内独占企業と自由貿易および関税の効果

とっての限界収入曲線である XS^*（外国の輸出供給曲線）と，限界費用曲線 MC が交差する A 点で，独占企業は国際価格 P_W で，生産量 Q_f を利潤最大化生産量として選択する．一方，価格が P_W のときの消費者の需要量は，需要曲線 D 上の B 点の C_f である．したがって，消費者は Q_f を独占企業から購入し，$M_f(=C_f-Q_f)$ を輸入することになる．

ここで，独占企業が国内市場で独占供給していた財の外国からの輸入を許可すると，この財の国内市場は完全競争市場と同じ特徴を持つことになることに注意しよう．すなわち，貿易自由化されると，独占企業は限界費用を上回る独自の価格設定は出来なくなるのである．独占企業の限界費用曲線 MC を，完全競争企業の限界費用曲線を産業内のすべての企業について合算した産業の限界費用曲線，すなわち産業の供給曲線と解釈することもでき

る．このように解釈すると，MC 曲線が産業の供給曲線，直線 XS^* が自由貿易のもとでの市場需要曲線であるから，市場均衡価格 P_w で国内供給量は Q_f, 需要量は C_f, 輸入量は M_f となる．すなわち，国内独占企業が存在するとき，同質財であれば外国からの輸入を自由化することにより，完全競争産業の貿易自由化と同じ効果をもたらすのである．

自国政府が輸入財に t の従量関税を賦課したとしよう（図8-1の右のパネル）．自国市場に対する外国からの輸出供給曲線は，従量関税 t 相当額，上方にシフトし XS^*+t になる．関税込の国内市場価格が P_w+t に上昇したため，独占企業はこの価格で販売する．すなわち，関税賦課後，独占企業が直面する需要曲線は XS^*+t となり，これが独占企業の限界収入曲線となる．独占企業の利潤最大化均衡は，限界収入曲線 XS^*+t と限界費用曲線 MC が交差する E 点で，生産量は Q_t である．消費者は需要曲線 D 上の F 点での数量 C_t を需要し，このうち独占企業から Q_t を購入し，$M_t (= C_t - Q_t)$ を輸入する．輸入関税賦課の場合でも，独占企業は完全競争産業の企業と同様に，所与の国際価格に関税を賦課した P_w+t で，利潤最大化生産量を選択していることに注意したい．すなわち，独占企業は完全競争企業と同様，限界費用＝市場価格（限界収入）の原則のもと利潤最大化生産量を決定し，価格支配力を発揮することはできない．

関税賦課後の経済厚生の変化は，第7章でみた完全競争市場の場合の関税賦課の経済厚生効果と同じである．右のパネルで，独占企業の生産者余剰は面積 a 相当額増加する一方，消費者余剰は面積 $a+b+c+d$ 相当額減少する．政府の関税収入は面積 c 相当額であるから，3者の経済厚生の変化を合計すると，経済厚生の死荷重である $b+d$ 相当額の経済厚生の損失が発生する．

(2) 国内独占企業と輸入数量割当

自国の政府が輸入関税ではなく，関税賦課後の輸入量 M_t と同量の輸入数量割当（クオータ）政策を実行したとする（図8-2）．第7章で見たように，

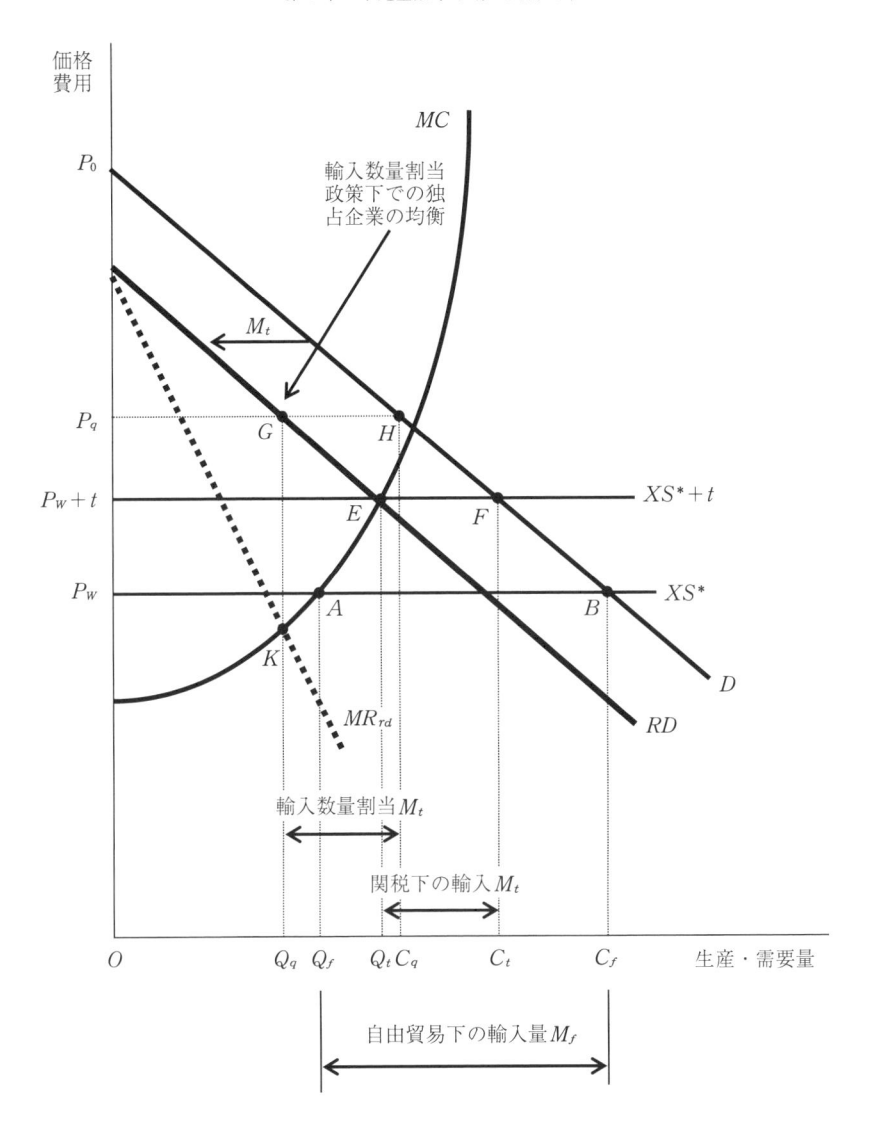

図 8-2　国内独占企業と輸入数量割当の効果

完全競争産業の場合は，関税賦課後の輸入量と同量の輸入数量割当政策は，市場価格，生産量，需要量，輸入量および経済厚生への効果の面で関税の場合と同等であった（「関税と輸入数量割当の同等性」）．しかし，国内独占企業が存在するケースでは，輸入数量割当は関税に比べ，より高い国内価格と，少ない需要量をもたらすことになる．したがって，経済厚生も関税の場合に比べ低下する．その理由は，独占企業は市場需要から輸入割当数量を控除した残余需要に対して，利潤最大化のための価格設定と生産量決定ができるからである．すなわち，輸入数量割当政策により最大輸入量は決まっているため，残された需要に対して独占企業は価格支配力を行使できるからである．

図8-2で，政府が関税賦課後の輸入量 M_t と同量に輸入数量を割当てると，市場需要曲線 D は輸入数量割当分だけ左方にシフトし RD となる．この需要曲線 RD が，独占企業が直面する残余需要曲線となる．独占企業は関税賦課の場合の需要曲線 XS^*+t では，価格 P_w+t 以上の価格で販売することはできなかった．高い価格で販売すると，消費者は輸入財だけを購入するからである．しかし，輸入数量割当の場合は，輸入量の上限が割当量 M_t に制限されているため，独占企業は残余需要に対して独占利潤獲得のための独自の価格設定と生産量選択が出来るようになる．輸入数量割当政策のもと，独占企業の利潤最大化は，残余需要曲線 RD から得られる限界収入曲線 MR_{rd} と限界費用曲線 MC が交差する K 点に対応する生産量 Q_q を供給し，残余需要曲線上の価格 P_q で販売することにより実現する．独占企業は，輸入数量割当政策のもとで，限界費用を上回る価格設定が可能（市場支配力の行使）となり，独占利潤を獲得できる．

輸入数量割当政策の実施と独占企業の利潤最大化行動の結果，国内の市場価格は（輸入数量分も含めて），国際価格 P_w から P_q へ上昇する．価格 P_q は関税賦課後の市場価格 P_w+t よりも高い価格である．したがって，輸入数量割当政策実施後の総需要量は C_q で，関税賦課後の総需要量 C_t よりも少なくなる．関税賦課のケースと比較し，価格の上昇と消費量の減少による消費者余剰の減少が大きく，独占企業の利潤（生産者余剰）の増加と輸入数

量割当レントの発生はあるものの，全体の経済厚生は確実に悪化する．すなわち，完全競争市場のケースとは異なり，国内独占企業が存在するときの輸入数量割当政策は，市場価格，生産量，需要量および経済厚生等で，「関税と輸入数量割当の同等性」を実現しない．

輸入数量割当レントは，国内市場価格 P_q と輸入国際価格 P_w の差額に輸入割当数量 M_t を乗じた金額である．輸入数量割当レントは，輸入関税の場合の政府の関税収入よりも大きな金額となる．この輸入数量割当レントは，輸入権利をオークション（競売）で輸入業者に売却する代金として政府が徴収することは可能であるが，外国の輸出業者が「輸出自主規制」により輸入割当量相当の輸出量に自主的に規制すると，レントは輸出企業（輸出国）が獲得することになり，輸入国の経済厚生は一段と悪化することになる．

2. 独占企業の市場別価格差別とダンピング

ダンピングとは，企業の輸出市場における販売価格が自国市場における販売価格よりも低い場合，あるいは，輸出市場における販売価格が企業の平均費用を下回る価格設定行動のことをいう．輸出国のダンピング輸出によって，輸入国における競合する産業が損害を被っていることが輸入国政府の調査により明らかになった場合には，輸入価格を適正な水準に戻すために輸入財に対し「反ダンピング関税（antidumping duty）」を賦課できることが，GATT の第6条で規定されている．

企業はなぜ，自国市場と輸出市場で異なる価格を設定するのであろうか．とりわけ輸出の場合，輸送費等の貿易費用がかかるため，自国市場での販売価格よりも高めの価格を設定するのが合理的な利潤最大化行動と考えられるかもしれない．ここでは，寡占市場のように競争相手企業との戦略的な価格設定行動を考慮する必要のない独占企業のケースで検討しよう．独占企業は複数の市場で販売するとき，市場ごとに異なる価格を設定することがあり，これを独占企業の「市場別価格差別」という．市場別価格差別は，独占企業

の合理的な利潤最大化行動で，市場ごとに需要の価格弾力性が異なるとき，価格弾力性が大きな市場では低い価格を，価格弾力性が小さな市場では高い価格を設定することにより，独占企業の総利潤を最大化しようとする価格設定行動である．例えば，市場を自国の国内市場と輸出市場とし，国際輸送費がかからないと仮定すると，独占企業が供給する財の輸出市場における価格弾力性が自国市場に比べて大きい場合には，輸出市場で販売する価格を自国市場の価格よりも低く設定することは合理的な利潤最大化行動である．

輸出市場の需要の価格弾力性が極めて大きいとき，例えば独占企業が供給する財が自国では独占市場であるが，外国では競争相手企業が多数存在し完全競争市場の特徴を有するとき，独占企業は外国の市場で決定される均衡価格で輸出せざるを得ない．すなわち，輸出市場では独占企業は価格支配力を持たず，直面する需要曲線は市場均衡価格で水平な直線（需要の価格弾力性が無限大に大きいケース）である．このとき，輸出市場での市場価格が企業レベルの平均生産コストを下回ると，外国の市場で負の利潤で販売することになりダンピングに該当する．このようなケースで，独占企業は輸出市場では利潤が赤字になる前提で，輸出するであろうか．輸出市場における市場価格と平均生産コストの乖離幅しだいでは，輸出することが企業の総利潤を高める可能性はある．この点を図8-3により考察しよう．

2つの市場で財を販売する独占企業が総利潤を最大化する方法は，各々の市場での限界収入を合算した総限界収入が企業レベルでの限界費用と等しくなるように利潤最大化生産量を決定し，市場ごとに販売量を配分することである．市場ごとに販売量を配分する際，市場ごとに利潤最大化が実現することが前提条件となる．したがって，企業は各市場における限界収入が企業レベルでの限界費用と等しくなるように生産量を決定するが，この場合，限界収入は2つの市場で同じ水準でなければならない．自国市場での限界収入をMR_h，輸出市場での限界収入をMR_f，両市場を合算した限界収入をMR_t，企業レベルでの限界費用をMCで表すと，独占企業の利潤最大化は，次の条件が満たされるように総生産量と市場別の販売量を決定することである．

第8章 不完全競争市場と貿易政策　　237

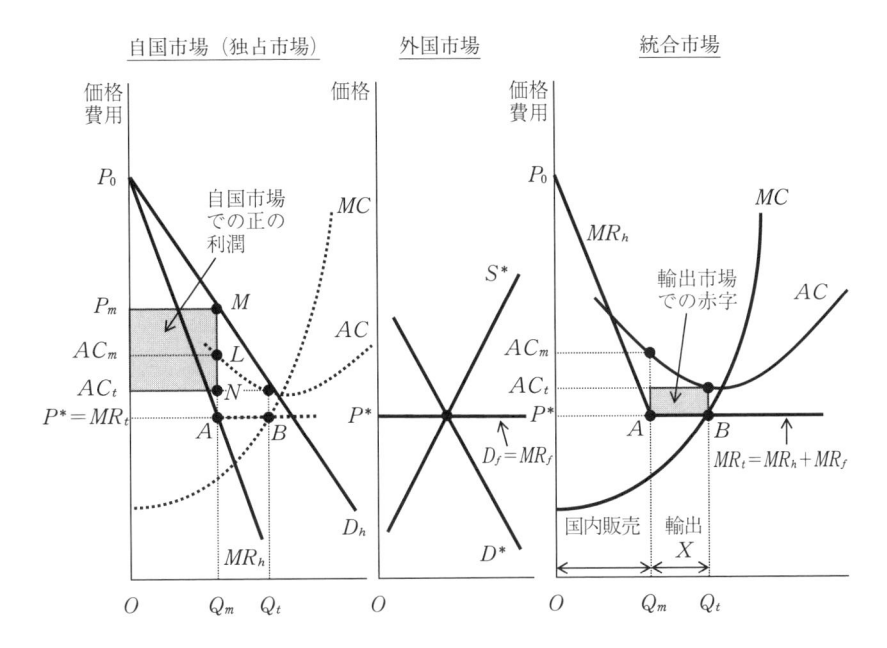

図8-3 独占企業の市場別価格差別とダンピング

$$MR_h = MR_f = MR_t(= MR_h + MR_f) = MC \tag{8.1}$$

図8-3の左のパネルは自国市場（独占市場），中央のパネルは外国市場（輸出市場），右のパネルは自国市場と外国市場を統合した市場を表している．自国市場で独占企業が直面する市場需要曲線は右下がりの D_h で，これに対応する限界収入曲線は MR_h である．外国市場は完全競争市場と仮定しているため，独占企業が輸出により市場参入するとき直面する需要曲線は市場均衡価格 P^* で水平な直線 D_f である．外国市場での限界収入曲線 MR_f は，需要曲線が水平な直線であるため需要曲線と同じで，$MR_f = D_f$ になる．統合市場における合算した限界収入曲線 MR_t は，価格 P_0 から P^* までは自国市場での右下がりの限界収入曲線 MR_h で，価格 $P^*(= MR_f)$ で水平な直線となる．統合された市場で利潤最大化を行う独占企業は，統合された限界収

入曲線 MR_t と限界費用曲線 MC が交差する B 点での生産 Q_t を利潤最大化総生産量として選択する．次に，市場別の販売量は(8.1)式にしたがって決定する．自国市場では，$MR_h = MR_t = MC$ となる数量 Q_m を利潤最大化数量として販売する．外国市場への輸出は $MR_f = MR_t = MC$ となる数量であるが，これは $X = Q_t - Q_m$ である．

市場別の利潤最大化価格設定をみてみよう．自国市場では，需要曲線上の M 点での価格 P_m を独占価格として設定する．外国の輸出市場では，完全競争市場における均衡価格 P^* で販売する．明らかに，外国市場での販売価格は自国の独占市場での価格を下回る．このケースでは，外国市場が完全競争市場で自国の独占企業は独自の価格設定が出来ないため，ダンピングとは認定されないかもしれない．しかし，図8-3のケースは，利潤最大化生産総量 Q_t の平均総費用が AC_t で，外国市場での販売価格 P^* を上回っている（図の右のパネルと左のパネルには，企業レベルの平均総費用曲線 AC も描いてある）．外国市場では，平均費用を下回る価格で販売するから，ダンピングと認定される可能性は十分ある．

図8-3のケースで，市場別価格差別を行う独占企業は，輸出市場では赤字になるのに，なぜ輸出を行うのであろうか．その理由は，独占企業は自国市場と輸出市場を統合した市場で利潤の総額が最大になるように，利潤最大化生産量を決定するからである．市場別の利潤を確認してみよう．自国市場での正の利潤額は $(P_m - AC_t) \cdot Q_m$ で，左のパネルで長方形 $P_m AC_t NM$ の面積相当額である（網をかけた部分）．輸出市場での赤字は $(P^* - AC_t) \cdot X$ である（右のパネルで網をかけた面積）．両者の差額が独占企業の総利潤であるが，輸出市場進出に伴う平均総費用の低下（図では，AC_m から AC_t への低下）が十分大きければ，平均総費用削減効果（規模の経済の実現）が輸出市場における赤字を補って，自国市場だけの販売で獲得する利潤を上回る利潤を実現する可能性があるからである[1]．もちろん，輸出市場の規模（規模の経済が実現する程度）や，輸出市場における財1単位当たりの赤字幅などの要因も関係するため，輸出市場への進出が総利潤を最大化することにならない

ないケースもあることに注意しなければならない．また，図では示していないが，外国市場も独占市場で需要の価格弾力性が自国市場よりも大きいときは，(8.1)式を用いて市場別利潤最大化販売量と販売価格を求めると，外国市場における販売価格が自国市場での価格と比べ相対的に低くなる．

3. 寡占市場と戦略的貿易政策

(1) 寡占市場

　不完全競争市場のなかで，限定された企業数によって構成される市場構造を「寡占市場」という．また，寡占市場の中で企業数が2企業の場合を「複占市場」という．寡占市場は同質財を生産・販売する寡占市場と，差別化製品を生産・販売する寡占市場とに区分される．差別化製品寡占市場の場合，企業数が比較的多く，かつ市場への参入・退出に対する規制がない場合は第5章で分析した独占的競争市場としての特徴を持つことになる．

　寡占市場における企業の利潤最大化行動は，市場需要への影響を通じた企業間の相互依存関係のもとでの最適戦略の決定という特徴を持つ．すなわち，寡占企業が生産量や販売価格を変更すると，市場における企業数が少ないため市場需要への影響を通じて競争相手企業の利潤に影響を及ぼすことになるが，競争相手企業は自社の利潤を維持・増加させるため最適な反応戦略を行使してくる．このため，生産量や販売価格を変化させ利潤を最大化しようとする寡占企業は，競争相手企業の戦略的な反応も考慮に入れたうえで，自社の最適な戦略を決定する必要があるのである．このような寡占企業間の相互依存関係のもとでの最適戦略の決定を分析する手法としては「ゲーム理論」が適しており，寡占企業の行動分析もゲーム理論の考え方を援用した分析となる．

　寡占市場における企業行動を分析する際，企業が戦略変数として生産量を選択するか販売価格を選択するかは，寡占企業間競争による市場成果を分析する際，重要である．企業が生産量を戦略変数として利潤最大化行動を行う

寡占市場競争を,「生産量競争型寡占市場モデル」あるいは，その手法を考案した数学者の名をとり「クールノー・モデル」という．企業が販売価格を戦略変数として利潤最大化行動する寡占市場競争を「価格競争型寡占市場モデル」あるいは，モデルを開発した経済学者の名をとり「ベルトラン・モデル」という．

本節では，寡占市場競争を行っている自国の企業に，戦略的な競争優位性を与えることにより利潤の拡大と経済厚生の増加を実現することを狙った「戦略的貿易政策」の基本的なモデルを紹介する．寡占市場の競争態様が，生産量競争型寡占市場モデルか，価格競争型寡占市場モデルかによって，戦略的貿易政策の手段は異なる．したがって，寡占市場競争モデルごとに，代表的な研究論文を踏まえて分析する．

(2) 生産量競争型寡占市場モデル

ここでは，同質財を生産・販売する2社が，生産量を戦略変数として競争するクールノー・モデルを使い，1国内における寡占市場均衡を明らかにするとともに，国際寡占市場競争のケースで，政府が戦略的に自国の企業に輸出補助金を支給する場合の経済厚生への影響を戦略的貿易政策の主要文献に従って検討する[2]．

分析対象とする産業は複占市場で，同質財を生産する企業 A と企業 B が生産量競争型寡占市場競争を行っているとする．市場需要曲線は次式で表される直線の（逆）需要曲線とする．

$$P(Q) = a - b \cdot Q = a - b \cdot (q_A + q_B) \tag{8.2}$$

Q は需要量で，企業 A の生産量 q_A と企業 B の生産量 q_B の合計が市場需要量に対する産業の供給量である．$P(Q)$ は財の価格で，逆需要関数すなわち需要量の関数として表される．企業 A の利潤（π_A）は次式で表される．

$$\pi_A = P(Q) \cdot q_A - C_A(q_A) \tag{8.3}$$

$C_A(q_A)$ は企業 A の総費用で，固定費用は掛からず可変費用のみとする．

企業 A は競争相手企業である企業 B の生産量を予測し，予測生産量のもとで自社の利潤を最大化させる生産量を決定する．利潤最大化生産量は独占企業の利潤最大化行動と同様，限界収入 $MR(q_A)$ と限界費用 $MC(q_A)$ が等しくなる生産量 q_A^D を決定することである．なお，添え字の D は複占市場 (Duopoly) を表し，q_A^D は複占市場均衡における企業 A の利潤最大化生産量とする．(8.3)式から限界収入は次式となる．

$$MR(q_A) \equiv \Delta(P(Q) \cdot q_A)/\Delta q_A = P(Q) + (\Delta P(Q)/\Delta Q) \cdot q_A \tag{8.4}$$

限界費用は生産量が1単位増加するときの総費用の増加であるから

$$MC(q_A) \equiv \Delta C_A(q_A)/\Delta q_A \equiv c_A(q_A) \tag{8.5}$$

で，限界費用を $c_A(q_A)$ で表す．

したがって，利潤最大化条件である限界収入＝限界費用は次式となる．

$$P(Q) + (\Delta P(Q)/\Delta Q) \cdot q_A = c_A(q_A) \tag{8.6}$$

上の式から，第5章の独占企業の利潤最大化条件で，(5.9)式で示した利潤最大化価格と限界費用の関係を，生産量競争型寡占企業の利潤最大化価格と限界費用の関係で表すと次のようになる．

$$P(Q) \cdot [1 - (q_A/Q) \cdot (1/\varepsilon(Q))] = c_A(q_A) \tag{8.7}$$

括弧 [‥] 内の式の逆数が，寡占市場で決定される利潤最大化価格が限界費用を上回る程度を表すマーク・アップ率である．$\varepsilon(Q) > 0$ は市場需要の価格弾力性で，q_A/Q は企業 A のマーケット・シェアである．(8.7)式は，寡占市場では，市場需要の価格弾力性が小さいほど，さらに企業 A のマーケット・シェアが大きいほど，企業 A の利潤最大化価格の限界費用に対するマーク・アップ率は大きくなることを意味する[3]．

なお，2社は同質財を生産・販売するため，利潤最大化生産量での販売価

格は同水準となる．

　分析の簡単化のため，限界費用を生産量にかかわらず一定の値であると仮定し（$c_A(q_A)=c_A$），(8.2)式の需要曲線を利潤最大化条件(8.6)式に代入して整理すると，企業Aの「反応関数」が得られる．

$$q_A = (a-c_A)/2b - q_B/2 \tag{8.8}$$

この式は，企業Aが予測する企業Bの生産量（q_B）を所与として，企業Aの利潤を最大化させる生産量である．予測生産量（q_B）が異なれば，企業Aの利潤最大化生産量（q_A）も異なる水準となる．したがって，企業Aが予測する企業Bの生産量に対する利潤最大化の最適反応である生産量という意味で，「反応関数」と呼ばれる．

　同様な方法で，企業Bの反応関数を求めると次式となる．

$$q_B = (a-c_B)/2b - q_A/2 \tag{8.9}$$

　なお，c_Bは企業Bの限界費用で生産数量にかかわらず一定値（$c_B(q_B)=c_B$）と仮定してある．この式は，企業Bが予測する企業Aの生産量（q_A）を所与として，企業Bの利潤を最大化させる生産量（q_B）で，予測生産量に対する最適反応となる利潤最大化生産量である．

　生産量競争型寡占市場モデルの均衡は，「クールノー均衡」あるいは「クールノー・ナッシュ均衡」と呼ばれ，2社の反応関数を同時に満たす生産量q_A^Dおよびq_B^Dの組み合わせで与えられる．また，市場均衡価格は$P^D(q_A^D+q_B^D)$である．簡単化のため，2社の限界費用は同額であると仮定し（$c \equiv c_A = c_B$），(8.8)式と(8.9)式から均衡生産量を求めると次のようになる．

$$q_A^D = q_B^D = (a-c)/3b \tag{8.10}$$

市場均衡価格は次で与えられる．

$$P^D(q_A^D + q_B^D) = (a+2c)/3 \tag{8.11}$$

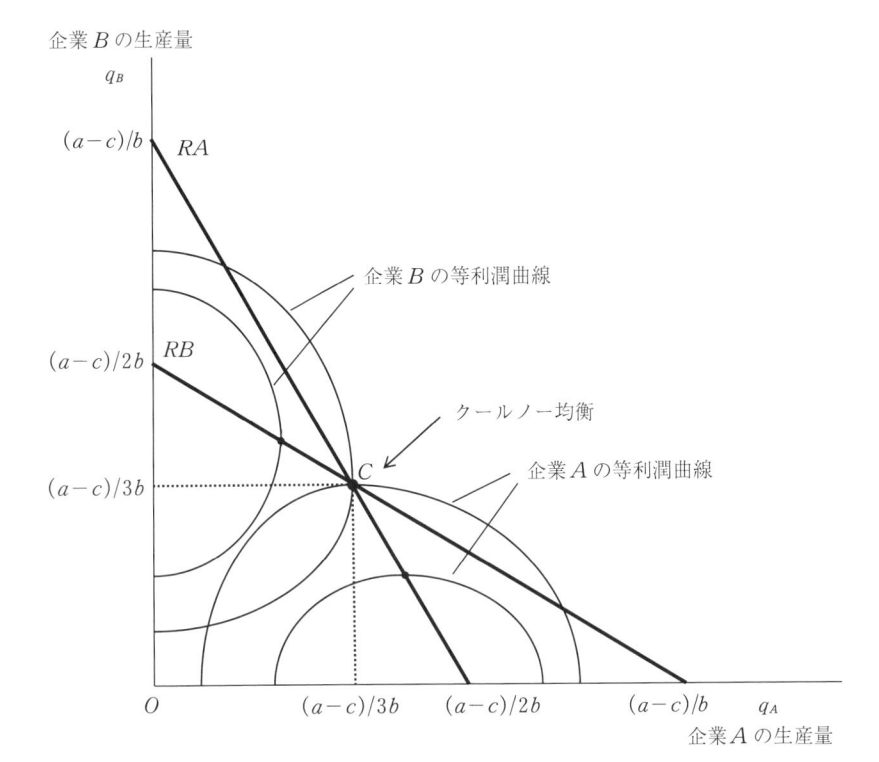

第8章　不完全競争市場と貿易政策　　　　　　　　　　　　　243

図8-4　生産量競争型寡占市場競争とクールノー均衡

利潤は2企業とも同額で次の値となる．

$$\pi_A = \pi_B = (a-c)^2/9b \tag{8.12}$$

　生産量競争型寡占市場モデル（クールノー・モデル）の均衡をグラフにより表すと図8-4のようになる．横軸は企業Aの生産量q_A，縦軸は企業Bの生産量q_Bを測り，反応関数を図示すると右下がりの直線となる．これを，「反応曲線」と呼ぶ．(8.8)式の企業Aの反応関数は，縦軸との切片が$(a-c)/b$で，勾配が-2の反応曲線RAで表される．一方，(8.9)式の企業Bの反応関数は，縦軸との切片が$(a-c)/2b$で，勾配が$-1/2$の反応曲線

RB で表される．反応関数は，競争相手企業の予測生産量を所与として自企業の利潤を最大化させる生産量であるから，反応曲線上の生産量を選択することにより企業は利潤最大化を行っていることになる．図で企業 A の反応曲線 RA の勾配が，企業 B の反応曲線 RB の勾配よりも急勾配であることに注意したい．これは，クールノー・モデルにおける均衡が唯一存在し，かつその均衡が安定的であることを保証する条件で，通常はこの条件が満たされると仮定して分析される．

　生産量競争型寡占市場モデルの均衡（クールノー均衡）は，2 社の反応曲線が交差する C 点で実現する．クールノー均衡では，企業 A は予測する企業 B の生産量に対して利潤を最大化する生産量 $(a-c)/3b$ を選択し，企業 B は予測する企業 A の生産量に対して利潤を最大化する生産量 $(a-c)/3b$ を選択する．各社が予測する相手企業の生産量に対する最適反応戦略としての利潤最大化生産量が，相手企業にとっても予測生産量に対する最適反応戦略としての利潤最大化生産量になっているため，お互いにそれ以外の生産量を選択する誘因は存在しない．このような均衡状態をゲーム理論では，「ナッシュ均衡」という．すなわち，生産量競争型寡占市場モデルにおけるクールノー均衡はナッシュ均衡である．

『ナッシュ均衡』

　ゲームに参加するすべてのプレーヤー（企業）が他のすべてのプレーヤー（企業）の（生産量）戦略に対し，最適な反応戦略を採っているときのプレーヤー間の均衡（生産量）戦略の組み合わせ

　図 8-4 に描かれている曲線群は等利潤曲線という．等利潤曲線は，市場需要の制約のもとで各企業にとって同額の利潤を実現する企業 A の生産量と企業 B の生産量の組み合わせを表す曲線である．企業 A の等利潤曲線は横軸（企業 A の生産量軸）からみて，上方に凸な曲線で描かれている曲線で，企業 B の等利潤曲線は縦軸（企業 B の生産量軸）からみて，上方に凸な曲

線で描かれている曲線である．等利潤曲線の形状と位置について，次の2つの特徴がある．第1は，上に凸の形状を持つ等利潤曲線の頂点は反応曲線と交わる点である．これは，寡占企業が競争相手企業の予測生産量を所与として，反応曲線上で利潤最大化生産量を選択することによる．第2は，企業 A の生産量軸の近くに位置する等利潤曲線ほど高い利潤を示す等利潤曲線である．一方，生産量軸から離れた遠くに位置する等利潤曲線は低い利潤を表す．企業 A の反応曲線上でその生産量軸に近い点ほど，企業 A の生産量は大きく（企業 B の生産量は少なく）なるため，利潤は大きくなるためである．企業 B の等利潤曲線も同様で，生産量の軸から離れた等利潤曲線は低い利潤を，軸に近い等利潤曲線は高い利潤を表す．なお，クールノー均衡 C 点では，2企業の等利潤曲線がお互いに直角に交わる．

(3) 生産量競争型寡占市場と戦略的輸出補助金政策

前項の分析では企業 A と企業 B の費用構造は同じ（限界費用は同額）と仮定していたが，企業 A の限界費用が相対的に小さいと，(8.8)式から反応曲線 RA の縦軸の切片は大きくなり，企業 A の反応曲線は右方向に平行移動する（図8-4では示していない）．企業 A の反応曲線の右方シフトは，新たなクールノー均衡で，企業 A の生産量と利潤を増加させる一方，企業 B の生産量と利潤を減少させる．すなわち，生産量競争型寡占市場競争で，コスト面で有利な企業は生産の増加によりクールノー均衡で利潤を増加することができるのである．

戦略的輸出補助金政策は，国際的寡占市場競争で自国の企業レベルでは限界費用の削減（生産性の向上）は短期的には実現できないため，政府が輸出補助金を供与することにより自国企業の実質的生産コストを低下させ，国際寡占市場競争で有利な立場に立たせることを目的に実施される．ここでは，ブランダーとスペンサー（Brander and Spencer, 1985）のモデルに従って，戦略的輸出補助金政策の効果を分析する[4]．

企業 A は自国の企業で，企業 B は外国の企業とする．輸出補助金供与に

伴う国内の消費者余剰へのマイナスの影響を乖離し，国際寡占市場競争の場で，自国政府による輸出補助金の供与が企業の利潤を増加させ自国の経済厚生を高め得る点を明示するため，企業 A，企業 B ともに国内では販売せず，第三国の市場に輸出し国際寡占市場競争を行うと仮定する．少し非現実的な仮定であるが，戦略的貿易政策のコアの部分を明示的に示すためにこの仮定が設定されている．

　第三国市場の市場需要曲線は，前節の(8.2)式とする．自国政府は，企業 A の輸出量 1 単位に対し s の補助金を支給することを決定し，公示したとする．この補助金供与は外国の企業 B にも情報として共有され，企業 B の戦略的行動に影響を与える．自国の企業 A と外国の企業 B の利潤は次になる．

$$\pi_A^s = P(Q) \cdot q_A - (c-s) \cdot q_A \tag{8.13}$$
$$\pi_B^s = P(Q) \cdot q_B - c \cdot q_B \tag{8.14}$$

企業の費用は可変費用のみで，かつ限界費用は 2 社同額で生産量にかかわらず一定額の c としてある[5]．自国政府による企業への補助金支給は，企業 A の限界費用を補助金 s だけ低下させることに注意したい．

　競争相手企業の生産量を予測しそれを所与とした企業の利潤最大化条件は，限界収入＝限界費用から求められる企業の反応関数で表される．企業 A の限界収入は

$$MR(q_A) \equiv P(Q) + (\varDelta P(Q)/\varDelta Q) \cdot q_A = a - 2b \cdot q_A - b \cdot q_B \tag{8.15}$$

で，輸出補助金支給後の限界費用は $c-s$ であるから，反応関数は次式となる．

$$q_A = (a-c+s)/2b - q_B/2 \tag{8.16}$$

企業 B の反応関数は前節の(8.9)式と同じで次式で表される．

$$q_B = (a-c)/2b - q_A/2 \tag{8.17}$$

輸出補助金支給により実現するクールノー均衡における均衡生産量は，両企業の反応関数を連立方程式で解いて求める．

$$q_A = (a-c+2s)/3b \tag{8.18}$$
$$q_B = (a-c-s)/3b \tag{8.19}$$

輸出補助金の支給がない場合のクールノー均衡での生産量は(8.10)式から，2企業とも同量で$(a-c)/3b$であったから，政府による輸出補助金供与は自国企業Aの生産量を増加させ，外国の企業Bの生産量を減少させる効果を持つ．企業Aの利潤は

$$\pi_A^s = (a-c+2s)^2/9b \tag{8.20}$$

で，企業Bの利潤は次になる．

$$\pi_B^s = (a-c-s)^2/9b \tag{8.21}$$

図8-5で自国政府による輸出補助金供与により，企業Aの反応曲線RAは補助金s相当，右方へ平行シフトしRA_sとなる[6]．外国の企業Bの反応曲線はシフトしないため，輸出補助金支給後の寡占市場の均衡はS点で実現する．

戦略的輸出補助金政策のポイントは，輸出補助金支給後の企業Aの利潤から輸出補助金額を差し引いた自国経済にとってのネットの経済厚生が，輸出補助金を支給しない場合の経済厚生（輸出補助金がない場合の企業Aの利潤）よりも大きくなるように輸出補助金sの額を決定することである．すなわち，企業Aの利潤（π_A^s）から輸出補助金総額$s \cdot q_A$を差し引いた経済全体のネットの余剰を$\bar{\pi}_A$とすると，

$$\bar{\pi}_A \equiv \pi_A^s - s \cdot q_A = P(Q) \cdot q_A - c \cdot q_A \tag{8.22}$$

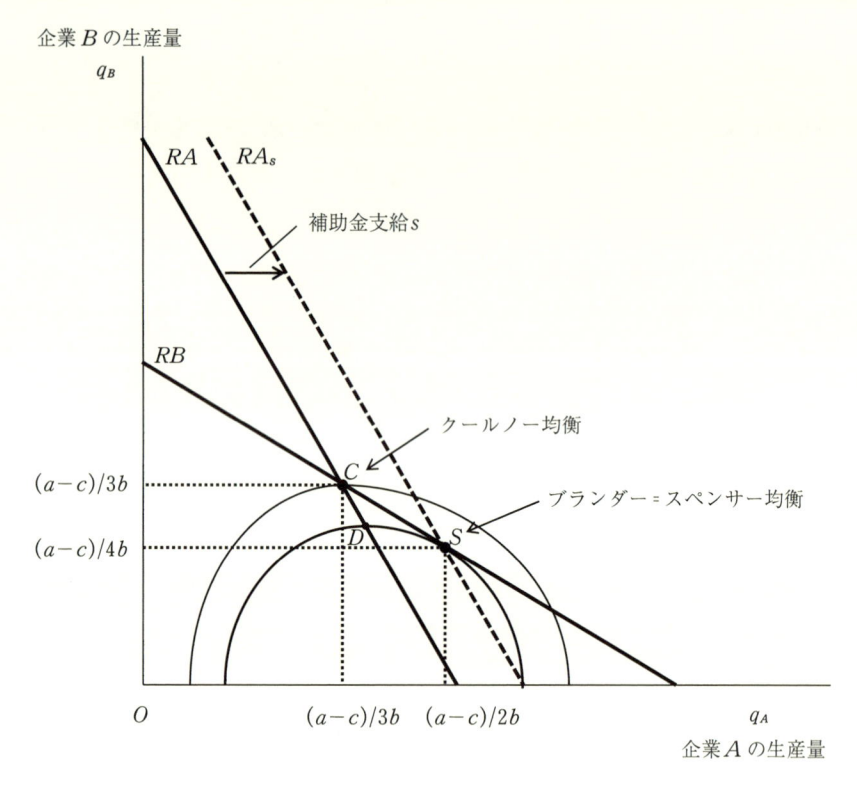

図 8-5 戦略的輸出補助金とブランダー＝スペンサー均衡

が最大になるように輸出補助金 s を決めることである．最右辺の式が意味することは，企業 A は輸出補助金が供与されなくても，図 8-5 の S 点での生産量を自主的に選択すれば，経済全体の余剰（π_A）を最大化できることである．S 点は輸出補助金支給前の企業 A の反応曲線 RA 上で頂点（D 点）を持つ等利潤曲線が企業 B の反応曲線 RB と接する点で，企業 A はクールノー均衡 C 点よりも大きな利潤を実現できる．

しかし，輸出補助金が支給されないと企業 A と企業 B が相手企業の生産量を予測し，同時に利潤最大化生産量を決定する寡占企業競争ではクールノー均衡の C 点が実現し，企業 A は利潤を増加させる S 点での生産量を決定

することはできない．自国政府が輸出補助金を供与することにより，外国の企業 B は自国の企業 A の反応曲線が RA_s へシフトしたと解釈するため，企業 A は S 点での生産量を選択することが可能となるのである．

最適な輸出補助金額を求めよう．自国政府による企業 A に対する輸出補助金支給が対外的に公示されたとする．実際には輸出補助金が支給されなくても，その支給の公示が信頼できるもの（credible）であれば，企業 B は企業 A の反応曲線が右方にシフトし RA_s になったと判断する．このことを理解している企業 A は，企業 B の反応曲線 RB 上の S 点での生産量を決定する．S 点での生産量はクールノー均衡 C 点での生産量よりも大きな利潤を企業 A にもたらす（このことは S 点を通る等利潤曲線が C 点を通る等利潤曲線よりも下方に位置していることから確認できる）．企業 A が S 点の生産量を選択することは，企業 B の最適反応戦略を考慮して自社の利潤最大化生産量を決定することを意味する．この利潤最大化生産量の決定行動は次のように定式化される．

輸出補助金支給前の企業 A の利潤，

$$\pi_A = P(Q) \cdot q_A - c \cdot q_A = [a - b \cdot (q_A + q_B)] \cdot q_A - c \cdot q_A \tag{8.23}$$

に企業 B の利潤最大化条件である反応関数の生産量［(8.9)式参照］

$$q_B = (a-c)/2b - q_A/2$$

を代入し，企業 A の利潤最大化生産量を，限界収入＝限界費用から求める．

限界収入は，

$$MR(q_A) = (a+c)/2 - b \cdot q_A$$

で，限界費用は c であるから企業 A の利潤最大化生産量は次になる．

$$q_A = (a-c)/2b \tag{8.24}$$

企業 B の利潤最大化生産量は，企業 A の利潤最大化生産量を企業 B の反

応関数に代入して求める．

$$q_B = (a-c)/4b \tag{8.25}$$

このように計算した両企業の利潤最大化生産量は，図8-5のS点での生産量の組み合わせである．

上で求めたように，均衡S点は輸出補助金が支給されなくとも，企業Aが自社の利潤最大化条件である反応曲線RA上の生産量でなく，競争相手企業の反応曲線RB上での生産量を先に決定することによっても実現する．企業Bの利潤最大化行動（反応関数）を，企業Aが自社の利潤関数(8.23)の中に取り入れて利潤最大化生産量を決定する方法は，企業Aが先導者として競争相手企業の最適反応戦略を考慮したうえで，先に自社の利潤が最大になるように生産量を決定し，相手企業に事後的に利潤最大化生産量を決定させる手法で，ゲーム理論では「先導者・追随者モデル」という逐次意思決定ゲームの応用例である．均衡S点は戦略的輸出補助金支給による均衡であるから，「ブランダー゠スペンサー均衡」と呼ばれるが，ゲーム理論の応用という観点からは先導者・追随者モデルを考案した経済学者の名をとり「シュタケルベルグ均衡」とも呼ばれる．

均衡S点で実現する企業Aの（輸出補助金を控除した）利潤（$\bar{\pi}_A$）は，(8.24)式の企業Aの利潤最大化生産量と，(8.25)式の企業Bの利潤最大化生産量を，(8.23)式に代入して求められる．

$$\bar{\pi}_A = (a-c)^2/8b \tag{8.26}$$

自国の経済厚生を最大化する最適な輸出補助金を求めるには，S点における企業Aの利潤最大化生産量［(8.24)式］と企業Bの利潤最大化生産量［(8.25)式］を，輸出補助金支給後の企業Aの反応関数(8.16)式に代入する．

$$s = (a-c)/4 \tag{8.27}$$

輸出補助金支給後のネットの経済厚生（$\bar{\pi}_A \equiv \pi_A^s - s \cdot q_A$）は(8.26)式から

$\pi_A=(a-c)^2/8b$ で，輸出補助金を支給しない場合のクールノー均衡における経済厚生（企業 A の利潤）は前節の(8.12)式から $\pi_A=(a-c)^2/9b$ であるから，自国政府は輸出補助金供与により企業 A の利潤を増加させるだけでなく，経済全体の厚生水準を引き上げることができる．

(4) 価格競争型寡占市場と戦略的輸出税政策

ブランダー＝スペンサー・モデルは同質財を生産する2企業が，生産量を戦略変数として寡占市場競争を行うモデルで，政府が政策介入しない場合のクールノー均衡に比べ，自国企業に輸出補助金を支給することにより企業の限界費用が低下するため多くの生産量と利潤を実現できるものであった．反面，政府の支援を受けない外国の企業は生産量と利潤の減少を余儀なくされるという結果をもたらす．ブランダー＝スペンサー・モデルの発表後，寡占市場競争の状況設定や政策変数を変えた戦略的貿易政策に関する多くの研究成果が公表されたが，ここでは，イートンとグロスマン（Eaton and Grossman, 1986）が分析した価格競争型寡占市場モデルを使った戦略的貿易政策の手法と効果についてその概要を紹介する[7]．

価格競争型寡占市場モデルは，モデルを考案した経済学者の名をとり，「ベルトラン・モデル」とも呼ばれる．ここでは最も単純な設定で，モデルの基本構造と自国の経済厚生を高めるための戦略的貿易政策としての輸出税の役割と効果を検討する．国内輸出企業への輸出税の賦課が国内の消費者の経済厚生に及ぼす影響を隔離するため，ブランダー＝スペンサー・モデルと同様，自国の企業 A と外国の企業 B がそれぞれの国内市場では販売せず，第3国市場に輸出し国際寡占競争を行っているとする．それぞれの企業は差別化製品を生産・販売し，寡占市場における競争態様は価格設定競争である．各企業は競争相手企業が設定する価格を合理的に予測し，その予測のもとで自企業の利潤を最大化させる価格を設定する．すなわち，各企業の戦略変数は価格である．

各企業は比較的密接ではあるが不完全な代替財である差別化製品を生産・

販売するため，設定する販売価格は2企業で同一水準である必要はない．しかし，相手企業の価格よりも高い価格を設定すると顧客の一部は相手企業の財の購入に流れるため，自社の財への需要は減少する．このような価格設定競争環境で，各企業の需要曲線を次のように表す．

$$\text{自国の企業 } A \text{ の需要曲線：} q_A = a - p_A + p_B \tag{8.28}$$

$$\text{外国の企業 } B \text{ の需要曲線：} q_B = a - p_B + p_A \tag{8.29}$$

q_A は企業 A の財に対する需要量，q_B は企業 B の財に対する需要量で，p_A は企業 A の財の価格，p_B は企業 B の財の価格である．a は正の定数である．分析の簡単化のため，2企業の財の需要曲線は対称的（symmetric）な形状を有すると仮定している．

企業の費用構造は，固定費用は要せず，限界費用は2企業共通で生産量にかかわらず固定した金額の c とする．したがって，各企業の利潤は次式で表される．

$$\text{企業 } A \text{ の利潤：} \pi_A = (p_A - c) \cdot q_A \tag{8.30}$$

$$\text{企業 } B \text{ の利潤：} \pi_B = (p_B - c) \cdot q_B \tag{8.31}$$

各企業は競争相手企業の設定価格を合理的に予測し，その予測のもと利潤を最大化する最適反応価格を決定する．利潤最大化条件は，利潤の式を価格で微分した次の第1次条件式で表される．

$$\text{企業 } A \text{ の利潤最大化第1次条件式：} \Delta \pi_A / \Delta p_A = a - 2p_A + p_B + c = 0$$

この式から，企業 A が予測する企業 B の価格（p_B）を所与とした企業 A の利潤最大化価格は次式となる．

$$p_A = (a + c)/2 + p_B/2 \tag{8.32}$$

これを，価格競争型寡占市場モデルにおける，企業 A の「反応関数」という．すなわち，反応関数は企業 A が予測する企業 B の価格に対する最適反

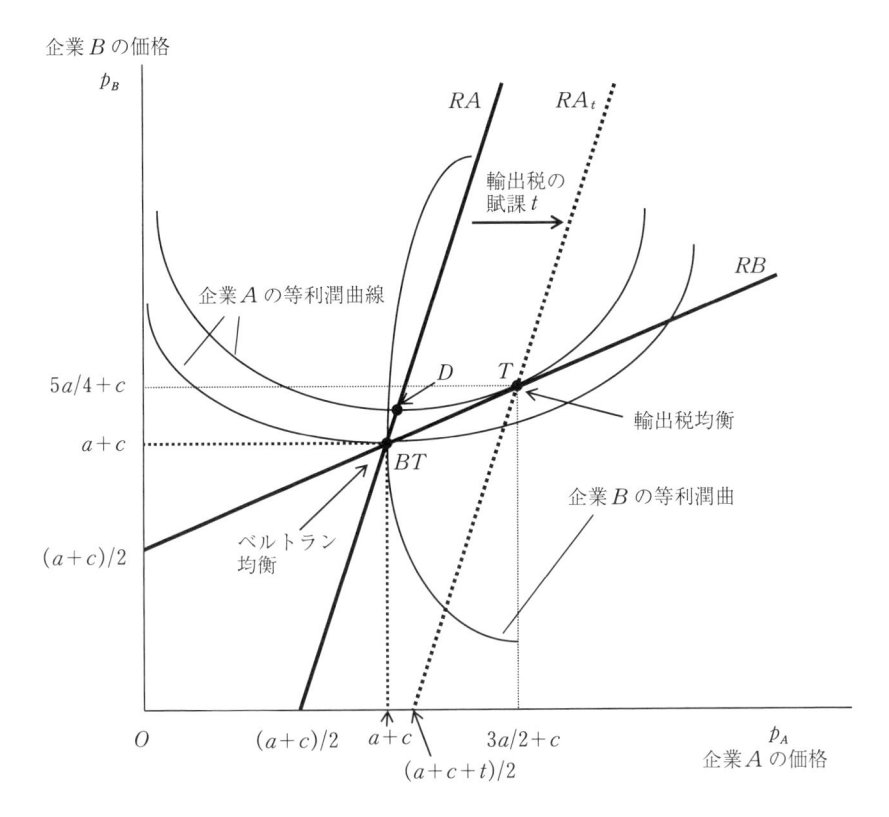

図8-6 価格競争型寡占市場とベルトラン均衡および輸出税の効果

応戦略としての利潤最大化価格である．

同様に，企業 B の反応関数は次式となる．

$$p_B = (a+c)/2 + p_A/2 \tag{8.33}$$

反応関数を図示すると，図 8-6 の反応曲線となる．直線 RA は企業 A の反応曲線で，横軸（企業 A の価格軸）との切片が $(a+c)/2$，勾配が 2 の右上がりの直線である．直線 RB は企業 B の反応曲線で，縦軸（企業 B の価格軸）との切片が $(a+c)/2$，（横軸からみた）勾配が $1/2$ の直線で表される．反応曲線が自企業の価格軸から見て右上がりの直線となる理由は，競争相手

企業が価格を引き上げると予測すると，需要の一部が自企業の財に移って来るため自企業も価格を引き上げることにより利潤を増やすことができるためである．このように，競争相手企業の戦略の変化の方向（例えば，価格の引き上げ）と同じ戦略の変化（価格の引き上げ）を採用することが自企業の利潤の最大化戦略となるとき，両企業の価格設定戦略には「戦略的補完性」があるという．一方，前節のクールノー生産量競争型寡占市場モデルで分析した反応曲線は自企業の生産量軸から見て右下がりの直線となっており，これは相手企業が生産量を増やすと予測するとき，自企業は生産量を減らすことにより利潤最大化を行う企業行動を意味している．この場合，両企業の生産量設定戦略には「戦略的代替性」があるという．

図に描かれた曲線群は等利潤曲線である．クールノー生産量競争型寡占市場モデルとは異なり，等利潤曲線は自企業の価格軸から見て下方に凸な曲線となる．これは，反応曲線が自企業の価格軸から見て右上がりの直線であることによるものである．下方に凸の形状を持つ等利潤曲線の頂点は，自企業が予測する競争相手企業の設定価格に対する利潤最大化のための最適反応価格である反応曲線と交わる点である．また，自企業の価格軸からみて，上の方に位置する等利潤曲線ほど高い利潤を表している．これも，反応曲線が自企業の価格軸から見て右上がりの直線であることによるものである．

価格競争型寡占市場モデルにおける均衡は「ベルトラン均衡」といい，2企業の反応関数を連立方程式で解いて求める．

$$\text{ベルトラン均衡における均衡価格：} p_A^b = p_B^b = a + c \tag{8.34}$$

ベルトラン均衡における利潤は両企業とも同額で，次の値になる．

$$\pi_A^b = \pi_B^b = a^2 \tag{8.35}$$

ベルトラン均衡は図で，企業 A の反応曲線 RA と企業 B の反応曲線 RB が交差する BT 点である．

イートンとグロスマンは寡占市場競争が価格設定型のベルトラン競争であ

るとき，輸出企業の利潤を増加させることにより自国の経済厚生を向上させる最適な戦略的貿易政策は，自国企業に対する輸出税の賦課であることを解明した．価格設定競争において戦略的補完性が働き反応曲線が右上がりの直線となるため，自国企業に輸出税を賦課することにより輸出価格を引き上げ，（税込みの）利潤を増加させることができるのである．自国政府が輸出量1単位あたり t の輸出税を賦課すると企業 A の利潤は次式となる．

$$\pi_A^t = p_A q_A - (c+t) \cdot q_A \tag{8.36}$$

競争相手企業が設定する価格を予測し利潤を最大化する最適反応価格は，利潤を価格で微分した第1次条件式から得られる次の反応関数で示される．

$$p_A = (a+c+t)/2 + p_B/2 \tag{8.37}$$

一方，外国の政府は輸出税を賦課しないため，企業 B の反応関数は(8.33)式である．図8-6で，自国企業に輸出税を課することにより，自国企業 A の反応曲線 RA は右方に平行シフトし RA_t となり，価格競争型寡占市場の新しい均衡（輸出税均衡）は T 点で実現する．2企業の反応関数を連立方程式で解いて，輸出税賦課後の均衡価格を求めると次が得られる．

$$p_A = a+c+2t/3 \tag{8.38}$$
$$p_B = a+c+t/3 \tag{8.39}$$

次のステップは自国の経済厚生を最大化させる最適な輸出税の規模を決定することである．図では，ベルトラン均衡 BT を通る企業 A の等利潤曲線を上方にシフトさせ，企業 B の反応曲線 RB と接する位置（T 点）まで反応曲線を右方シフトさせるに必要な輸出税とすれば良いことがわかる．T 点は輸出税賦課前の企業 A の反応曲線 RA 上で頂点（D 点）を持つ等利潤曲線が企業 B の反応曲線 RB と接する点で，企業 A はベルトラン均衡 BT 点よりも大きな利潤を実現できる．

輸出税賦課後の経済全体の厚生水準を $\tilde{\pi}_A$ で表し，輸出税均衡における企

業Aの利潤をπ_A^tで表すと，両者には次の関係がある．

$$\tilde{\pi}_A = \pi_A^t + t \cdot q_A = p_A \cdot q_A - c \cdot q_A \tag{8.40}$$

最右辺の式は企業Aが輸出税を課せられず，先に価格を設定できる先導者として，企業Bの反応曲線RB上のT点での価格を決定し，企業Bは追随者として自社の反応曲線上で最適反応価格を選択するときの企業Aの利潤である．

最適な輸出税をブランダー＝スペンサー・モデルで使った手法と同じ方法で求めよう．自国政府による企業Aに対する輸出税賦課が対外的に公示されたとする．実際には輸出税が賦課されなくても，その公示が信頼できるもの（credible）であれば，企業Bは企業Aの反応曲線が右方にシフトしRA_tになったと判断する．このことを理解している企業Aは，先導者として企業Bの反応曲線RB上のT点での価格を先に決定する．企業AがT点の価格を選択することは，企業Bの最適反応戦略を考慮して自社の利潤最大化のための価格を決定することを意味する．この利潤最大化価格の決定行動は次のように定式化される．

輸出税賦課前の企業Aの利潤，

$$\pi_A = (p_A - c) \cdot q_A = (p_A - c) \cdot (a - p_A + p_B)$$

に企業Bの利潤最大化条件である反応関数(8.33)式の利潤最大化価格

$$p_B = (a+c)/2 + p_A/2$$

を代入し，企業Aの利潤最大化価格を利潤最大化の第1次条件（すなわち，限界収入＝限界費用）から求めると，T点における企業Aの利潤最大化価格は次になる．

$$p_A = 3a/2 + c \tag{8.41}$$

企業Bはこの企業Aの価格を受けて，自社の反応曲線上で利潤最大化価格

を決定する．
$$p_B = 5a/4 + c \tag{8.42}$$
2企業のこの利潤最大化価格の組み合わせは，図の企業Bの反応曲線上のT点における価格の組み合わせである．

輸出税賦課後の企業Aの利潤最大化価格［(8.38)式］と(8.41)式で示される企業Aの利潤最大化価格は等しいから，
$$p_A = a + c + 2t/3 = 3a/2 + c \tag{8.43}$$
これから，最適な輸出税は次の値となる．
$$t = 3a/4 \tag{8.44}$$

輸出税賦課後の企業の利潤は次のように計算される．企業Aの利潤式(8.36)から
$$\pi_A^t = (p_A - c - t)q_A = (p_A - c - t)\cdot(a - p_A + p_B)$$
に，企業Aの利潤最大化価格［(8.38)式］および企業Bの利潤最大化価格［(8.39)式］と最適輸出税［(8.44)式］を代入して計算する．
$$\pi_A^t = 9a^2/16 \tag{8.45}$$

したがって，自国の経済全体の厚生水準（$\tilde{\pi}_A$）は(8.40)式に，(8.45)式から企業Aの利潤と，最適輸出税を代入し，次のように計算される．
$$\begin{aligned}\tilde{\pi}_A &= \pi_A^t + t\cdot q_A = \pi_A^t + t\cdot(a - p_A + p_B)\\ &= 9a^2/16 + (3a/4)\cdot(a - 3a/2 - c + 5a/4 + c)\\ &= 9a^2/8\end{aligned} \tag{8.46}$$

自国では，企業レベルでは輸出税負担から利潤は減少するが（$\pi_A^t = 9a^2/16 <$ $\pi_A^b = a^2$），輸出税課税後の経済全体の厚生水準は，輸出税賦課前のベルトラ

ン均衡に比べ増加する（$\bar{\pi}_A=9a^2/8>\pi_A^z=a^2$）．したがって，イートンとグロスマンの研究結果によれば，限定的な仮定条件のもとでの結論ではあるが，価格競争型寡占市場競争で，自国政府が戦略的に自国の輸出企業に輸出税を賦課すると，課税込みでの利潤が増加し，経済全体の厚生水準は高まることになる．

■戦略的貿易政策に関する注意点

1980年代以降に展開された戦略的貿易政策に関する多くの研究は，不完全競争市場における企業行動にゲーム理論による分析を適用し，政府の意図的な貿易制限政策あるいは産業政策が経済厚生の向上に果たす役割を再検討しようとするものであった．戦略的貿易政策に関する研究には，本節で取り上げた輸出補助金政策や輸出税政策のほかに，市場における競争形態を特定化することにより，戦略的関税政策や，企業の研究開発（R&D）投資に対する戦略的補助金政策など様々な政策が分析されてきた．

ここで，戦略的貿易政策を現実に運用する際に政府や企業が直面するであろういくつかの問題点を指摘しておきたい．第1に，本節で分析した自国企業に対する輸出補助金の支給や輸出税の賦課の目的は，外国企業の利潤を自国企業にシフトさせることであるが，外国の政府も報復措置（retaliation）として同じ戦略的政策を採用する可能性が十分あることである．この場合，戦略的貿易政策に使われた資源は当事国にとっては浪費され，輸出市場である第三国のみが利益を受けることになる可能性が高いことである．第2に，政府は適切な戦略的貿易政策の選択と支援の規模を決定するにあたり，自国および外国の企業の生産と費用に関する詳細な情報，および市場における競争構造と競争態様（例えば，生産量競争か価格競争か）などに関する的確な情報を獲得する必要があるが，現実にはこのような情報収集は時間を要し，かつ容易ではない．第3に，大規模な寡占企業は，重要な材料や部品を外国の企業から輸入しているケースが少なくないことである．すなわち大規模企業の生産は，部品等の外国企業からのアウトソーシングに依存する割合が高

第8章 不完全競争市場と貿易政策 259

まってきている．このような生産活動面での国際的な相互依存関係が進展する中で，外国企業からの利潤のシフトにより自国企業の利潤を増加させる戦略的な貿易政策は，自国の経済厚生にとってプラスになるのか，関連産業に及ぼす効果も含めて慎重に検討する必要があろう．第4に，本節で取り上げた戦略的貿易政策の効果は「部分均衡分析」のフレームワークで分析された．特定の産業の保護・育成のために政府の資源を使うと，生産資源もターゲットになった産業に移動することになる．政府が意図した特定産業の保護・支援政策が，産業間での最適な資源配分に及ぼす効果を「一般均衡分析」で行い，特定の戦略的貿易政策の最適資源配分面からみた妥当性も検証する必要があろう．

注

1) 独占企業が輸出を行わず自国市場でのみ営業するときは，図の左のパネルで MR_h と MC が交差する点での生産量と独占価格になり，その利潤額は輸出市場を含めた市場別価格差別を行うときの利潤総額よりも大きくなることはあり得る．しかし，輸出市場の規模が大きく平均総費用の大幅な逓減が実現すれば，輸出市場では赤字であっても，2つの市場で販売する時の総利潤は，自国市場だけの場合と比べ増加する可能性は十分ある．

2) 戦略的貿易政策に関する文献は多いが，先駆的な業績は次などである．Brander, James A., and Barbara J. Spencer. 1985. "Export Subsidies and International Market Share Rivalry", *Journal of International Economics* 18: 83-100. Brander, James A., and Barbara J. Spencer. 1983. "International R&D Rivalry and Industrial Strategy", *Review of Economic Studies* 15: 313-21. Eaton, Jonathan, and Gene M. Grossman. 1986. "Optimal Trade and Industrial Policy under Oligopoly", *Quarterly Journal of Economics* 2: 383-406.

3) ここで分析するモデルは同質財寡占企業間の競争であるから，各企業が設定する利潤最大化価格は同水準になる．したがって，各企業のマーケット・シェアの相違は，限界費用の相違（マーケット・シェアの高い企業は限界費用が低い）に反映されていると解釈できる．

4) 原典は，Brander, James A., and Barbara J. Spencer.1985. "Export Subsidies and International Market Share Rivalry", *Journal of International Economics* 18: 83-100. である．

5) 企業の短期における利潤最大化意思決定において，サンク・コストである固定費の存在は考慮に入れる必要はない．

6) シフト後の反応曲線 RA_s の縦軸の切片は $(a-c)/b+s/b$ で，輸出補助金支給前の切片と比較すると，s/b だけ高い位置となる．

7) 論文は，Eaton, Jonathan, and Gene M. Grossman. 1986. "Optimal Trade and Industrial Policy under Oligopoly", *Quarterly Journal of Economics* 2: 383-406. である．

読書案内

　本書はヘクシャー゠オリーン・モデルなど一般均衡理論を使う伝統的な国際貿易理論については，ミクロ経済学の基礎理論の解説を含め比較的詳しく丁寧に解説したこと，およびメリッツの論文を出発点とする新しい貿易理論と直接投資理論に比較的多くの紙幅を割いたことなどから，「国際貿易論」の教科書として取り上げるテーマが比較的限定的なものとなっている．とりわけ，ヘクシャー゠オリーン・モデルの現実適合性に関する豊富な実証分析，貿易と経済成長の関係，生産要素の国際間移動の所得分配への効果，外部的な規模の経済性が働く産業における貿易の方向と効果および幼稚産業保護などの産業政策の役割，戦略的貿易政策に関する多様な理論，GATT/WTO，自由貿易協定（FTA）および経済統合など国家・地域間での貿易自由化交渉の理論的分析，など多くのテーマは割愛せざるを得なかった．

　国際貿易論は，『国際経済学』という表題で多くの教科書が出版されている．それぞれの教科書は，想定する読者層を絞り，取り上げるテーマの選択，分析・提示の方法とその難易度が異なり，差別化された教科書となっている．以下では，本書の読者が各テーマの理解を深め，本書で不足しているテーマの独習を行い，更に進んだレベルでの学習を行うために役立つと思われる教科書や研究書のいくつかを，比較的近年に出版されたものを中心に紹介する．

国際経済学の教科書
　◆初めて学ぶ人のための入門書

浦田秀次郎・小川英治・澤田康幸［2011］『はじめて学ぶ　国際経済』有斐閣
澤田康幸［2003］『基礎コース　国際経済学』新世社
石川城太・菊池徹・椋寛［2007］『国際経済学をつかむ』有斐閣
伊藤元重［2005］『ゼミナール国際経済入門〈改訂第3版〉』日本経済新聞出版社
　◆本書のレベルと同等以上の教科書

阿部顕三・遠藤正寛［2012］『国際経済学』有斐閣
伊藤元重・大山道広［1985］『国際貿易』岩波書店
浦田秀次郎［2009］『国際経済学入門〈第2版〉』日本経済新聞出版社
大山道広［2011］『国際経済学』培風館
小田正雄［1997］『現代国際経済学』有斐閣
木村福成［2000］『国際経済学入門』日本評論社
竹森俊平［1995］『国際経済学』東洋経済新報社

中西訓嗣［2013］『国際経済学―国際貿易編』ミネルヴァ書房
中西訓嗣・広瀬憲三・井川一宏［2003］『国際経済理論』有斐閣
山澤逸平［1998］『国際経済学〈第3版〉』東洋経済新報社
若杉隆平［2009］『国際経済学〈第3版〉』岩波書店
   ◆米国の定評ある学部学生向け国際経済学の教科書で邦訳があるもの
R.E. ケイブズ，J.A. フランケル，R.W. ジョーンズ［2003］伊藤隆敏監訳・田中勇人訳『国際経済学入門 ①国際貿易編』日本経済新聞出版社
P.R. クルグマン［2010］山本章子訳『クルグマンの国際経済学：理論と政策（上）貿易編，第7版』ピアソン
J.R. マークセン，J.R. メルヴィン，W.H. ケンプファー，K.E. マスカス［1999］松村敦子訳『国際貿易：理論と実証（上）（下）』多賀出版
   ◆外国の定評ある学部学生向け国際経済学の教科書で邦訳のないもの
本書の一部の図の作成と分析に際し，これらを参考にした．
Appleyard, Dennis R., and Alfred J. Field, Jr. [2014] *International Economics 8th edition*, New York: McGraw-Hill.
Feenstra, Robert C., and Alan M. Taylor [2011] *International Trade 2nd edition*, New York: Worth Publishers.
Husted, Steven, and Michael Melvin [2013] *International Economics 9th edition*, Essex, UK: Pearson Education Ltd.
Krugman, Paul R., Maurice Obstfeld, and Marc J. Melitz [2012] *International Economics: Theory and Policy 9th edition*, Essex, UK: Pearson Education Ltd.
Marrewijk, Charles V. [2012] *International Economics: Theory, Application and Policy 2nd edition*, Oxford, UK: Oxford University Press.

規模の経済と国際貿易および戦略的貿易政策に関する書籍
   ◆規模の経済と国際貿易（新貿易理論），「企業の異質性」と国際貿易・直接投資および戦略的貿易政策に関する研究書・教科書として次のものがある．
E. ヘルプマン［2012］本多光雄・井尻直彦・前野高章・羽田翔訳『グローバル貿易の針路をよむ/Understanding Global Trade』文眞堂
大山道広（編）［2001］『国際経済理論の地平』東洋経済出版社
菊池徹［2001］『収穫逓増と不完全競争の貿易理論』勁草書房
菊池徹［2007］『コミュニケーションネットワークと国際貿易―貿易理論の新展開』有斐閣
冨浦英一［1995］『戦略的通商政策の経済学』日本経済新聞出版社
藤田昌久・若杉隆平（編）［2011］『グローバル化と国際経済戦略』日本評論社
柳川範之［1998］『戦略的貿易政策―ゲーム理論の政策への応用』有斐閣
若杉隆平［2007］『現代の国際貿易―ミクロデータ分析』岩波書店
若杉隆平（編）［2011］『現代日本企業の国際化』岩波書店

Feenstra, Robert C. 2010. *Offshoring in the Global Economy: Microeconomic Structure and Macroeconomic Implications*, Cambridge, MA: The MIT Press.
◆規模の経済と国際貿易および不完全競争市場における貿易政策に関するクルグマン等の代表的な教科書・研究書は以下である．

Grossman, Gene M. (ed.) [1992] *Imperfect Competition and International Trade*, Cambridge, MA: The MIT Press.

Helpman, Elhanan, and Paul R. Krugman [1985] *Market Structure and Foreign Trade: Increasing Returns, Imperfect Competition, and the International Economy*, Cambridge, MA: The MIT Press.

Helpman, Elhanan, and Paul R. Krugman [1989] *Trade Policy and Market Structure*, Cambridge, MA: The MIT Press.

Krugman, Paul R. [1990] *Rethinking International Trade*, Cambridge, MA: The MIT Press.

日本の通商政策とWTO/FTA/TPPに関する書籍

◆本書では取り上げなかったFTA/FPAなど地域自由貿易協定と日本の通商政策，およびGATT/WTOによる多国間自由貿易交渉についての概説書・研究書として次のものがある．

青木健・馬田啓一（編）[2002]『日本の通商政策入門』東洋経済新報社

石川弘一・馬田啓一・渡邊頼純 [2014]『TPP交渉の論点と日本』文眞堂

馬田啓一・浦田秀次郎・木村福成（編）[2011]『日本通商政策論―自由貿易体制と日本の通商課題―』文眞堂

遠藤正寛 [2005]『地域貿易協定の経済分析』東京大学出版会

梶田朗・安田啓 [2014]『FTAガイドブック2014』ジェトロ

中川淳司 [2013]『WTO―貿易自由化を超えて』岩波書店

山澤逸平・馬田啓一・国際貿易投資研究会 [2012]『通商政策の潮流と日本～FTA戦略とTPP』勁草書房

渡邊頼純 [2012]『GATT-WTO体制と日本―国際貿易の政治的構造』北樹出版

索引

[あ]

アダム・スミス　2

[い]

EEC（European Economic Community: ヨーロッパ経済共同体）　216
一般均衡
　　開放経済の——　20, 29, 33, 64
　　自給自足経済の——　15, 18, 56
　　生産の——　45, 47, 102
　　閉鎖経済の——　15, 56, 59
　　輸入関税の——分析（小国）　205
　　リカード・モデルの開放経済の——分析　20
　　リカード・モデルの閉鎖経済の——分析　16
一般要素　106, 113, 117, 120, 122
EMS（電子機器部品の受託生産サービス）　186, 195
EU（European Union: ヨーロッパ共同体）　216

[え]

HO モデル　⇒ヘクシャー゠オリーン・モデル
エッジワース（Edgeworth, F.）　44
　　ボックス・ダイアグラム　46, 101
M&A（合併と買収）　167-8
　　クロス・ボーダー——　167-8

[お]

OLI フレームワーク　171
　　企業特殊資産所有の優位性　171
　　内部化による優位性　171
　　立地上の優位性　171
オファー・カーブ　35, 104
オフショアリング（offshoring）　168, 185
オリーン（Ohlin, B.）　73

[か]

海外直接投資　⇒直接投資
価格
　　（均衡）相対——　14, 17-8, 20, 23, 26, 29, 33, 49, 57, 59, 65, 67-8, 78, 82, 85, 89, 94, 99, 101, 106, 114, 117-8, 122
　　——弾力性　135, 140, 144, 152, 158
　　国際相対——　20, 29, 33
　　国際——比率　24, 64, 78, 85
拡張経路　45, 50
寡占市場　132, 239
寡占市場モデル
　　価格競争型——　251
　　クールノー・モデル　240
　　生産量競争型——　240
　　ベルトラン・モデル　251
ガット（GATT）　216, 221, 228, 235
　　——ウルグアイ・ラウンド　216, 221, 228
関税
　　——収入　202, 213, 219, 232, 235
　　——同盟　169
　　——と輸入数量割当の同等性　218, 234
　　従価——　205
　　従量——　203
　　輸入——　202, 205
関税と貿易に関する一般協定　⇒ガット（GATT）
間接投資　168
完全競争市場　2, 16, 39, 47, 57, 74, 198

[き]

機会費用　8, 17, 53
企業特殊資産　171
企業内国際分業　170, 185
企業内貿易　2, 170, 186
企業の異質性　147, 176

——と国際貿易　147, 176
　　企業の生産性格差　148, 151, 176, 179, 187
規模効果（scale effect）　146
規模に関する
　　——収穫一定　3, 39, 45, 68, 75, 92, 106, 132
　　——収穫逓増　132
規模の経済性　125
　　外部的な——　125
　　内部的な——　132
競争促進効果（procompetitive effect）　146, 151
均衡
　　消費の——　62
　　生産の——　62

[く]

クールノー（Cournot, A.）　240
　　——均衡　242
　　——・ナッシュ均衡　242
　　——モデル　240
クオータ　⇒輸入数量割当
クオータ・レント　⇒輸入数量割当レント
グルーベル・ロイドの産業内貿易指数　128
クルグマン（Krugman, P.）　137

[け]

経済厚生の死荷重　204, 214, 219, 223, 225, 232
経常収支　216
契約曲線
　　生産面の——　50
ゲーム理論　239
限界
　　——価値生産物（資本の）　96, 119
　　——価値生産物（土地の）　120
　　——価値生産物（労働の）　16, 21, 27, 96, 110
　　——価値生産物曲線（労働の）　111
　　——収入　16, 134, 140, 152, 178, 236, 241
　　——生産物（資本の）　40, 54, 95, 109, 119
　　——生産物（土地の）　120
　　——生産物（労働の）　6, 16, 21, 40, 54, 95, 107
　　——生産物曲線（労働の）　106
　　——代替率　12, 57
　　——(技術的限界)代替率　42, 45, 47, 58, 95
　　——代替率逓減の法則　13
　　——費用　54, 61, 135, 139, 152, 178, 236, 241, 252
　　——変形率　8, 52
限界効用　13, 61
　　——逓減の法則　13
研究開発（R&D）　133, 167, 171, 177

[こ]

交易条件　5, 20, 29, 33, 64, 68, 83, 99
　　——効果　214
　　——線　24
　　——の改善（悪化）　33, 214, 225
効用　11-2, 14, 18, 23, 26
効用最大化　15, 18, 23, 57
　　——条件式　57
効率生産軌跡　49-50, 53
効率性損失
　　消費面の——　205, 208, 214, 219, 223
　　生産面の——　204, 208, 214, 219, 223
効率的な生産　43, 47, 50
　　——均衡　50
国際外注（foreign outsourcing）　168, 186
国際分業　186
　　企業内——　130, 168, 170, 187
　　生産工程の——　2, 130, 168, 170, 187

[さ]

最適化条件
　　消費の——　59
　　生産の——　59
最適関税
　　——率　214
　　——論　215
最適消費選択　11, 67
サミュエルソン（Samuelson, P.）　104
産業間貿易　1, 127
産業集積　125

索引

産業内貿易　2, 127, 132, 147
　　垂直的——　131
　　水平的——　131
産業内貿易指数　128
　　グルーベル・ロイドの——　128
サンク・コスト（埋没費用）　149, 155, 181
残余需要　139, 156
　　——曲線　139, 144, 151, 156, 160

[し]

GDP　1, 23, 34, 61, 64, 68, 85
　　——線　24, 34, 59
資源
　　企業間の効率的な資源配分　151, 164
　　（産業間の）効率的な配分　48-9
　　（産業間の）最適配分　38, 44, 46, 48-9
　　——制約　52
　　——制約式　7
市場アクセス効果（market access effect）　146
市場支配力　135
市場統合　156
市場別価格差別　235
市場への近接性と規模の経済のトレードオフ　172, 175
資本
　　——集約財　81, 83, 90, 97, 100, 122
　　——集約的な技術　45, 50, 76, 83
　　——のレンタル価格　42, 50, 57, 63, 76, 92, 95, 109, 118
　　——賦存量　47
　　——豊富国　76, 79, 81, 83, 97, 99
収穫逓減
　　——の法則　39, 53, 106
　　生産要素の——　39, 53, 106
自由貿易協定（FTA）　98, 160
　　地域——　169
シュタケルベルグ均衡　250
需要
　　逆——曲線　133, 139, 151
　　——の法則　134
　　超過——　35, 63
　　小国　99, 197, 201-2, 205, 211, 217, 221, 224, 227

消費可能性フロンティア　24, 33, 61
消費者
　　最適消費選択　11, 67
　　——余剰　199, 203, 213, 219, 223, 225, 227, 232, 234
所得
　　実質国民——　27
　　実質資本——　96
　　実質——　26, 89, 94, 116-7, 122
　　——分配　94, 106, 113-4, 117, 122
　　名目国民——　27
　　名目——　94, 115
新古典派の貿易理論　37-8, 68
新貿易理論　148

[す]

スティグリッツ（Stiglitz, J.）　137
ストルパー（Stolper, W.）　104
ストルパー＝サミュエルソン定理　94, 122, 209

[せ]

生産
　　——可能性曲線　8, 51
　　——可能性フロンティア（PPF）　5, 16, 18, 21, 23, 27, 30, 38, 49, 59, 68, 75, 78, 99
　　——特化　4, 20, 23, 26, 30, 33
　　——補助金　227
　　総——曲線　107
生産関数　39, 41, 44, 68, 75, 79, 101, 106
　　一次同次——　39
　　短期——　106
生産者余剰　200, 204, 213, 217, 222, 225, 231
生産要素
　　移動の自由　74, 105
　　価格比率　44, 49, 59, 63, 75, 90, 101
　　可変的——　106, 109
　　集約度　45, 48, 50, 74, 82, 91, 94, 101
　　集約度の逆転　76
　　賦存比率　73, 76, 78, 81, 93
　　賦存量　77, 80, 98, 103
生産要素価格均等化定理　89-90, 94
製品差別化　130, 132, 137, 139, 146, 177

差別化製品　130, 132, 137
世界銀行（The World Bank）　130
絶対優位　6, 28
　　――の理論　2-3
絶対劣位　4
折衷理論　170
　　ダニングの――　170
先導者・追随者モデル　250
戦略的代替性　254
戦略的貿易政策　229, 239-40, 246, 251, 258
　　――戦略的輸出税政策　251
　　――戦略的輸出補助金政策　245
戦略的補完性　254

[そ]

相似拡大的　⇒ホモセティック
属性　138, 143

[た]

大国　71, 197, 210, 219, 224, 227
対称的（symmetric）　147, 151, 160, 252
多角的貿易自由化交渉　215, 220
多国籍企業　169-70, 173, 176, 186
ダニング（Dunning, J.）　170
WTO（World Trade Organization: 世界貿易機関）　215, 221, 228
　　――ドーハ・ラウンド　221
多様性愛好（love of variety）
　　消費の――　137, 143, 178, 195
　　――アプローチ（love of variety approach）　138
単位生産必要労働時間　4, 6-7, 10
ダンピング　229, 235
　　反――関税　235

[ち]

チェンバリン（Chamberlin, E.）　126
知識資本　171
超過供給　63
直接投資　2, 167-8, 172, 185
　　垂直的――　169, 185
　　水平的――　169, 172
賃金

実質――　26, 33, 96, 116, 122
名目――　16, 21, 26, 96, 111, 114, 116, 120
賃金・資本レンタル価格比率　42, 44, 58, 63, 77, 91, 95

[て]

TPP（Trans-Pacific Partnership: 環太平洋経済連携協定）　98
ディキシット（Dixit, A.）　137

[と]

同質財　230, 239-40, 251
等収入線　59, 65, 67, 69, 81, 85
淘汰効果（selection effect）　146
等費用線　42, 48
等利潤曲線　244, 248, 254
等量曲線　41, 44, 52
特殊要素　106, 109, 113, 117, 122
　　――モデル　106, 122
独占
　　――企業　133, 230, 232, 235
　　――企業の利潤最大化　133
　　――市場　132-3
独占的競争
　　――産業　133, 137-8, 141-2, 151, 180, 187
　　――市場　132, 137
　　貿易モデル　126-7, 133, 137, 146-7, 156, 178, 184
土地のレンタル価格　109, 119

[な]

ナッシュ（Nash, J.）　244
ナッシュ均衡　244

[は]

バラエティ数　126, 142-3, 147, 150, 159
パレート（Pareto, V.）　48
パレート効率性　48, 50, 53
反応関数　242, 252
反応曲線　243, 253

[ひ]

PPF　⇒生産可能性フロンティア

索引

比較優位 2-3, 5, 10, 18, 20, 23, 26, 29, 38, 64, 68, 73, 75, 78, 81, 86, 95, 114
　　――の理論 2-3, 5, 11, 29, 68, 78
　　――産業 20
比較劣位 20, 23, 26, 64, 86
非関税貿易障壁 215-7
費用
　可変―― 148, 152, 161, 187, 189
　限界―― ⇒限界費用
　固定―― 149, 152, 161, 173, 176, 180, 187, 252
　――最小化行動 40, 46, 50, 58
　平均―― 135
氷塊型輸送費用（melting iceberg transport cost） 180
標準国際貿易分類（SITC） 129

[ふ]

不完全競争市場 132, 229, 239
不完全特化 32, 37, 93
複占市場 239-40
部分均衡分析 198, 202, 205, 210, 216, 221
　輸入関税の―― 202, 210
フラグメンテーション（fragmentation） 168-9, 185, 187
　生産工程の―― 168-9, 185, 187
ブランダー＝スペンサー均衡 250

[へ]

ヘクシャー（Heckscher, E.） 73
ヘクシャー＝オリーン定理 74, 78, 81, 83, 89
ヘクシャー＝オリーン・モデル 73-4, 78, 89, 94, 97-8, 105
ベルトラン（Bertrand, J.） 240
　――均衡 254
　――モデル 240, 251

[ほ]

報酬
　実質―― 94, 97, 120, 122
　名目―― 94
報復措置 258
貿易

　――均衡 20, 23, 30, 38, 64, 69, 83, 90, 97, 133, 203, 205, 211
　――三角形 65, 85, 210
　――収支の均衡 66
　――の所得分配効果 94, 105
　――パターン 3, 20, 23, 29, 38, 70
　――費用 150, 159, 173, 176, 180, 186
貿易利益 23, 26, 30, 33, 37, 66, 85, 117, 125, 142, 147, 150, 164, 198
　交換の利益 66, 199
　実質賃金で測った―― 26
　消費面の利益 26, 199
　――生産特化の利益 66, 199
　――生産面の利益 26, 199
　――静態的な利益 198
　――動態的な利益 198
貿易政策
　一般均衡分析 197, 205, 216, 259
　部分均衡分析 197, 202, 205, 210, 216, 221, 259
　――手段の関税化 217
ボックス・ダイアグラム（エッジワース） 44, 49, 101
ホモセティック（相似拡大的）
　――消費選好 92
　――生産関数 39, 45
　――無差別曲線 15, 80

[ま]

マーク・アップ率 135, 154, 161, 178
マーシャル（Marshall, A.） 125
　――の外部経済性 125

[む]

無差別曲線 11
　社会的―― 11, 15, 24, 33, 38, 58, 59, 66, 68, 78, 81, 85

[め]

メリッツ（Melitz, M.） 148

[ゆ]

輸出供給曲線 30, 86, 203, 210, 223, 230

輸出自主規制　216, 220, 235
輸出税　229, 251, 258
輸出プラットフォーム　167, 170, 192
輸出補助金　221
輸入関税　⇨関税
輸入需要曲線　30, 86, 203, 210, 223
輸入数量割当（クオータ）　197, 216, 220, 229, 232
　──レント（クオータ・レント）　219, 235

[よ]

要素集約度　45
予算制約線　14, 24, 58

[ら]

ライセンス契約　171

[り]

リカード（Ricardo, D.）　2
　比較優位の理論　3
　──・モデル　3
利潤
　営業──　150, 154
　純──　154, 181
　──最大化　41, 47, 58-9, 133, 138, 142, 145, 152, 156, 161, 177, 187

理想的特性アプローチ（ideal characteristics approach）　138
リプチンスキー（Rybczynski, T.）　98
　──線　100
　──定理　90, 98, 101

[れ]

レント・シーキング　220

[ろ]

労働
　──市場の均衡　109, 114
　──集約財　81, 83, 90, 97, 100, 122
　──集約的な技術　45, 50, 76, 83
　──需要曲線　112
　──生産性　2-3, 5, 10, 21, 28, 37
　──の限界生産物　5-6, 16, 21, 40, 43, 54, 95, 107, 110, 116
　──の平均生産物　5, 7
　──賦存量　7, 47, 101
　──豊富国　76, 79, 81, 83, 97, 100

[わ]

ワルラス（Walras, L.）　30
ワルラスの法則　30, 35

著者紹介

笠嶋修次(かさじましゅうじ)

北海学園大学経済学部教授．1949年福井県生まれ．71年神戸大学経営学部卒．91年米国イェール大学経済成長センター卒(国際経済学修士)，97年米国ウィスコンシン大学(マジソン校)大学院卒(経済学 Ph. D.)．政府系金融機関および政府開発援助研究機関・開発援助実施機関勤務後，米国留学．タマサート大学(タイ王国)客員教授を経て現職．2003年オーストラリア・モナッシュ大学政策研究センター客員研究員．12年カナダ・レスブリッジ大学交換教授．

主著：
"Equilibrium exchange rate, real exchange rate misalignment, and the current account: the case of Thailand's experiences."（共著）in Behrmann, Jere R., Manoranjan Dutta, Steven L. Husted, and others eds., *Restructuring Asian Economies for the New Millennium*. Amsterdam, the Netherlands: Elsevier Science B.V. 2001.

「日豪自由貿易協定の経済効果と地域経済に及ぼす影響：応用一般均衡モデルによる分析」『北海学園大学経済論集』第56巻第4号，2009年3月

『ミクロ経済学入門』（共著）八千代出版，2011年

貿易利益を得るのは誰か
国際貿易論入門　　　　シリーズ 社会・経済を学ぶ

2014年9月30日　第1刷発行

定価（本体3000円＋税）

著　者　笠　嶋　修　次
発行者　栗　原　哲　也
発行所　株式会社 日本経済評論社
〒101-0051 東京都千代田区神田神保町3-2
電話 03-3230-1661／FAX 03-3265-2993
E-mail: info8188@nikkeihyo.co.jp
振替 00130-3-157198

装丁＊渡辺美知子　　　　太平印刷社／根本製本

落丁本・乱丁本はお取替いたします　　Printed in Japan
Ⓒ KASAJIMA Shuji 2014
ISBN978-4-8188-2336-5

・本書の複製権・翻訳権・上映権・譲渡権・公衆送信権（送信可能化権を含む）は，㈱日本経済評論社が保有します．
・JCOPY〈㈳出版者著作権管理機構　委託出版物〉
本書の無断複写は著作権法上での例外を除き禁じられています．複写される場合は，そのつど事前に，㈳出版者著作権管理機構（電話 03-3513-6969，FAX 03-3513-6979，e-mail：info@jcopy.or.jp）の許諾を得てください．

シリーズ社会・経済を学ぶ

価格表示は既刊

木村和範　格差は「見かけ上」か　所得分布の統計解析
所得格差の拡大は「見かけ上」か．本書では，全国消費実態調査結果（ミクロデータ）を利用して，所得格差の統計的計測にかんする方法論の具体化を試みる．　本体3000円

古林英一　現代社会は持続可能か　基本からの環境経済学
環境問題の解決なくして人類の将来はない．環境問題の歴史と環境経済学の理論を概説し，実施されている政策と現状を環境問題の諸領域別に幅広く解説する．　本体3000円

小坂直人　経済学にとって公共性とはなにか　公益事業とインフラの経済学
インフラの本質は公共性にある．公益事業と公共性の接点を探りつつ，福島原発事故をきっかけに浮上する電力システムにおける公共空間の解明を通じて，公共性を考える．　本体3000円

小田　清　地域問題をどう解決するのか　地域開発政策概論
地域の均衡ある発展を目標に策定された国土総合開発計画．だが現実は地域間格差は拡大する一方である．格差是正は不可能か．地域問題の本質と是正のあり方を明らかにする．　本体3000円

佐藤　信　明日の協同を担うのは誰か　非営利・協同組織と地域経済
多様に存在する非営利・協同組織の担い手に焦点をあて，資本制経済の発展と地域経済の変貌に伴う「協同の担い手」の性格変化を明らかにし，展望を示す．　本体3000円

野崎久和　通貨・貿易の問題を考える　現代国際経済体制入門
ユーロ危機，リーマン・ショック，TPP，WTOドーハラウンド等々，現代の通貨・貿易に関する諸問題を，国際通貨貿易体制の変遷を踏まえながら考える．　本体3000円

徐　涛　中国の資本主義をどうみるのか　国有・私有・外資企業の実証分析
所有制と産業分野の視点から中国企業の成長史を整理し，マクロ統計資料と延べ約1千万社の企業個票データをもちいて，国有・私有・外資企業の「攻防」を考察する．　本体3000円

越後　修　企業はなぜ海外へ出てゆくのか　多国籍企業論への階梯
多国籍企業論を本格的に学ぶ際に，求められる知識とはどのようなものか．それらを既に習得していることを前提としている多くの類書を補完するのが，本書の役割である．　本体3400円

笠嶋修次　貿易利益を得るのは誰か　国際貿易論入門
貿易と投資の自由化は勝者と敗者を生み出す．最新の理論を含む貿易と直接投資の基礎理論により，自由貿易の産業部門・企業間および生産要素間で異なる経済効果を解説する．　本体3000円

板垣　暁　日本経済はどのように歩んできたのか　現代日本経済史入門
戦後の日本経済はどのように変化し，それにより日本社会はどう変化したのか．その成長要因・衰退要因に着目しながら振り返る．

市川大祐　歴史はくり返すか　近代日本経済史入門
欧米技術の導入・消化とともに，国際競争やデフレなど様々な困難に直面しつつ成長をとげた幕末以降から戦前期までの日本の歴史について，光と陰の両面から考える．

---現代経済政策シリーズ⑤（完結）---

髙原一隆　地域構造の多様性と内発的発展　北海道の地域分析
主要産業や多様な地域を概観しながら，北海道経済の発展には産業振興が重要であり，地域内外の諸力との連携・ネットワークによる内発的経済振興が求められていることを提起．　本体3000円